바닷길로 찾아가는 한국 고대사

바닷길로 찾아가는 한국 고대사

강봉룡 지음

경인문화사

서문

　역사학에서 시대와 관점은 아주 중요하다. 역사의 모든 사실들을 다 다룬다는 것은 불가능하고 또 의미도 없기 때문이다. 이 책은 바닷길(해로)의 관점에서 한국 고대사의 흐름을 정리한 것이다. 길의 관점에서 역사를 보겠다는 것은 교류에 방점을 찍겠다는 것을 뜻한다. 해로의 관점에서 한국 고대사를 본다는 것은 문명교류사의 관점에서 한국 고대사를 탐색한다는 것을 의미한다. 육로의 개척이 미미했던 고대의 시대에 해로는 문명교류의 중심 교통로일 수밖에 없었기 때문이다.

　문명교류사의 관점에서 보는 한국 고대사는 일국사에 그칠 수 없다. 그 최소한의 공간적 범주는 한·중·일로 이루어진 동아시아세계이다. 그리고 그 범주는 동남아시아, 아라비아, 페르시아, 더 나아가 유럽으로 확대될 수 있다. 다만 한국 고대사에서 이를 파악하기 위해서는 그 중심 공간을 한반도에 둘 수밖에 없다는 것은 물론이다.

　반도는 일제 식민사학에서 대륙도 아니고 섬도 아닌, 이것도 아니고 저것도 아닌 무정체성의 상징인양 오도한 적이 있었다. 이른바 '격하된 반도성론'이다. 그래서 우리는 한때 우리의 주된 활동 공간이 반도임을 애써 외면하고 대륙에만 집착한 적도 있었다. 여기에서 우리는 '유럽 지중해'의 두 반도인 그리스반도와 이탈리아반도에서 고대 유럽문명이 발상하여 유럽 대륙으로 퍼져나간 사실을 상기할 필요가 있다. 반도는 바다와 대륙을 이어주는 문명의 징검다리인 것이다.

이 책은 한반도가 고대 '동아시아 지중해'를 이어준 해로의 징검다리였다는 점에 착안하였다. '동아시아 지중해'란 중국대륙과 일본열도로 둘러싸여 있는 지중해(地中海)의 일종이고, 그 한 가운데에 자리하고 있는 한반도가 고대 동아시아세계를 이어준 해로의 중심 매개체로 기능했다는 점을 주목한 것이다. 이 책이 타이틀로 정한 '바닷길로 찾아가는 한국 고대사'는 한반도의 이러한 위치를 염두에 두고, 해로의 확대 과정에서 고대 동아시아 해양 문명교류의 변화와 발전 과정을 추적하려 한 것이다.

이를 위해 먼저 해로의 변화와 확대 과정에 대한 설정이 중요하다. 이 책이 입각하고 있는 해로는, 삼국시대까지는 연안해로가 중심 해로로 기능했고, 황해를 횡단하거나 사단하는 해로가 '일상적 해로'로 본격 가동된 것은 통일기 이후에나 가능했다는 점이다. 이러한 해로에 대한 기본 이해와 설정은 제1장에서 개진하였다.

제2장과 제3장은 삼국시대까지 연안해로를 통해 이루어진 고대 동아시아 문명교류의 우여곡절을 살폈다. 한반도의 연안해로를 '서남해 연안해로'와 '동남해 연안해로'로 나누고 그 각각을 제2장과 제3장에 배정하여 그 전개 과정을 상세히 소개하였다. 한반도에서 일어난 수많은 고대 정치세력들이 쟁투를 벌여가는 과정에서 동아시아 연안해로는 소통과 경색의 상황이 반복적으로 일어났고, 급기야 삼국 정립기에 이르러 치열한 전쟁으로 폭발하면서 연안해로는 끝 모를 심각한 경색 국면으로 치달아 갔다는 것이 내용의 골자를 이룬다.

제4장은 삼국 사이의 전쟁이 '동아시아 대전'으로 확전되면서 그 와중에서 '황해 횡단해로'가 새롭게 개척되고 해전(海戰)이 전쟁의 승부수로 작용했던 점 등을 부각시켰다. 소정방의 황해 횡단과 미자진 상륙작전, 백촌강 해전, 천성 해전, 기벌포 해전 등의 역사적 의의와 위력을 살피고, 해양 방어를 다지기 위해 다양한 해양신앙이 심리전의 일환으로 구사되었음을 특기하였다.

제5장은 '동아시아 대전'의 과정에서 '황해 횡단해로'와 '황해 사단해로'가 추가적으로 개척되어 기왕의 연안해로와 함께 동아시아 해로의 다각화가 이루어진 것을 재삼 점검해 보고, 이렇듯 다각화된 해로를 통해 동아시아 해양무역이 본격화됨을 제시하였다. 8세기 단계엔 강력한 황권(왕권)을 바탕으로 공무역이 주류를 이루었으나, 8세기 후반부터 황권(왕권)이 무너지면서 사무역이 공무역을 대체해간 과정을 제기하고, 9세기 전반기를 대표하던 무역상인 장보고의 해양무역활동을 구체적으로 소개하였다.

제6장은 장보고가 한반도의 서남해지역에 남겨놓은 해양유산을 둘러싸고 쟁패가 벌어졌던 신라 말기의 상황을 다루었다. 9세기 말~10세기 초에 압해도에서 수달장군 능창이 일어났고, 여기에 중앙군 출신인 견훤이, 그리고 궁예의 수군장군인 왕건이 가세하여 장보고의 유산을 둘러싼 쟁패전이 삼파전의 양상으로 나타났고, 마침내 왕건이 최후 승리자가 되어 이를 바탕으로 고려를 건국하고 후삼국을 통일하는 주인공이 되는 과정을 추적하였다. 그리고 고려가 장보고의 유산을 계승하여 해양강국으로 발전해갔음을 전망 차원에서 언명하였다.

'바닷길로 찾아가는 한국 고대사'의 여정은 만만치 않은 길이었다. 수많은 해로가 동아시아세계를 이어주었고, 수많은 세력들이 이에 때론 평화적으로, 때론 폭력적으로 관여하였다. 그리고 수많은 섬들이 해로를 이어주는 징검다리, 거점 역할을 해 주었다. 그리하여 마지막으로 해로와 섬의 관계를 정리할 필요를 느꼈다. 제7장에서 이 책의 내용을 총괄하면서 각 시기별 해로와 섬의 관계, 그리고 그 의미를 부각시켜 보고자 하였다.

그간 한국의 고대 해로에 대한 논의가 꾸준히 이어졌다. 고대 해로의 문제는 수많은 주장이 제기되어 백가쟁명을 이루면서 체계를 잡지 못하고 점점 혼란에 빠져든 감이 있다. 이 책은 그간 제기된 해로에 대한 다양한 논의를 참고로 하되, 저자 나름의 체계를 세우기 위해 고심을 반복한 결과물이다. 따라서 고대 해로의 문제를 해결했다기보다는, 해결해 가는 과정에서 그럴듯한 '하나'의 길을 제시한 것으로 이해해 주었으면 한다.

 아쉬움도 많이 남는다. 우선 발해와 일본 사이에 이루어졌던 해로를 통한 문명교류의 문제는 이 책에서 제외하였다. 〈바다와 한국사〉 시리즈의 다른 한 편인 『교류의 바다 동해』(윤재운 저)에서 중점적으로 다루어졌다고 생각했기 때문이다. 또한 해로를 따라 교류되었던 고대 교역품들을 뽑아내고 분석하는 작업 또한 제대로 해내지 못하였다. 교양서적에 걸맞게 많은 삽화와 지도 등의 참고자료를 제시했어야 했는데, 일정에 쫓겨 최소한에 그쳤다. 다음 개정판에서는 아쉬운 부분들을 보완하여 더욱 충실한 면모로 일신할 것을 약속한다.

 이 작업을 진행하는데 함께 나눌 분들이 많다. 우선 한국학중앙연구원 한국학진흥사업단의 지원이 없었다면 시작조차 하기 어려웠을 것이다. 중요한 계기를 마련해준 한국학진흥사업단 측에 먼저 감사드린다. 〈바다와 한국사〉라는 테마의 한국사 시리즈 제작을 함께 모의하여 마음의 짐을 함께 나누어온 이청규(영남대), 윤재운(대구대), 박남수(국사편찬위원회), 이진한(고려대), 하우봉(전북대), 한철호(동국대), 김동전(제주대) 선생님과 출판의 기쁨을 함께 나누고 싶다. 특히 본 프로젝트의 총괄책임을 맡아 애써주신 윤재운 선생님의 노고에 심심한 위로의 말씀 올린다. 부산한 원고를 깔끔하게 성책해 준 경인문화사의 신학태 부장과 김지선 과장, 그리고 편집부 직원들께도 감사드린다. 마지막으로 항상 옆에서 힘을 실어주는 아내 유현주, 그리고 멀리서 응원해주는 두 아들 태성과 현성에게는 사랑을 듬뿍 담은 감사의 마음을 보낸다.

2016년 2월 말
목포에서 봄을 기다리며
저자 강봉룡 씀

차 례

_ 서 문   4

1장 들어가기 : 고대 동아시아 해로의 이해

Ⅰ. 해로의 재발견   15
Ⅱ. 고대 동아시아 해로의 종류와 '개통'   18
Ⅲ. 동아시아 연안해로의 '개통' 시점과 서복(徐福)   22
Ⅳ. 동아시아 연안해로를 통한 문물교류와 왕인(王仁)   29
Ⅴ. 황해 횡·사단해로의 '개통' 시점과 소정방(蘇定方)   34

2장 '서남해 연안해로' : 동아시아 세력의 각축장

Ⅰ. 고조선의 '서남해 연안해로' 장악과 좌절   43
   1. 고조선, 동아시아 연안해로를 장악하여 강국으로 발전하다   43
   2. 위만조선, 한(漢)의 침략을 받아 멸망하다   47
Ⅱ. 낙랑·대방군의 '서남해 연안해로' 주도와 갈등   50
   1. 낙랑·대방군, '서남해 연안해로'를 주도하다   50
   2. 낙랑·대방군, 마한에 대해 분열을 책동하다   54
   3. 마한, 대방군의 기리영을 공격하다   56
   4. 백제의 급부상과 낙랑·대방군과의 갈등   57
   5. 백제와 고구려의 협공으로 낙랑·대방군 쫓겨나다   59

Ⅲ. '서남해 연안해로'의 새로운 강자로 떠오른 백제　　　　　　　60
　　1. 4세기 전반 '서남해 연안해로'의 경색　　　　　　　　　　60
　　2. 백제의 '서남해 연안해로' 장악과 침미다례　　　　　　　62
　　3. '서남해 연안해로'의 거점포구와 백제　　　　　　　　　　67
Ⅳ. 고구려의 패권과 '서남해 연안해로'의 경색　　　　　　　　71
　　1. 고구려의 패권과 백제의 좌절　　　　　　　　　　　　　71
　　2. 백제의 저항과 '서남해 연안해로'의 경색　　　　　　　　74
　　3. 왜의 '홀로서기'와 백제의 대응　　　　　　　　　　　　80
Ⅴ. 백제의 '서남해 연안해로' 주도권 복원　　　　　　　　　　89
　　1. 백제 무령왕, 다시 해양강국을 이루다　　　　　　　　　89
　　2. 백제, 영산강유역을 영역화하다　　　　　　　　　　　　93

3장 '동남해 연안해로' : 신라 국가발전의 통로

Ⅰ. 동해안과 신라의 연원　　　　　　　　　　　　　　　　　103
　　1. 동해안의 '예(濊) 사회'와 고구려　　　　　　　　　　　103
　　2. 동해안을 따라 신라에 온 유민들　　　　　　　　　　　106
Ⅱ. 신라의 '동남해 연안해로'를 개척한 탈해집단　　　　　　107
　　1. 탈해는 '동남해 연안해로'의 개척자　　　　　　　　　　107
　　2. 신라의 동해안 진출과 한기부(漢祇部)　　　　　　　　111

Ⅲ. '동남해 연안해로'의 부상과 '포상팔국의 난' ... 117
   1. '동남해 연안해로'의 급부상 ... 117
   2. 신라-금관국의 유착과 '포상팔국의 난' ... 121
Ⅳ. 신라의 '동남해 연안해로' 사수(死守) 노력 ... 125
   1. '동남해 연안해로'의 쇠퇴와 신라의 퇴락 ... 125
   2. 신라의 동해안 진출 및 사수(死守) 노력 ... 127
Ⅴ. 신라의 '동남해 연안해로' 장악과 이사부 ... 130
   1. 신라의 동해안 진출과 우산국 정벌 ... 130
   2. 신라의 남해안 진출과 가야 병탄 ... 136
   3. 신라를 변화시킨 가야 해양문화의 힘 ... 138

4장 통일기 '동아시아 대전'의 발발과 해전

Ⅰ. 신라의 연안해로 장악과 시련 ... 145
   1. 신라의 한강하류 진출과 연안해로 장악 ... 145
   2. 신라의 시련과 연안해로의 총체적 경색 ... 148
Ⅱ. '동아시아 대전'의 발발과 '황해 횡단해로'의 개통 ... 151
   1. '동아시아 대전'의 발발 ... 151
   2. 소정방의 황해 횡단작전과 백제 사비성의 함락 ... 154
Ⅲ. '동아시아 대전'의 전개와 해전(海戰) ... 156
   1. 백촌강 해전과 주류성 함락 ... 156
   2. 신라, 당 수군의 상륙작전을 저지하다 ... 159
   3. 천성해전과 기벌포해전 ... 163

Ⅳ. 신라의 해양방어의식과 신앙	168
1. 명랑의 문두루비법	168
2. 대왕암과 감은사와 만파식적	172

5장　통일신라시대 동아시아 해양무역의 발전

Ⅰ. 해로의 다각화·확대와 해양무역의 발전	181
1. 동아시아 해로의 다각화와 '해양 실크로드'	181
2. 8세기 공무역체제의 성립과 운영	186
Ⅱ. 장보고의 동아시아 해양무역 주도	195
1. 장보고에 대한 평가와 기록들	195
2. 재당신라인 장보고의 입신	200
3. 장보고의 귀국과 청해진 건설	206
4. 장보고의 동아시아 해양무역	210
Ⅲ. 장보고의 암살과 청해진 철폐	215
1. 장보고 암살의 미스터리-그는 반역자인가?	215
2. 장보고 사후(死後)의 청해진과 청해진 사람들	220

6장　내팽개친 장보고의 유산을 둘러싼 쟁패

Ⅰ. 장보고의 유산들	227
1. 대규모 청자생산단지의 조성	227
2. 동아시아 해로의 중심지	231

Ⅱ. 능창과 견훤과 왕건의 쟁패 　　　　　　　　　　　　233
　　1. '포스트 장보고'를 꿈꾼 능창(能昌) 　　　　　　　233
　　2. 견훤(甄萱)과 서남해지역 해양세력 　　　　　　　237
　　3. 왕건과 서남해지역 해양세력 　　　　　　　　　　240
Ⅲ. 왕건의 서남해지역 장악의 배경과 결과 　　　　　　　243
　　1. 배경1 : 왕건(王建)의 뿌리는 해양세력 　　　　　243
　　2. 배경2 : 서해안 해양세력과의 연대 　　　　　　　246
　　3. 배경3 : 고승들과의 결연(結緣) 　　　　　　　　 251
　　4. 해양강국 고려의 건국 　　　　　　　　　　　　　254

7장 마무리하기 : 한국고대사에서 해로와 섬

Ⅰ. 삼국시대까지의 연안해로와 섬 　　　　　　　　　　260
　　1. '서남해 연안해로'와 섬 　　　　　　　　　　　　260
　　2. '동남해 연안해로'와 섬 　　　　　　　　　　　　264
Ⅱ. 통일신라시대의 해로와 섬 　　　　　　　　　　　　　266
　　1. '황해 횡단해로'와 섬 　　　　　　　　　　　　　266
　　2. '황해 사단해로'와 섬 　　　　　　　　　　　　　270
　　3. '황해 사단해로'의 분기점 흑산도 　　　　　　　　273
　　4. '서해 연안해로'와 섬 　　　　　　　　　　　　　276

_참고문헌 　　　　　　　　　　　　　　　　　　　　　　279

1장

들어가기
고대 동아시아 해로의 이해

Ⅰ. 해로의 재발견

역사를 문명교류사의 관점에서 이해하고자 한다면, 길에 대한 식견과 안목은 필수적이다. 길은 문화와 문물이 소통하고 교차하는 통로이기 때문이다.

길에는 땅길[육로(陸路)], 바닷길[해로(海路)], 하늘길[공로(空路)] 등이 있다.[1] 이중 육로는 땅위에 분명한 흔적으로 남기 때문에 우리에게 가장 익숙하고 보편적인 길로 인식되고 있다. 실제 육로는 먼 옛날 사람들이 땅위를 왕래하면서 생긴 작은 길에서부터 시작하여, 근대 육상 교통수단의 발달과 함께 신작로, 고속도로, 철로 등의 다양한 길로 빠르게 진보해 왔다. 육로가 가장 일상적인 길로 각인되어온 것은 당연하다.

반면에 해로와 공로는 바다와 하늘에 그 흔적을 남기지 않아서인지 쉽게 길로 느껴지지 않는 낯선 길이다. 이중 공로의 경우는 근대 이후 비행기의 발명과 함께 새로 출현한 길이므로 역사가 짧아 낯선 길로 인식되는 것이 충분히 이해가 간다. 그렇지만 해로의 경우는 역사적 연원도 길고 인류의 역사발전에 미친 영향 역시 만만치 않아 단순히 낯선 길로 치부하여 무

---

[1] 이하에서는 땅길, 바닷길, 하늘길을 편의상 각각 육로, 해로, 공로라 칭하기로 한다.

심히 넘겨버리기엔 아쉬움이 크다.

그런데 우리는 그간 해로가 역사에 미친 영향을 지나치게 홀시해 왔다. 오랫동안 육지 중심의 사고에 안주하여 바다에 대한 관심을 방기해온 조선의 역사를 되돌아보면, 이러한 사정이 어느 정도 이해는 간다.

조선은 500년의 긴 세월 동안 바다를 통한 대외교류를 금지하는 '해금(海禁)'의 정책으로 일관하였다. 우리가 흔히 '쇄국'이라 일컫는 조선의 폐쇄주의 정책이 바로 이것이다. 조선의 해로는, 국가 차원에서는 주로 세곡(稅穀)을 운송하는 길[조운로(漕運路)]로, 그리고 민간 차원에서는 어업활동과 소규모 국내 물자유통의 통로로, 극히 한정적으로 이용되었을 뿐이었다. 그나마도 이에 관계하는 사람들에겐 국가적 통제와 사회적 천대가 덧씌워졌다. '뱃놈', '섬놈', '갯것' 등의 비칭이 이를 반영한다. 해로는 외국과 문물을 교류하는 국제적 통로로서의 기능도 온전히 상실하였다. 당연히 해로에 대한 국가·사회적 관심도 극도로 왜소해졌다.

장구한 세월 지속해온 조선시대 '해금'의 역사는, 해양활동이 왕성하게 이루어지고 있는 오늘날까지 역사의 관성(慣性)으로 작동하여 우리의 인식을 제약한다. 우리가 부지불식간에 해로를 낯선 길로 간주하고 멀리하는 이유이다. 여기에서 우리는 해로에 대한 과감한 인식 전환과 이를 위한 새로운 역사적 성찰의 필요성을 느끼지 않을 수 없다. 육지 중심의 폐쇄적 역사인식을 바다로 확대하여 개방적 역사인식으로 전환하는 것이 우선 필요하다. 이 책은 바다의 관점에서 해로를 따라 한국 고대사를 재구성하고, 이를 대중들과 함께 나누고자 하는 새로운 시도이다.

지구는 70%의 바다와 30%의 육지로 구성되어 있다. 바다의 비중이 절대적이다. 지구를 '지구(地球)'라 부르기보다는 '해구(海球)'라 부르는 편이 낫겠다는 이야기가 그럴싸하게 들리는 이유이다. 흔히 육지는 6대주(아시아, 유럽, 아프리카, 북아메리카, 남아메리카, 오세아니아)로 구분하고, 바다는 5대양(태평양, 대서양, 인도양, 북극양, 남극양)으로 구분하곤 한다. 그렇지만 육지는 여러

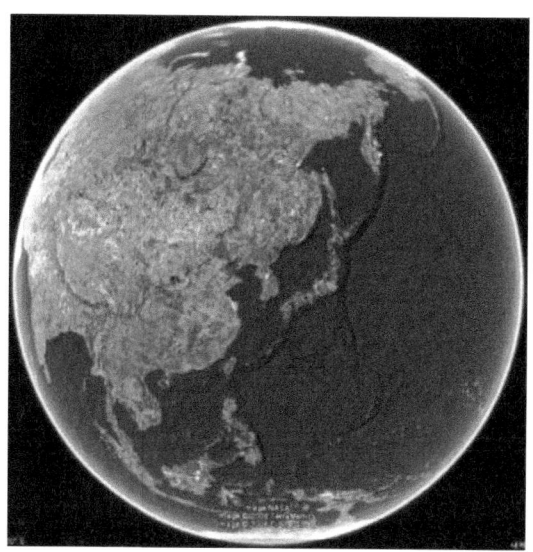
대륙과 해양으로 둘러싸여 있는 지구의

조각의 대륙으로 나누어져 있는 반면 세계의 바다는 하나로 통한다. 그러고 보면 바다는 분절된 육지를 연결시키는 통로의 기능을 감당한다고 할 수 있으니, 바닷길, 즉 해로가 중요한 이유이다.

오늘날 해로는 5대양으로 통하고 6대륙을 연결시키며 세계 물자유통의 99.7%를 감당한다 하니, 그 위력이 가히 대단하다 할 수 있다. 해로의 이러한 위력은 근대 이후에만 한정되는 것이 아니다. 전근대 해로의 위력은 오히려 더욱 더 대단하였다. 전근대에는 육로가 제대로 개척되지 못하여 육상의 험난한 산하가 치명적인 교류의 장애물로 작용하고 있었기에, 강과 바다를 통한 물길이 문물교류에서 절대적 비중을 차지할 수밖에 없었다.

Ⅱ. 고대 동아시아 해로의 종류와 '개통'

세계의 모든 바다는 하나로 통해 있지만, 세계의 바다를 하나의 바다로 인식한 것은 그리 오래되지 않았다. 인류가 해로를 통해서 전세계의 바다를 하나로 연결시키고 전인류적 문물교류를 시작한 것은 18세기 후반 이후의 일이었다. 그렇게 되기까지 인류는 좁은 해역에서 벗어나 대양으로 나아가는 해로 확장의 과정을 거쳤다.

해로의 확장이 가장 먼저 일어난 곳은 아시아였다. 중세시대에 들어 중국인과 이슬람인은 동아시아의 바다와 동남아시아의 바다, 그리고 인도양과 홍해로 이어지는 '해양실크로드'의 긴 해로를 주도적으로 운영해가기 시작하였다. 그런데 해로를 세계의 범주로 확장한 것은 유럽인들이었다. 리베리아반도의 포르투갈과 스페인은 15세기부터 각각 아프리카를 우회

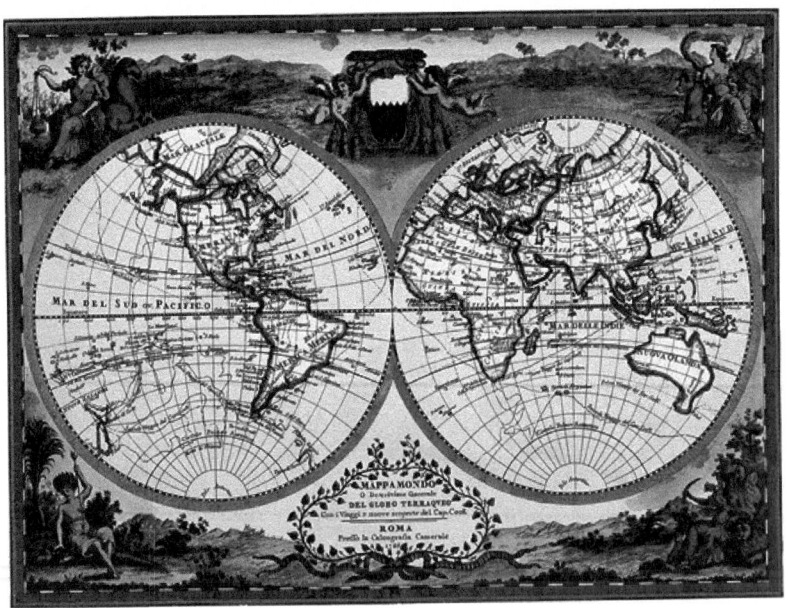

제임스쿡의 세계지도

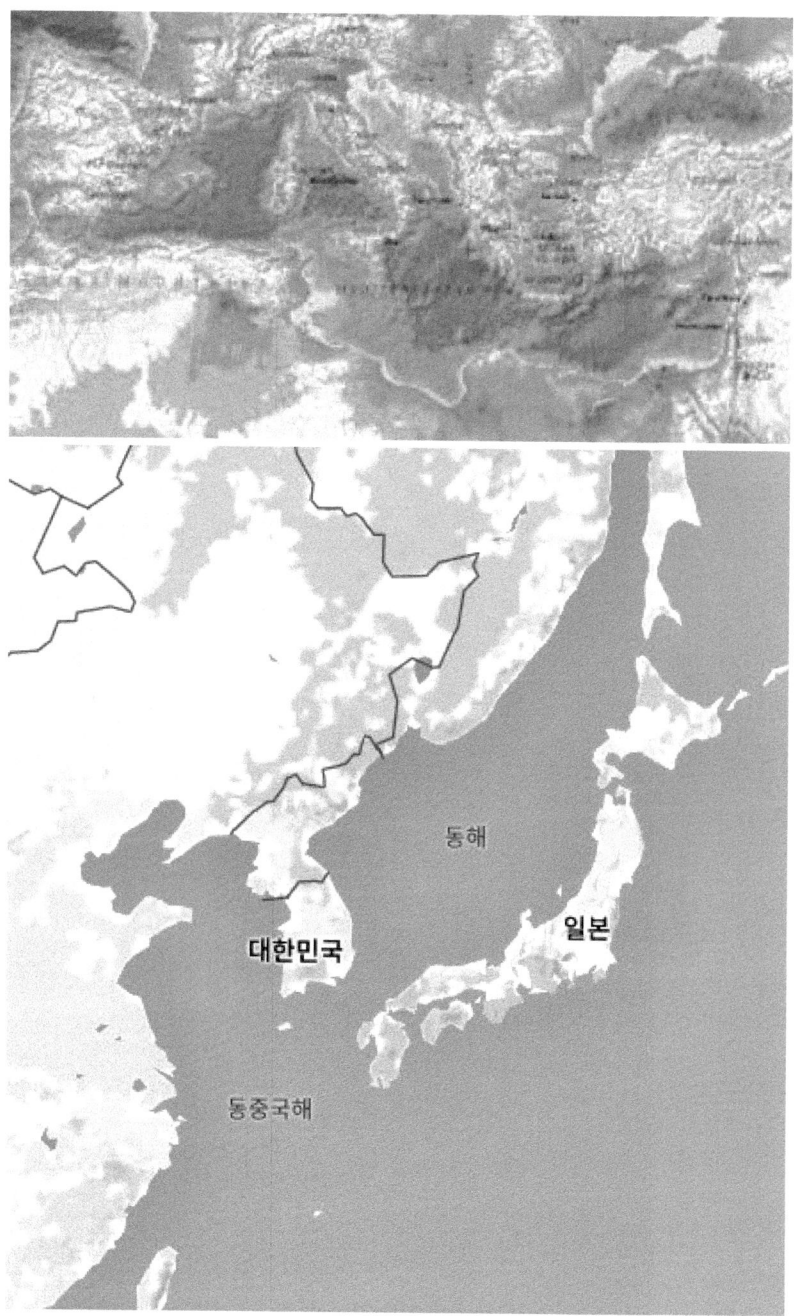

유럽 지중해와 동아시아 지중해

하는 '인도양항로'와 대서양을 횡단하여 아메리카에 이르는 '대서양항로'를 개척하였고, 이후 유럽의 여러 나라들은 잇달아 대양으로 진출하는 '대항해시대'를 열었다. 그리고 18세기 후반에 이르러서 영국인 제임스 쿡은 전세계의 바다를 속속들이 항해하여 모든 바다를 망라하는 명실상부한 근대의 '세계 해로'를 비로소 완성하였다.

그런데 해로의 확장이 이루어지기 이전, 고대의 해로는 주로 대륙으로 둘러싸여 있는 그리 넓지 않은 바다, 즉 '지중해(地中海)' 안에서 주로 운영되고 있었다. 예를 들어 보자. 고대 남유럽의 해로는 아프리카대륙의 북안과 유럽대륙의 남안, 그리고 서아시아의 서안으로 둘러싸인 '육지 속의 바다', 곧 '유럽 지중해' 안에서 운용되었다. 고대 동아시아의 해로는 중국대륙의 동안과 일본열도 및 류큐열도로 둘러싸여 있는 또 하나의 '육지 속의 바다', 곧 '동아시아 지중해' 안에서 주로 운용되었다. 유럽의 지중해는 비교적 복잡했고, 동아시아 지중해는 비교적 단촐했다는 차이가 있을 뿐이었다.

이제 주로 '동아시아 지중해' 안에서 운영되던 고대 동아시아 해로의 모습을 들여다 보자. '동아시아 지중해'에서 차지하는 한반도의 위치는 중요하다. 이탈리아반도와 그리스반도가 비교적 복잡한 '유럽 지중해' 세계를 중개하던 해로의 결절부(結節部)에 해당한다면, 한반도는 비교적 단촐한 '동아시아 지중해'에서 그런 위치에 해당한다고 할 수 있다. 따라서 고대 동아시아 해로도 한반도를 중심으로 살피는 것이 자연스럽다.

고대 동아시아 해로는 크게 '연안해로'와 '횡단해로', 그리고 '사단해로'로 나누어 볼 수 있다. 그리고 '연안해로'는 한반도를 기준으로 하여, 한반도의 서해와 남해를 통과하는 '서남해 연안해로', 한반도의 동해와 남해를 통과하는 '동남해 연안해로'로 다시 나눌 수 있다. 이중 '서남해 연안해로'는 한반도 서해안을 따라 북상하여 중국 동해안으로 이어지는 '북방 서해안 연안해로'와 서해안을 따라 남하하여 남해안으로 접어들고 남해안을 따라 동행하다가 다시 대한해협을 건너 일본 큐슈에 이르는 '남방 서남해 연안해로'를 포괄한다. 또한 '동남해 연안해로'는 한반도 동해안을 따라 북상하여 연해주로 이어지는 '북방 동해안 연안해로'와 동해안을 따라 남하하고 여기에서 다시 남해안으로 접어들어 서행하다가 역시 대한해협을 건너 큐슈로 이어지는 '남방 동남해 연안해로'를 포괄한다.

다음에 '횡단해로'는, 한반도 서해안에서 황해를 횡단하여 중국 동해안에 이르는 '황해 횡단해로'가 중심을 이루는 가운데, 중요성은 떨어지지만 동해안에서 동해를 건너 일본 서해안에 이르는 '동해 횡단해로'도 들 수 있다. '사단해로' 역시 황해와 동해를 비스듬히 가로지르는 '황해 사단해로'와 '동해 사단해로'를 들 수 있다. 그런데 횡단해로와 사단해로는 가로지르는 각도가 똑바른지 비스듬한지의 차이가 있을 뿐 연안을 떠나 비교적 큰 바다를 가로지르는 해로라는 점에서 결국 같은 개념의 해로로 간주하여, 흔히 '횡·사단해로'라 합칭하곤 한다.

이러한 동아시아 고대 해로는, 바람과 해류, 그리고 조류 등과 같은 자연현상에 대한 인지력과 조선술 및 항해술 등과 같은 해양기술력의 진보에 따라, 활용의 범위가 달라지기 마련이다. 자연현상에 대한 인지력과 기술력의 진보가 미미했던 고대 초기의 단계엔 연안의 육지를 가시권에 두면서 항해하는 '지문항해(地文航海)'에 의존할 수밖에 없었을 터이므로, 먼 바다로 통하는 '횡·사단해로'보다는 '연안해로'가 주로 활용될 수밖에 없었다. 그러다 자연현상에 대한 인지력과 조선 및 항해의 기술력이 진보하여 연안의 육지에 의존하지 않고 하늘의 별에 의존하여 방향을 설정하는 '천문항해(天文航海)'가 익숙해지는 단계에 이르게 되면, 연안해로는 물론이고 황해와 동해의 비교적 큰 바다를 똑바로 혹은 비스듬히 가로지르는 '횡·사단해로'가 새롭게 활용되기 시작하여 해로의 다각화가 이루어진다.

그렇다면 고대 동아시아 해로의 다각화가 이루어진 과정은 어떠했을까? 이를 살펴보기 위해서는 해로의 '개통'이라는 개념을 차용할 필요가 있다. 넓은 의미에서 해로는 표류나 모험항해와 같이 '우연적이고 일시적으로 활용되는 바닷길'까지 포함한다. 그렇지만 이는 '목적의식적이고 일상적으로 활용되는 바닷길'을 지칭하는 '엄밀한 의미의 해로'와는 차원을 달리한다. 이 책에서 쓰고자 하는 해로는 후자('엄밀한 의미의 해로')에 한정한다. 그리고 어느 시점에 해로가 본격 가동되기 시작한 것을 편의상 해로의 '개통'이라는 개념으로 표현하고자 한다.

Ⅲ. 동아시아 연안해로의 '개통' 시점과 서복(徐福)

먼저 동아시아의 연안해로가 일상적인 길로 '개통'된 시점은 언제부터였을까? 이 질문과 관련하여 중국의 절강성과 요동반도 일대, 한국의 대동강유역과 서남해 지역, 그리고 일본의 큐슈 등지에 고인돌이 공통적으로 분포한 것 등에 주목하고, 이를 연안해로를 통한 문화교류의 결과로 간주하여, 동아시아 연안해로의 '개통' 시점을 청동기시대 이전으로 올려보는 견해가 제기되기도 하였다. 그렇지만 이러한 고고학적 정황만으로 중국 동해안에서 한국 서남해안을 거쳐 일본 큐슈로 이어지는 장대한 동아시아의 전 연안해로가 청동기시대부터 간단(間斷)없는 하나의 일상적인 길로 '개통'되었다고 확정짓기에는 섣부른 감이 있다. 마땅히 좀 더 엄밀한 검토가 필요하다.

또 하나는 서복의 사례를 통해서 동아시아 연안해로가 가동된 시점을 가늠해 보기도 한다. 불노초를 구해오라는 진시황의 명을 받들어 동방을 향해 산동반도를 출항했다는 서복의 기록은 『사기』에 전해지고, 관련 설화는 한·중·일의 연안해로 상의 도처에서 전승되어 오고 있다. 이를 감안할 때 동아시아 연안해로는 '서복의 해로'로 '개통'되어 활용되었을 가능성을 들 수 있겠다.

서복은 B.C. 3세기에 진시황의 명을 받들어 삼신산(三神山) 선인(仙人)의 신약(神藥)인 불노초를 구하러 동방으로 떠났다고 한다. 그에 관한 설화는 한·중·일 연안해로의 도처에 전승되고 있어서, 서복은 고대 동아시아 연안해로를 상징하는 시원적 인물로 주목해도 좋지 않을까 한다. 우선 사마천의 『사기』에 나오는 관련 기록을 중심으로 서복에 대한 이야기를 간략히 재구성하면 다음과 같다.

- '서복'이라는 이름은 후대에 일반화된 칭호이고, 원래는 '서불(徐市)'이라 칭해졌으며, 간혹 '서시(徐市)'라 부르는 경우도 있다.[2]
- B.C. 219년 진시황이 낭야(琅邪)[3]에 이르자, 산동반도 제(齊) 출신이었던 서복은 봉래(蓬萊), 방장(方丈), 영주(瀛州)의 세 신산(神山)에서 선인(仙人)의 신약(神藥)을 구해올 것을 진시황에게 자청하여, 마침내 동남녀(童男女) 수천 명과 상당한 재물을 지원받아 항해를 떠났다.
- 떠난 지 9년 후인 B.C. 210년에 진시황이 다시 낭야에 이르자, 항해에서 돌아온 서복은 여러 해 동안 신약을 구하지 못하고 재물만 탕진한 것에 대해 견책당할까 두려워서, 커다란 상어가 방해해서 번번이 실패했으니 뛰어난 궁사(弓師)와 함께 가면 상어를 퇴치하고 신약을 구할 수 있을 것이라 둘러댔다.

역사상 처음으로 천하 통일의 대업을 달성하고 모든 세속적 야망을 성

---

2 '서불'의 '불(市)'자는 '시(市)'자와 유사하지만 다른 글자다. '시(市)'자는 맨 위에 점(丶) 하나가 더 첨획되어 5획이고, '불(市)'자는 4획이다. 이 책에서는 '서불' 대신 우리에게 익숙한 '서복'이라는 명칭을 쓰기로 한다.
3 낭야 : 오늘날 산둥성 칭따오[青島]의 약간 남쪽에 위치한 바닷가.

취한 진시황으로서는 불노장생에 대한 관심이 지대할 수밖에 없었기에, 서복의 제안은 피하기 어려운 유혹이었을 것이다. 실제로 진시황은 평소 '물속에 들어가도 젖지 않고 불속에 들어가도 타지 않고 구름과 안개를 타고 하늘을 날며 천지와 더불어 장구한 삶을 누리는 존재'인 진인(眞人)을 동경하였고, 스스로 진인이라 칭하기도 했으니, 진인이 될 수 있다는 신약에 강한 집착을 보인 것은 당연한 일이었다. 과연 진시황은 서복에게 막대한 지원을 하였다. 서복은 신약을 구하기 위한 항해에 나섰지만 여러 해에 걸쳐 비용만 탕진할 뿐 성과가 없었다. 그는 실패의 이유를 둘러대면서 다시 새로운 지원을 요청하곤 하여, 수차례 진시황을 속이고 항해에 나섰다.

서복의 이야기는 중국 최초의 정사인 『사기』에서 뿐 아니라, 한·중·일 연안해로 상에 다양한 설화로 전해온다. 먼저 중국을 보면, 동해안의 각처가 서복의 출항지로 전해지고 있다. 『사기』의 기록대로라면 서복은 마땅히 산동성의 낭야에서 출항했을 것이지만, 서복 출항지의 전승설화는 낭야 이외에도 여러 곳에서 찾아진다. 북쪽의 랴오닝성의 수이중[綏中]으로부터, 허베이성의 칭황다오[秦皇島]와 창저우시[滄州市] 찬통젠[千童鎭], 산동성의 룽커우[龍口]와 성산(成山), 강소성의 롄윈강시[連雲港市] 간유(贛榆), 그리고 심지어는 강남지방인 저장성의 치시[慈溪]와 다이산도[岱山島]에 이르기까지 주로 중국 동해의 연안이나 섬 지역에 두루 분포한다.

오늘날에도 중국의 관련 도시에서는 경쟁적으로 웅장한 서복 석상과 전시관 등을 조성하고 있고, 공연 등 다양한 서복 관련 문화행사를 개최하고 있다. 1992년에 결성된 중국서복학회는 관련 도시를 순회하면서 성대한 국제학술회의를 개최하기도 하였다. 항해인 서복이 여전히 중국 각처에서 살아 숨쉬고 있다는 것을 알 수 있다.

서복에 대한 전승은 한국에서도 찾아진다. 가장 저명한 사례로는 제주도를 들 수 있다. 한라산이 삼신산의 하나인 '영주(瀛州)'로 간주되어 제주도 자체가 '영주'라는 별칭으로 불려온 것이라든지, 서귀포(西歸浦)라는 지

산둥성 성산 천진두(天盡頭)의 진시황과 서복 기념석상(서북전시관 제공)

명이 '서복이 서쪽(중국)으로 돌아간 포구'라는 의미에서 나왔다고 전해오는 것이라든지, 서귀포 정방폭포의 암벽에 '서복이 이곳을 다녀갔다'는 의미의 '서불과차(徐市過此)'라는 글자가 새겨져 있었다는 전승이 조선시대 이래로 전해져 오고 있는 것 등에서, 제주도 서복 전승의 밀집도와 강도를 엿볼 수 있다.

경남 남해도 역시 유력한 서복 설화의 전승지이다. 남해도의 명산인 금산 남쪽 기슭의 작은 바위에 그 의미를 알 수 없는 그림문자로 선명히 새겨져 있는 석각문이 남해도 서복 전승의 핵심을 이룬다. 이에 대해서는 연안해로의 요충지인 이곳 남해도에 일찍이 중국의 고대문화가 전파되어 남겨진 고대문자로 보는 견해가 일반적이고, 서복 일행이 남해도 일대를 주유하다가 새긴 흔적이라는 주장도 유력하다. 이 석각문에 대해서 혹자는 '서복이 이곳을 지나다'는 의미의 '徐市過此'로, 혹자는 '서복이 아침에 일어나 일출에 예를 표하다'라는 의미의 '徐市起禮日出'로 풀기도 하지만, 아직은 수수께끼로 남아 있는 실정이다.

서복이 새겼다는 남해도의 석각문

 이밖에 고창의 방장산과 고흥 나로도 및 부산의 봉래산 등은, 제주 한라산을 영주산으로 칭하는 것과 함께 서복의 삼신산에 견주어 생각해볼 수도 있다. 또한 진도의 서시천도 서복의 '서시'와 관련이 있다는 이야기가 전한다. 이들은 물론 확인할 수 없는 설화와 지명 등에 의한 전승이다. 하지만 한편으로 제주도에서는 민간 차원에서 '제주서복학회'를 결성하여 학술회의를 개최하는가 하면, 도 차원에서 정방폭포 인근에 서복공원과 서복전시관을 조성하여 관광자원으로 활용하려는 노력을 기울이기도 하는 등, 서복은 오늘날 제주도에서 다시 태어나고 있는 느낌이다.
 서복 이야기가 가장 풍부하게 전승되고 있는 나라는 일본이다. 먼저 큐슈 서해안의 사례를 보면, 아리아케해[有明海]를 따라 사가현[佐賀縣]의 모로토미[諸富]와 후쿠오카현[福岡縣]의 야메[八女] 등지와 가고시마현[鹿兒島縣] 서해안의 쿠시키노[串木野], 그리고 태평양에 면한 미야자키현[宮崎縣]의 동해안 등지에 서복 도래의 전승이 전한다. 일본 태평양 연안에서의 서복 전승은, 큐슈의 미야자키에서 시작하여 북으로 시코쿠의 고지현[高知縣]

제주도 서귀포에 조성된 서복공원(서북전시관 제공)

사카와[佐川], 혼슈의 와카야마현[和歌山縣] 신구[新宮]와 미에현[三重縣] 구마노[熊野], 그리고 가나가와현[神奈川縣] 후지사와[藤澤] 등지에 이른다.

그리고 세토내해[瀨戶內海] 연안의 서복 전승은, 혼슈의 야마구치현[山口縣] 이와이시마[祝島]와 오카야마현[岡山縣] 구라시키[倉敷] 등지에서 찾아진다. 또한 우리나라의 동해에 면한 일본 서해안에도 서복 전승이 전해지고 있는데, 쿄토부[京都府] 북단의 이네[伊根]와 아오모리현[青森縣] 고도마리[小泊] 등지가 그곳이다. 서복의 전승이 내륙에도 전해지고 있으니, 후지산[富士山]의 북록에 자리한 야마나시현[山梨縣] 후지요시다[富士吉田]가 그곳이다.

일본에서는 서복과 관련된 사연도 가지각색이다. 예를 들어 야마나시현 후시요시다의 경우는, 후지산에서 신약을 구한 서복이 진시황의 부고 소식을 접하고 돌아가는 것을 포기하고서 이곳에 정착하여 주민들에게 생활의 기술을 보급하였다는 전승과 함께 직업신으로 신봉되고 있다. 또한 서복이 죽은 후에 세 마리 학이 되어 날아올라, 두 마리는 중국으로 날아가고 한 마리가 내려 앉아 최후를 마쳤다는 전승과 함께, 후쿠겐사[福源寺]라는 절에 그 학을 모신 학총(鶴塚)이라는 무덤이 전해지기도 한다. 말하자면 후시요시다는 서복의 최후처라 할 것이고, 그래서인지 그곳에는 그를 모시는 사당 서복사(徐福祠)도 있다. 그런데 미에현의 구마노와 와카야마현의 시구에도 서복의 묘가 전해지고 있어, 일본에서 서복의 최후처는 여러 곳에 전해지고 있는 셈이다. 뿐만 아니라 가나가와현 후지사와의 묘젠사[妙善寺]에는 서복 후예의 묘가 전해지기도 한다.

서복이 신약을 구하려 했다는 신산으로는, 후지산 이외에도 사가현 모로토미의 킨류산[金立山]과 고지현 사카와의 고쿠조산[虛空藏山] 등이 전해지고 있다. 또한 각처의 절이나 신사에 서복상을 모시는 경우도 허다한데, 오카야마현 구라시키의 안요사(安養寺)와 아오모리현 고도마리의 오자키신사[尾崎神社]의 서복상이 그 대표적인 예이다. 후지요시다에서 서복을 직업신으로 신봉하듯, 고도마리에서는 항해안전신으로 신봉하여, 서복을 신앙의 대상으로 추앙하기도 하였다.

일본에서는 이렇듯 연안 각처에서 다양한 서복 관련 전승이 전해오는 만큼, 지자체를 중심으로 서복 기념사업도 활발하게 일어나고 있다. 근래에는 관광 활성화의 일환으로 서복공원과 서복기념관, 서복석상 등을 앞다투어 조성하고 있다. 또한 사가와 가나가와에서는 서복회나 서복연구회 등을 결성하여 서복 기념사업, 답사, 학술회의 등을 거행하기도 한다.

돌이켜 보건대, 서복의 항해는 화려함의 극치를 달렸을 것이다. 진시황의 절대적 총애와 지원을 받아 화려한 항해를 감행했던 서복의 극적인 이야기는 바닷가 사람들을 매료시키기에 충분했고, 그런 만큼 연안해로를 통해 빠른 속도로 동아시아사회에 널리 퍼져나갔을 것이다. 오늘날까지도 서복의 이야기가 동아시아 연안해로 상에 광범위하게 퍼져서 전해지고 있는 것은 이런 배경에서 이해할 수 있다.

　서복이 직접 항해를 했든, 혹은 단순히 소문으로 전해졌든 간에, 당시 서복의 이야기가 동아시아사회에 널리 확산되어간 것은 사실이고, 그 확산의 통로는 결국 동아시아 연안해로였다고 할 수 있다. 그런 면에서 B.C. 3세기 서복의 항해는 동아시아 연안해로 '개통'의 상징적인 사건으로 간주해도 좋을 것이다. 또한 서복의 항해를 우리 역사와 견주어 본다면, 그와 비슷한 시기에 동아시아 연안해로와 긴밀한 관련을 맺으며 성장한 고조선을 주목하지 않을 수 없다. 고조선은 서복의 후원자였던 진시황이 세운 진(秦) 왕조와도 교류했던 것으로 나타나고 있어, 고조선과 서복의 관계를 상상으로 떠올려보는 것만으로도 흥미로운 일이다.

Ⅳ. 동아시아 연안해로를 통한 문물교류와 왕인(王仁)

　왕인은 고대 일본(왜)에 천자문과 논어를 전해준 백제의 학자로 알려져 있다. 그렇다면 그는 중국의 문자와 학문을 수용하여 이를 왜에 전파한 문화 선각자이자 문화 전파자로서의 역할을 충실히 수행한 인물로 평가받을 만하다. 따라서 동아시아 연안해로를 통해 문물교류를 수행한 상징적인 인물로 그를 소개해도 손색이 없을 듯 싶다.

　『일본서기』나 『고사기』와 같은 일본 고대 사서에서는 왕인의 문화 전파자로서의 공적을 비교적 소상히 소개하면서 그를 일본 학문의 시조[시수(書

首)]로서 대서특필하고 있는 반면에, 우리 사서에서는 왕인에 대한 기록이 전혀 보이지 않고 있어 대조를 이룬다. 그래서 우리는 왕인에 관한 한, 전적으로 일본 사서에 의존할 수밖에 없는 실정이다. 그럼에도 정작 우리가 알고 싶어하는 왕인에 대한 정보, 예컨대 왕인의 출생지, 성장과 학문 연마의 과정, 그리고 도일(渡日)의 루트 등에 관련된 구체적인 사실에 대해서는 아예 알 길이 없다.

그런데 불행 중 다행이랄까. 언제부터인가 영암 군서면의 구림마을에 왕인의 탄생과 도일에 이르는 자세한 설화가 전해오고 있어서, 그의 행적을 추적할 일말의 실마리만이라도 이 설화에서 찾아볼 수 있지 않을까 기대해 볼 수 있다.

구림마을은 영암 월출산 서쪽 기슭에 자리잡고 있다. 마을 앞에는 영산강 하구로 곧바로 흘러들어가는 마지막 지류인 영암천이 흐르고 있어 전형적인 배산임수의 형세를 이루고 있다. 바로 이곳에 왕인과 관련된 설화가 전한다. 그런데 이 설화는 왕인의 탄생, 성장과 학문의 과정, 그리고 도일에 이르는 총체적 이야기가 구체적인 지명이나 사물 등에 결부되어 전하고 있어, 근거없는 예사 설화와는 다른 면모를 보여주고 있다.

먼저 구림마을의 별칭인 성기동(聖起洞)은 그의 성스런 탄생과 관련된 것으로 전해지고 있고, 책굴(冊窟)이라 불리는 자연 석굴은 그가 자라면서 학문에 정진한 곳으로 전해지고 있다. 또한 책굴 바로 앞에 있는 석상은 왕

왕인이 일본으로 떠났다는 상대포(복원)

인석상으로 전해지고 있으며, 그 바로 아래에 자리잡은 양사재(養士齋)는 왕인이 제자를 가르치던 곳으로 전한다. 뿐만 아니다. 상대포(上大浦)라는 포구는 후에 왕인이 일본으로 떠났다는 곳이고, 상대포에 가는 길목에 있는 돌정고개는 왕인이 일본으로 떠나면서 마을 사람들을 돌아보며 이별의 아쉬움을 표한 곳으로 전한다.

우리의 문헌 자료에 전무한 왕인에 대한 설화가 이처럼 구체성을 띠면서 구림마을에 전한다는 것은 여간 반가운 일이 아니다. 더구나 왕인에 대한 어떠한 설화도 구림마을 이외의 다른 지역에서는 전혀 전하지 않는다는 점에서 더욱 그렇다.

그렇지만 이를 그대로 사실로 믿기에는 주저되는 바도 있다. 그것은 어디까지나 설화에 불과하다는 점, 더욱이 그 설화가 조선시대까지 어떠한 사서나 지리서에서도 채록된 적이 없었다는 점에서 그렇다. 이 설화가 처음 입록된 것은 일제시기인 1920년대에 편찬된 『조선환여승람(朝鮮寰輿勝覽)』의 성기동조에서 "백제 고이왕대에 왕인이 여기에서 탄생하였다"고 기록된 것이다. 그래서 혹자는 구림마을의 왕인 설화는 옛부터 전해져 온 것이 아니라 1920년대에 『조선환여승람』의 편자에 의해 의도적으로 창작된 것으로 보려는 사람도 있다.

그러나 설화를 창작한 동기가 확인되지 않고 있고, 성기동과 책굴과 양사재와 상대포와 돌정고개 등과 결부된 왕인 설화가 구체성과 총체성을 띠고 있다는 점을 염두에 둔다면, 이를 단순 창작으로 치부해 버리는 것도 아쉬움이 남는다. 그래서 이 설화가 의미하는 바를 동아시아 연안해로를 통해 문물교류를 수행한 왕인의 행적과 관련지워 추론해 보는 것은 나름 의미가 있지 않을까 한다.

먼저 왕인의 도일시기를 따져보기로 하자. 일본의 고대사서 『고사기』에 의하면 백제의 조고왕(照古王)이 현인(賢人)을 보내달라는 일왕의 요청을 받아들여 와니[和邇]란 인물을 보내어 논어 10권과 천자문 1권을 전했다고 되어 있는데, 이가 왕인이다. 또한 『일본서기』에 의하면 오진천황[應神天皇]16년 6월에 일왕의 요청으로 백제의 왕인이 도착하여 태자[菟道稚郎子]의 스승이 되었다고 되어 있다.

그런데 『일본서기』의 기년에 따르면 오진천왕 16년은 서기 285년(백제 고이왕 52년)에 해당되고, 『고사기』에 나오는 조고왕은 흔히 백제 근초고왕(재위간 346~374년)으로 비정되는 인물이므로, 양 사서에서 표명한 왕인의 도일 시기는 상당한 차이를 보여주고 있다. 이는 널리 알려져 있듯이 일본 고대사서의 기년(紀年)이 그만큼 부정확하다는 사실을 단적으로 드러내주는 사례이다. 일반적으로 『일본서기』 오진기[應神紀]의 기년은 2주갑(周甲, 120년) 내려서 재조정해야만 실연대에 부합되는 것으로 알려져 있다. 이 견해에 따른다면 왕인이 도일한 연대는 405년(285+120)으로 재조정할 수 있다.

종합적으로 왕인의 도일 시기는 3세기 말, 4세기 중·후반, 혹은 5세기 초반의 세 가지 가능성이 있다고 할 수 있겠는데, 이를 모두 포괄해도 3~5세기로 압축될 수 있다. 이 기간 동안 구림마을을 포함한 서남해지역의 해양사적 위치를 살펴보는 것은 왕인 설화의 사실성을 뒷받침해 주는 하나의 실마리를 모색하는 길이 될 것이다.

먼저 『삼국지』 위서 동이전은 서해와 남해를 연결하는 위치에 있는 서남해지역이 3세기 이후에 한·중·일을 연결하는 동북아 연안해로의 주요 요충지였음을 시사하고 있다. 그리고 해남 백포만 연변(沿邊)의 군곡리패총과 두모패총 등은 그 중요한 물증이 될 수 있다. 뿐만 아니라 『진서(晉書)』의 장화열전(張華列傳)에 의하면 282년에 20여 국에 달하는 신미제국(新彌諸國)이 집단적으로 진(晉) 왕조에 사신을 보내 조공을 바쳤다는 기록을 전하고 있는데, 신미제국이란 서남해지역에 산재해 있던 세력집단을 지칭한다.

이를 통해서 보면 적어도 3세기부터는 서남해지역에 중국대륙 및 일본열도와 교류하던 유력한 해양세력이 존재하고 있었음을 알 수 있다. 그리

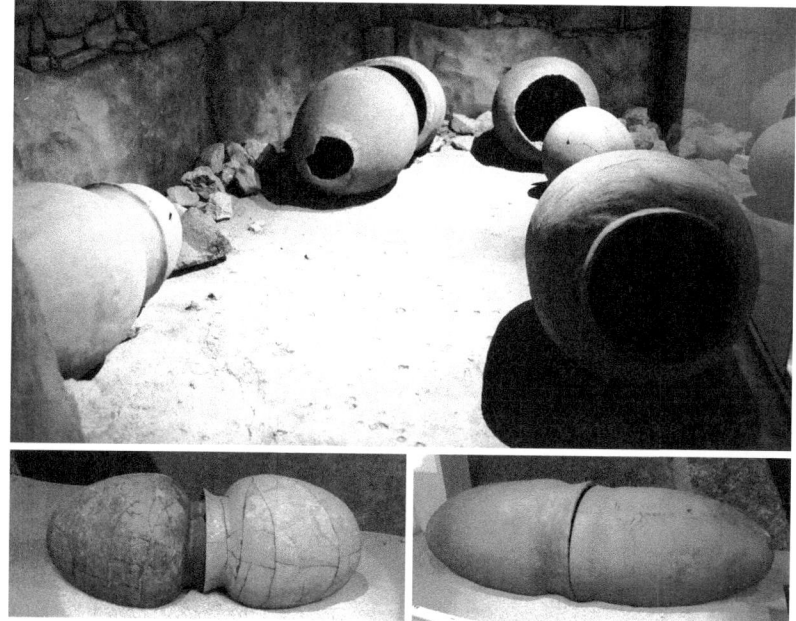

영산강유역의 옹관고분과 옹관(나주박물관)

고 최근에 이 지역에 '옹관고분'이 산재되어 있음이 확인되면서, 이를 서남해지역 해양세력 존재의 고고학적 물증으로 간주하려는 움직임도 일고 있다.

 '옹관고분'은 영산강유역과 서남해의 연안을 따라서 분포하고 있는 특유의 고분으로서, 이 지역에 강과 바다를 통로로 하여 정치적 연대망을 형성했던 독자적 해양세력이 존재했음을 강하게 시사해주고 있다. 더욱이 '옹관고분'의 존속 기간이 3세기~6세기 전반으로 추정되고 있어서, 왕인의 도일 시기와도 맞물려 있다.

 이 점을 주목한다면 왕인은 옹관고분을 축조한 서남해지역의 해양세력과 관련된 인물일 가능성이 높다. 실제 설화 상에 왕인의 고향으로 전하는 영암 구림마을은 옹관고분의 핵심 분포지인 영암 시종면과 지근(至近)한 거리에 있어, 왕인이 구림마을에 실존했을 가능성을 배제할 수만은 없다고 여겨진다. 또한 설혹 설화 상의 왕인을 구림마을의 역사적 실존인물로 간주하기 어렵다고 하더라도, 연안해로를 통해 중국 선진문화를 수용하고 이를 일본에 전파해준 일반적인 고대 해양세력의 존재 가능성만은 인정할 수 있다. 이런 맥락에서, 왕인을 특정인을 지칭하는 고유명사로서가 아니라 연안해로를 통해 동아시아 문화교류를 매개한 상징적인 인물을 지칭하는 보통명사로 간주하도 좋지 않을까 한다.

Ⅴ. 황해 횡·사단해로의 '개통' 시점과 소정방(蘇定方)

그렇다면 황해를 가로지르는 횡·사단해로의 '개통' 시점은 언제였을까? 이 질문과 관련하여 선사시대부터 중국의 강남지방에서 한반도 서남해안에 이르는 '황해 사단해로'가 이용되고 있었고, 이를 통해서 벼농사와 지석묘 등의 문화교류가 이루어졌을 것이라는 견해가 제시되기도 하였다. 그렇지만 이는 아직 추론에서 벗어나기 어렵다. 설사 그런 문화교류가 실재했다 하더라도 표류와 같이 간헐적이고 우연적인 왕래에 의한 것일 가능성이 크고, 교류를 의식하면서 지속적으로 왕래하는 일상의 해로로 '개통'되었다고 보기는 어렵다. 황해 횡·사단해로는 상당한 조선술과 항해술의 진보를 요하는 원양해로에 해당하기 때문에, 그 '개통'의 시점은 상당히 늦었을 것으로 보는 것이 합리적이다.

황해 횡·사단항로가 일상적 해로로 '개통'된 시점에 대해서는 3세기설에서 8세기설에 이르기까지 견해가 다양하다. 횡단해로와 사단해로의 '개통' 시점을 달리 보는 견해도 있어 더욱 혼란스럽다. 여기에서는 삼국시대의 몇몇 자료를 통해서 황해 횡·사단해로의 '개통' 시점에 대한 필자의 의

견을 피력하는 것으로 논의를 진행하기로 한다.

먼저 백제가 372년(근초고왕 27)에 동진(東晉)에 처음 사신을 보내 국교를 개설했고, 이후에 동진을 이은 남조의 여러 왕조(송·제·양·진)들과도 꾸준히 교류를 전개했다는 점을 떠올려보자. 한반도의 중서부에 위치한 백제가 강남의 난징[南京]에 도읍을 정한 남조의 여러 왕조들과 교류하기 위해서는 황해를 횡단 혹은 사단하는 해로가 지름길이다. 그렇다면 적어도 4세기 후반에는 황해 횡·사단해로가 일상적 해로로 '개통'된 것으로 볼 수 있을까? 그러나 이렇게 확정짓기에는 아직 이르다. 그와 배치되는 자료도 만만치 않게 나타나기 때문에 좀 더 면밀한 검토가 필요하다. 이를 위해 우선 북위의 역사를 기술한 『위서(魏書)』의 백제국조에 나오는 다음의 기사들을 살펴보자.

[위서1] 연흥 2년(472)에 백제의 여경(餘慶=개로왕)이 북위(北魏)에 처음으로 사신을 보내어 표를 올려 다음과 같이 아뢰었다. "…지난 경신년 이후 신의 나라 서쪽 국경의 소석산 북쪽 바다에서 10여구의 시체를 발견하였습니다. 의복과 기물과 안장과 굴레 등을 수습하여 살펴보니 고구려의 것이 아니었습니다. 나중에 들으니 이는 폐하의 사신이 신의 나라로 내려오던 중에 뱀 같은 고구려가 길을 막아 바다에 침몰시킨 것이었습니다. …폐하는 천지의 기를 모으셨고 형세는 산과 바다를 기울일 만한데, 어찌하여 어린애(=고구려)로 하여금 황제의 길을 막게 내버려 둡니까? 지금 얻은 안장을 하나 바치어 그 증거로 삼으려 합니다."

[위서2] 북위 황제는 연(璉=장수왕)에게 조서를 내려 백제로 가는 북위의 사신 소안(邵安) 일행을 호송하라고 하였다. 안 일행이 고구려에 이르니, 장수왕은 옛날 백제 개로왕과의 원수관계가 있음을 말하면서 동쪽으로 통과시키지 않았다. 이로 인해 안 일행이 모두 되돌아왔다.

[위서3] 연흥 5년(475)에 북위 황제는 안 등에게 동래(東萊)로부터 바다를 건너

가 개로왕에게 새서(璽書)를 내려 그의 정성을 포상하도록 하였다. 그러나 안 일행은 바닷가에 이르러 바람을 만나 표류하다 끝내 도착하지 못하고 돌아왔다.

먼저 [위서1]은 고구려 장수왕의 계속되는 공격에 직면한 백제의 개로왕이 472년에 고구려 배후에 있는 북위에 보낸 국서의 일부인데, 해로를 차단하는 고구려를 '뱀' 혹은 '어린애'라는 비칭을 써가면서 비난하고 있다. 개로왕은 백제에 파견한 북위의 사신선이 고구려에 의해 침몰 당했던 바를 고발하고 바다에서 건진 안장 한 개를 그 증거물로 바친다고 하였다. 더 나아가 백제와 북위 사이의 해로를 '황제의 길'로 칭하면서, '황제의 길'을 가로막는 고구려를 물리쳐 줄 것을 호소하기도 하였다.

이러한 개로왕의 호소에 대하여 북위 황제가 고구려 장수왕에게 내린 조치가 [위서2]이다. 북위 황제는 그 조서에서 백제에 파견하는 북위의 사신 소안 일행을 호송해 줄 것을 고구려에게 촉구했지만, 고구려는 이를 끝내 거부하여 결국 돌아올 수밖에 없었다고 한다. 이어 [위서3]에서는, 475년에 북위가 백제에 사신을 파견할 때, 고구려가 방해하는 연안해로를 피해 산동반도의 동래에서 황해를 횡단하는 해로를 이용하여 백제에 가도록 하였으나, 중도에서 바람을 만나 표류하다가 결국 되돌아오고 말았다는 내용을 전한다.

위의 자료들은 다음과 같이 간략히 재구성할 수 있다. ① 고구려는 백제와 북위 사이의 연안해로를 차단하여 두 나라가 교류를 하지 못하게 하였고, 백제는 이 연안해로를 '황제의 길'이라 칭하면서 소통될 수 있도록 고구려에 압력을 가해줄 것을 북위에게 호소한다. ② 이에 북위 황제는 고구려에 조서를 내려 연안해로를 열어줄 것을 촉구하였으나, 고구려는 끝내 이를 거부한다. ③ 북위 황제는 할 수 없이 고구려의 방해를 피해 산동반도에서 출발하여 백제에 이르는 황해 횡단해로를 통해서 사신을 파견하고자 했으나 표류를 당해 백제에 당도하지 못하고 돌아오고 만다.

만약 당시에 황해 횡·사단해로가 일상 해로로 '개통'되어 있었다고 한다면, 백제와 북위가 굳이 고구려의 방해를 무릅쓰면서까지 연안해로를 이용하려고 집착할 필요가 없었을 것이다. 또한 북위가 위험을 무릅쓰고 황해 횡·사단해로를 통해 사신을 파견하려 했던 것도, 고구려의 연안해로 방해로 인해 어쩔 수 없이 시도한 모험의 성격이 짙다고 할 수 있다. 그런데 그나마도 항해에 실패하고 말았다. 그러고 보면 당시 황해 횡·사단해로는 아직 일상적인 해로로 '개통'되었다고 보기는 어렵고, 역시 연안해로가 당시의 중심 해로로 기능하였다고 볼 수밖에 없다. 『삼국사기』에 나오는 다음의 기사들 역시 이러한 생각을 뒷받침해 준다.

[삼국사기1] 사신을 송(宋)에 보내어 조공하려 하였으나 고구려가 길을 막아서 이르지 못하고 돌아왔다.(백제 문주왕 2년[476] 3월)

[삼국사기2] 내법좌평 사약사(沙若思)를 남제(南齊)에 보내어 조공하려 하였으나, 사약사가 서해에서 고구려병을 만나 가지 못하였다.(백제 동성왕 6년[484] 7월)

[삼국사기3] 신라가 대당(大唐)에 사신을 보내어 조공하면서, 고구려가 길을 막아 입조하지 못하게 하고 또 침략을 자주한다고 호소하였다.(신라 진평왕 47년 [625] 11월)

[삼국사기4] 김춘추 일행이 당에서 돌아오던 중에 고구려의 순라병을 만났다. 춘추의 종자 온군해가 고관과 대의를 입고 배위에 앉아 있었더니, 순라병이 이를 춘추로 여겨 잡아 죽였다. 춘추는 조그만 배를 타고 돌아왔다.(신라 진덕왕 2년[648])

[삼국사기1]과 [삼국사기2]는, 백제의 문주왕이 476년 송나라에, 동성왕이 484년 제나라에 각각 사신을 파견했지만 고구려의 방해로 도달하지

못하고 돌아왔다는 내용을 전한다. 송과 제는 동진과 마찬가지로 중국 강남에 있었던 남조의 왕조로서 백제에서 황해 횡·사단해로를 통하면 고구려의 저지를 받지 않고 이들 나라에 이를 수 있었을 것이다. 그런데 번번이 고구려의 저지를 받아 이르지 못했다고 하니, 백제가 황해 횡·사단해로를 통하지 않고 고구려 앞 바다를 지나는 연안해로를 이용했다고 할 수밖에 없다. 그렇다면 황해 횡·사단해로는 5세기 후반의 시점에서도 아직 일상적 해로로 '개통'되지 못했다고 보아야 하지 않을까 한다.

[삼국사기3]은 신라의 진평왕이 625년에 당나라에 사신을 파견하여 고구려가 길을 막아 조공 사신을 보내기가 어렵다는 것을 호소한 내용이고, [삼국사기4]는 김춘추가 648년에 당에 건너가 당 태종과 담판을 벌여 나당군사동맹 체결에 합의를 하고 돌아오던 중에 고구려 순라병을 만나 목숨을 잃을 뻔했던 상황을 전한다. 이들 자료는 7세기의 단계에도 황해 횡·사단해로보다는 고구려의 위협이 도사리고 있던 연안해로가 여전히 주된 해로로 활용되고 있었음을 보여준다.

이밖에 『삼국유사』에는, 의상과 원효가 650년경에 당 유학길에 올라 요동 지역에 이르렀을 때 고구려 술라병에게 첩자로 오인받아 수십일간 구금된 적이 있었음을 전하는 기사도 있다. 이는 의상과 원효가 연안해로를 통해서 당으로 건너가려다가 일어난 사건으로 보는 것이 자연스럽다. 또한 『송고승전』은 의상과 원효가 1차 도당 유학길에 올라 당주(唐州)라는 곳에 이르러서 유명한 '해골바가지의 깨달음'을 얻게 되었다는 일화를 남기기도 한다. 당주는 오늘날 당진 혹은 직산을 지칭하는 것으로 알려지고 있어, 그들이 해로를 통해 도당하려 했다는 것을 보여준다. 이러한 의상과 원효의 사례 역시 650년대까지 주로 연안해로가 활용되고 있었다는 것을 보여준다.

그렇다면 당시 백제와 신라는 왜 황해 횡·사단해로를 이용하지 않고 굳이 고구려의 위협이 도사리고 있던 연안해로에 집착했던 것일까? 그것은 당시의 조선술과 항해술의 수준이 황해 횡·사단해로의 위험성을 뛰어넘을 정도로 진보되지 못했기 때문이라고 볼 수밖에 없다. 다시 말해 백제와 신라는 연안해로에 상존하는 고구려의 위협보다는 황해 횡·사단해로의 위험성을 더 심각하게 받아들였다는 것이 된다.

신라와 당은 군사동맹을 체결하고도 10년 이상 연합작전을 펴지 못했는데, 이 역시 해로의 한계 때문이었다고 할 수 있다. 신라와 당은 648년에 나당군사동맹을 체결하였다. 그런데 당은 백제를 먼저 협공하자는 신라의 제안을 따르지 않고 고구려 선공(先攻)에만 집착하였다. 나당이 백제를 공격하는 연합작전을 펴기 위해서는, 당군이 고구려의 저지를 극복하고 연안해로를 통해 이동하든가 아니면 고구려의 저지를 피해서 황해 횡·사단해로를 통해 이동하든가 양자택일하지 않으면 안 되었을 것이다. 당이 고구려 선공에 매달릴 수밖에 없었던 것은 어느 쪽도 여의치 못하였기 때문이었을 것이다. 그러다 군사동맹이 체결된 지 12년이 지난 660년에 이르러서야 당은 문득 백제 선공작전으로 선회하였고, 나당연합군을 결성하여 마침내 백제를 멸망시킬 수 있었다. 이는 당군이 황해를 횡단함으로써 가능했던 일이었으니, 그동안 조선술과 항해술이 진보해온 결과였다고 할 것이다. 잠시 부연해 보자.

당의 소정방은 660년 3월 당 고종의 명을 받들어 13만 대군을 이끌고 산동반도의 성산(成山)을 출발하여 황해를 횡단하는 비상작전을 감행하였다. 소정방의 황해 횡단작전은 성공을 거두었고, 700년 가까운 역사를 지속해온 백제는 하루아침에 멸망의 비운을 맛보아야 하였다. 황해 횡단작전의 위력이 충격적으로 입증되는 순간이었다. 이후 전쟁의 과정에서 당군은 대규모 황해 횡단작전을 몇 차례 반복적으로 감행하였고, 황해 횡·사단해로가 위험하다는 인식도 현저히 약화되어 갔다. 그리하여 삼국통일 이후 신라와 당 사이에 기존의 연안해로는 물론 황해 횡·사단해로까지 '개통'되어 해로의 다각화 시대가 활짝 열릴 수 있었다.

한반도는 '동아시아 지중해'의 연결고리에 해당한다. 그런 만큼 한반도의 서해안과 남해안으로 이어지는 '서남해 연안해로', 동해안과 남해안으로 이어지는 '동남해 연안해로', 그리고 황해를 가로질러 중국대륙에 이르는 '황해 횡단해로' 및 '황해 사단해로'(둘을 합해서 '황해 횡·사단해로'라 칭함) 등은 고대 동아시아 세계의 문물교류에서 중요한 통로로 기능하였다. 이제 이를 염두에 두면서 해로를 따라서 한국고대사의 신세계로 떠나보기로 하자.

2장

'서남해 연안해로' 동아시아 세력의 각축장

Ⅰ. 고조선의 '서남해 연안해로' 장악과 좌절

1. 고조선, 동아시아 연안해로를 장악하여 강국으로 발전하다

 '조선'이라는 명칭이 문헌에 처음 나오는 것은 B.C. 4세기 무렵부터이다. 『산해경』에서 조선의 위치가 처음 막연하게 기술된 이후, 『전국책』에서는 그 위치가 연(燕)의 동쪽에 있는 것으로 좀 더 구체적으로 나타난다. 그리고 『위략』에 이르면 '연이 왕을 칭하니, 조선도 후(侯) 대신 왕을 칭하고 연을 치려했다'는 구체적인 사건 기사가 나오고 있어, 고조선은[4] B.C. 4세기 말경에 전국칠웅의 한 나라인 연과 국경을 마주하고 자웅을 겨룰 정도의 국가로 성장했음을 보여준다. 그런데 그 고조선은 B.C. 3세기에 이르러 연의 장수 진개의 공격을 받아 서방 2,000여리를 상실하고 큰 타격을 받아 국세가 위축되기도 한다.
 이후 전국칠웅의 한 나라인 진(秦)이 B.C. 230년에서 B.C. 221년 사이에

---

[4] '고조선'이라는 명칭은 『삼국유사』에 처음 나온다. 『삼국유사』에서는 위만조선에 선행하는 단군조선을 옛 조선이라는 의미에서 '고조선'이라 칭했지만, 오늘날에는 단군조선, 위만조선 모두를 이성계의 조선에 선행한 옛 조선으로 보고 '고조선'이라 칭한다. 이렇듯 '고조선'이라는 명칭은 후대적 개념에 불과하고, 당대의 실제적 명칭은 '조선'이었다. 그럼에도 여기에서 '조선'이라 칭하지 않고 '고조선'이라 칭한 것은, 단순히 통상적으로 쓰이는 역사개념을 선택한 것이다.

한(韓), 조(趙), 연(燕), 위(魏), 초(楚), 제(齊)를 잇달아 평정하고 최초의 통일 제국을 이룩하자, 고조선은 막강제국 진과 상대하여 생존을 모색하지 않으면 안되게 되었다. 당시 고조선의 부왕(否王)은 서둘러 진과 정치외교적 교섭에 나섰고, 그 결과 진에 대하여 '복속은 하되 조회(朝會)에는 참석하지 않는다'는 것을 원칙으로 하는 공존의 묘책을 강구하였다. 직접 조회에 참석하여 황제를 알현해야 했던 '내신(內臣)'과는 달리 조회에 참석하지 않음으로써 정치적 독자성은 유지하되, 복속의 신표로서 일정한 의무를 져야했던 그런 애매한 관계로 설정한 한 것이다. 이러한 관계를 흔히 '외신(外臣)'의 관계라 칭한다.

그런데 진은 통일한 지 15년도 채 안된 B.C. 207년에 망했고, 이후 한(漢)과 초(楚)가 5년여 동안 패권을 다투다가 B.C. 202년에 한이 다시 천하를 통일하게 되자, 고조선은 한과 국경을 재조정하고 예의 '외신'의 관계를 유지하면서 생존을 모색하였다.

이렇듯 고조선은 연의 침략과 진·한의 통일 및 왕조교체라는 중원의 대변혁에 직면하여 수많은 시련을 무릅쓰면서 생존을 모색해야 했다. 이 과정에서 고조선은 요동을 중심으로 운영하던 국가의 무게 중심을 점차 동방으로 옮겨가지 않을 수 없었고, 급기야 대동강 하류의 평양 왕검성을 중심지로 삼기에 이르렀다. 그리고 B.C. 194년에는 변방의 수비책임자였던 위만(衛滿)이 왕검성을 공격하여 부왕(否王)의 아들 준왕(準王)을 몰아내고 왕위를 찬탈하는 정변이 일어나기도 하였다. 이때부터를 흔히 위만조선이라 칭한다.

정권을 찬탈한 위만은 한(漢)과 외신의 관계를 복원하였다. 그 내용은 『사기(史記)』에 다음과 같이 전한다.

요동태수는 위만을 외신으로 삼을 것을 약속하여 국경 밖의 만이(蠻夷)를 지켜 변경을 노략질하지 못하게 하고, 모든 만이의 군장(君長)들이 천자를 뵙고자 하면 막지 않도록 하였다. 천자도 이를 듣고 허락하였다.

한(漢)은 위만에게 외신으로서의 두 가지 의무를 부과하였다. ① 변경 밖의 만이를 지켜 노략질을 못하게 할 것과 ② 천자를 알현하고자 하는 만이의 군장을 막지 말 것 등이었다. 이러한 의무를 전제로 한 양국의 관계는 이전에 진(秦)과 고조선의 부왕(否王)에 의해 처음 정립된 이후에 그 아들 준왕 대까지 잘 유지되다가, 준왕을 축출하고 고조선의 정권을 찬탈한 위만과 한(漢) 사이에 공존을 위한 관계로 재정립된 것이다.

그렇다면 위만조선이 준수해야했던 두 가지 의무는 어떤 의미를 내포하는 것일까? 먼저 ①의 의무를 보면 만이의 노략질를 막아내는 일과 관련되어 있고, ②의 의무를 보면 천자에 알현하고자 하는 만이의 소통을 보장하는 일과 관련되어 있어, 양자에 나타난 만이의 성격이 각기 다르다는 것을 알 수 있다. 전자의 만이는 당시 한의 안보에 큰 위협의 대상이 되고 있던 흉노 등의 적대적 세력을 지칭하는 것이고,[5] 후자의 만이는 지리적으로 고조선을 통해서 한과 관계를 맺어온 주변의 여러 우호적 세력을 지칭한다.

그런데 이러한 의무는 위만조선의 발전에 상당한 제약 요인을 포함하고 있어, 양국 간에 심각한 갈등으로 폭발할 소지가 있었다. 결국 갈등은 ②의 의무를 둘러싸고 촉발하였다. 그 갈등상은 윗 기사에 이어 나오는 『사기』의 다음 기사에 생생하게 전한다.

- 위만은 군사의 위세와 재물을 얻게 되어 그 주변의 소읍들을 침략하여 항복시키니 진번(眞番)과 임둔(臨屯)도 모두 와서 복속하여 사방 수천리가 되었다.

---

[5] 위만의 득세가 연왕(燕王) 노관(盧綰)의 흉노 투항 사건에서 비롯되었다는 것을 염두에 둘 때, 한은 위만이 흉노와 연결되는 것을 경계했을 가능성이 크다.[「연왕 노관이 한을 배반하고 흉노로 들어가자 위만도 망명하였다.」(『사기』 조선열전)]

- 위만의 아들을 거쳐 손자 우거(右渠) 때에 이르러서는 유인해낸 한(漢)의 망명자 수가 대단히 많아졌으며, 천자에게 입현(入見)하지도 않았을 뿐 아니라 '진번 주변의 여러 나라들'이 글을 올려 천자에게 알현하고자 하는 것도 또한 가로막고 통하지 못하게 하였다.

위의 첫 기사를 보면 위만이 '군사의 위세와 재물'을 얻게 되었다고 하는데, 이는 한과의 외신 관계를 맺은 이후에 한으로부터 제공받은 권위와 철기기술 등을 의미하는 것으로 풀이된다. 이를 바탕으로 위만은 주변의 소읍들을 병탄하고 진번과 임둔 등을 복속시켜 사방 수천리의 대국으로 성장했다고 한다. 진번은 대동강 이남 황해도 일대의 세력을, 임둔은 동해안 지역의 세력을 지칭하는 것으로 보이는데, 이들은 '천자에 알현하고자 하는 만이의 군장' 중의 하나에 해당된다. 따라서 위만이 이들을 복속시킨 행위는 곧 외신으로서 지켜야할 ②의 의무를 어긴 셈이었다.

이러한 위만의 반외신의 위약(違約) 행위는 그의 손자 우거 대에 이르러 더욱 증폭되었다. 위의 두 번째 기사를 보면, 우거는 한(漢)으로부터 수많은 망명자를 유인해냈는가 하면 한(漢) 천자에 대해 입현(入見)[6]도 하지 않았고, 심지어는 한에 알현하고자 하는 '진번 주변의 여러 나라들'을 가로막는 노골적인 반외신의 행위를 감행했던 것이다.

여기에서 '진번 주변의 여러 나라들'은 황해도 이남의 한(韓)과 동해안의 예(濊), 그리고 일본열도의 왜(倭) 등을 지칭하는 것으로 보인다. 그런데 『삼국지』에 전하는 다음 기사에 나타나듯이 위만에게 쫓겨난 고조선의 전왕 준왕은 위만에게 쫓겨서 남으로 이주한 후에 한(韓)의 영도세력으로 성장하여 위만조선과 적대관계를 유지하고 있었다.

---

6 '입현'은 정기적인 사절 파견 및 조공 헌상 행위 등과 같은 한에 대한 관념적 복속의례의 의무를 지칭한다.

준왕은 그 좌우 궁인들을 거느리고 바다로 달아나 한지(韓地)에 살면서 한왕(韓王)이라 자칭하였다. 『위략(魏略)』에 의하면 "그 나라에 사는 준왕의 자손과 친척들도 이로 인해 한씨(韓氏)의 성을 칭하였고, 바다를 통해서 조선과 서로 왕래하지 않았다"고 한다. 그 후에 준왕의 세력은 멸절되었지만, 지금도 한인(韓人)들은 그에 대한 제사를 받드는 자가 있다.

이 기사를 보면, 준왕이 영도한 한(韓) 세력은 위만의 손자 우거가 한(漢)에 알현하는 것을 저지했다고 한 '진번 주변의 여러 나라들'의 핵심을 이루고 있었다는 것을 알 수 있다. 우거가 이들의 알현을 저지했던 것은 적대적인 준왕 세력을 고립시켜 제압하기 위한 것이었을 것이다. 결국 준왕의 세력이 멸절되었다고 한 것은 준왕 세력에 대한 우거의 고립작전이 주효했음을 의미한다.

이렇듯 위만조선은 한편으로는 한(漢)으로부터 철기기술 등 선진문물을 수용하고, 또 한편으로는 남쪽 한(韓)과 왜(倭), 동쪽의 예(濊)로 세력을 확대해 갔다. 당시 위만조선이 선진문물을 수용하고 영향력을 확산해간 루트는 주로 동아시아 연안해로였다. 위의 기사에서 '바다로 달아났다'든지 '바다를 통해서' 등의 구절이 나오는 것이 이를 반영한다. 결국 위만조선은 서해 연안해로 상의 중요 길목인 대동강유역을 거점으로 삼아 '서남해 연안해로'를 장악하고 '한(漢)-고조선-한(韓)-왜'로 이어지는 동아시아 해양교역을 독점하면서 강성국으로 발전해 갔다고 할 수 있다.

2. 위만조선, 한(漢)의 침략을 받아 멸망하다

위만조선의 동아시아 해양교역의 독점은 결국 한(漢)의 개입을 불러왔다. 한(漢)은 많은 백성을 유인해가고 남쪽 세력의 알현을 방해하는 우거의 행위에 대하여 단순히 ②의 의무를 위반한 것을 넘어서는 일종의 도발 행위로 인식하였던 것 같다. 더 나아가 흉노와 연대하지 말 것을 규정한 ①의 의무마저 그 실행여부를 장담할 수 없게 되자, 한(漢)은 우거에 대하여 강력 경고를 하기 시작하였다. 다시 『사기』에 나오는 다음 기사를 보자.

> 원봉 2년(B.C. 109)에 한(漢)은 사신 섭하(涉何)를 보내어 우거를 꾸짖고 회유했으나, 우거는 끝내 천자의 명을 받들려고 하지 않았다. 섭하가 돌아가면서 국경인 패수에 이르러 마부를 시켜 전송 나온 조선의 비왕(裨王) 장(長)을 찔러 죽이고 바로 패수를 건너 요새 안으로 달려 들어가서 천자에게 고하였다. '조선의 장수를 죽였다'고. 천자는 꾸짖지 않고 그 공을 기려 섭하에게 요동동부도위(遼東東部都尉)의 벼슬을 내렸다. 이에 조선은 이를 원망하여 군사를 일으켜 기습 공격을 감행해 섭하를 죽이니, 천자는 죄인을 모집하여 조선을 치게 하였다.

한(漢)의 무제가 위만조선에 사신 섭하를 보낸 것은 우거에게 외신의 의무를 충실히 이행할 것을 촉구하기 위함이었을 것이다. 그러나 우거는 이를 끝내 거부하였고, 양국 관계는 파탄에 이르렀다. 마침내 한(漢)은 위만조선에 대한 무력 공격에 나섰다. 위만조선의 지나친 연안해로 통제와 독점이 결국 한(漢)에게 위기의식을 조장하여 무력침공을 초래했던 것이다. 그러나 이미 강성대국으로 성장한 위만조선의 저항은 만만치 않았다. 여기에서 『사기』와 『한서』에 나오는 기사를 중심으로 한(漢)과 위만조선 사이에 전개된 전쟁의 상황을 정리해 보면 다음과 같다.

B.C. 108년 가을 한 무제는 누선장군 양복(楊僕)과 좌장군 순체(荀彘)로 하여금 위만조선의 왕검성을 향해 공격하게 하였다. 누선장군 양복은 5만의 수군 병사를 거느리고 산동반도에서 해로를 통해 발해를 건너 왕검성으로 향했고, 좌장군 순체는 육군 병사를 거느리고 요동에서 육로를 통해 평양성으로 진격하였다. 전형적인 수륙병진작전이었다.

위만조선은 서전을 승리로 장식하였다. 순체의 선발부대를 격파했을 뿐 아니라 왕검성 아래까지 진격해온 양복의 7천여 선발부대까지 연파하였다. 전선은 교착상태에 빠졌다. 이에 한 무제는 위산(衛山)을 사신으로 파견하여 우거와 협상을 시도하게 했으나 이마저 무산되었다. 위산은 '외신'의 의무를 이행할 것을 촉구했고, 우거는 이를 거부했던 듯하다.

협상의 실패로 전쟁은 다시 불붙었다. 위만조선은 한 때 패수의 방어선이 무너지는 위기 상황을 맞기도 했지만, 왕검성 사수에 나서 한나라 군대의 맹렬한 공세를 번번이 좌절시켰다. 전쟁이 장기화 되어가자 고조선은 순체를 배제하고 양복하고만 화의 협상을 진행하였다. 한(漢)의 두 장수를 이간시키려는 작전이었다. 이간 작전은 주효했고, 전쟁은 다시 교착상태에 빠졌다. 초조해진 한 무제는 공손수(公孫遂)를 보내어 작전을 총괄하게 하였다. 그런데 그는 순체의 말만 믿고 협상파였던 양복을 잡아 가두고 공격 일변도의 전략만을 펴다가 공을 세우지 못하고 무제로부터 소환을 받아 처형당하고 말았다.

공손수의 처형이 한의 두 장수를 자극했던지, 한군의 공세는 더욱 격렬해졌다. 전쟁이 장기화 되자 위만조선은 주전파와 주화파로 나뉘어 내분의 양상이 나타나기 시작하였다. 주화파 중에 조선상 역계경 같은 이는 자기의 무리를 이끌고 남쪽으로 떠나버렸고, 조선상 노인, 상 한음, 니계상 참, 장군 왕협 등은 우거왕에게 항복을 건의하다가 받아들여지지 않자, 왕검성을 탈출하여 한에 투항하였다. 끝까지 분전하던 우거왕은 참에게 암살당했고 왕자 장은 한에 투항하였다. 왕이 죽고 왕자가 투항했음에도 불구하고 위만조선은 대신 성기를 중심으로 최후의 저항을 이어갔다. 투항한 왕자 장과 노인의 아들 최가 나서서 성기의 암살을 독려하였고, 결국 성기마저 암살당하였다. 그리고 왕검성은 함락당했고, 고조선은 최후를 맞았다. 전쟁이 일어난 지 1년만의 일이었다.

고조선은 막강제국 한의 대대적인 공격을 맞아 1년간이나 버텨냈던 것이니, 이는 그만한 국력이 뒷받침되었기에 가능한 일이었다. 한 무제는 전쟁 중에 공손수를 처형했을 뿐 아니라 전쟁이 종료된 후에는 좌장군 순체를 기시(棄市)에 처하고, 누선장군 양복은 서인으로 강등시켰다. 반면 투항한 고조선의 왕자와 신료들에게는 공을 논하여 후한 상과 작호를 내렸다. 이는 고조선 내부의 동조가 없었더라면 승리를 장담할 수 없었던 당시의 상황을 한이 자인한 것으로서, 위만조선의 막강 국력을 간접적으로나마 실감케 하는 대목이다.

한은 사방 수천리에 달하는 고조선의 강역에 낙랑군, 진번군, 임둔군, 현토군의 4개 군을 나누어 설치하고 직할 지배에 들어갔다. 이른바 한사군(漢四郡)이다.

II. 낙랑 대방군의 '서남해 연안해로' 주도와 갈등

1. 낙랑·대방군, '서남해 연안해로'를 주도하다

한(漢)은 B.C. 109년에 고조선을 공격하여 1년 만에 멸망시키고, 고조선의 중심지인 대동강 하류에 낙랑군을 설치하여 남쪽의 한(韓)과 왜(倭), 그리고 동쪽의 예(濊)와의 교역을 중개하는 역할을 맡겼다. 이렇게 하여 동아시아 국제교역은 낙랑군을 중심으로 아연 활기를 띠기 시작하였다. 한반도와 일본 규슈 및 관서지방에 이르는 연안의 교역항로를 따라서 당시의 중국 화폐인 화천(貨泉), 대천(大泉), 오수전(五銖錢) 등이 대거 발견되고 있는 것은, 낙랑군 설치 이후 동아시아 국제교역이 얼마나 활성화되었던가를 잘 보여준다.

이후 상당한 곡절도 있었다. 먼저 A.D. 2세기 후반 경에 이르러 낙랑군에 대한 한(漢)의 통제력이 약화되고 한(韓)과 예(濊)의 세력이 강성해 지면서, 낙랑의 군민들이 한국(韓國)7으로 대거 유입되는 상황이 벌어지면서 한때 낙랑군의 위상과 역할이 위협을 받기도 하였다. 당시 요동지역에서 독자세력을 구축하면서 한(漢)을 대신하여 낙랑군을 관할해오던 공손씨 세력은 3세기 초에 낙랑군의 남쪽에 대방군을 별도로 설치하여 한(韓)에 대한 견제와 통제를 강화해 갔다. 중국 사서에 의하면 대방군 설치 이후 변화된 양상에 대하여 '옛 백성들이 다시 돌아오고, 왜(倭)와 한(韓)은 대방군에 소속하게 되었다'고 자평하고 있다. 대방군 설치의 효과가 상당한 실효를 거두었던 사정을 알 수 있다.

그렇지만 이후 얼마 안 되어 238년에 공손씨 세력이 위(魏)에게 통합되어, 낙랑과 대방군에 대한 관할권은 위에게로 넘어갔다. 그리고 새로운 국면이 전개되었다. 위는 낙랑군과 대방군을 통해 한(韓)과 왜(倭)를 강력 통제하면서 연안해로를 통한 문물교류에 적극 나섰다. 『삼국지』에서 이 시기 연안해로의 노정이 자세히 소개하고 있다. 위(魏)의 관할 하에 있던 낙랑·대방군으로부터 출발하여 왜의 야마대국(邪馬臺國)에 이르는 연안해로의 노정이다. 그 노정은 다음과 같다.

(낙랑·대방)군→한국(韓國)→(남행)→(동행)→구야한국(狗邪韓國)→(바다를 건넘)→대마국(對馬國)→(바다를 건넘)→일대국(一大國)→(바다를 건넘)→말로국(末盧國)→이도국(伊都國)→노국(奴國)→불미국(不彌國)→투마국(投馬國)→야마대국(邪馬臺國)

이 노정에 나오는 '한국'이란 충청도 일원의 마한연맹체를 영도하고 있

---

7 여기에서 '한국'이란 목지국의 영도 하에 충청도 일원의 소국들이 세력결집을 강화해 가고 있던 마한연맹체를 지칭하거나, 혹은 마한연맹체를 대표하는 목지국을 지칭한다.

군곡리패총의 출토유물(국립중앙박물관)

던 아산만 인근의 목지국을, '구야한국'이란 낙동강유역 변한 12국을 영도하고 있던 김해지역의 금관국을 지칭한다. 아산만과 낙동강 하구의 김해지역에 동아시아 연안해로 상의 주요 포구국가가 있었다는 것을 알 수 있다. 당시 군(낙랑·대방군)을 출발한 무역선단은 아산만과 김해지역의 거점포구국가들을 경유하고 대한해협을 건너 대마국[對馬島]과 일대국[壹岐島]를 거친 다음에, 큐슈의 말로국에 상륙하였으며, 여기에서 다시 몇 개 소국을 경유하여 여주(女主) 히미코[卑彌呼]가 다스리는 야마대국에 이르렀다.

이처럼 낙랑·대방군이 동아시아 해양교역을 주도하던 당시에 한반도의 연안지역에 주요 거점포구가 발전하고 있었다. 서해 아산만 지역에 '한국'이, 그리고 남해 낙동강하류에 '구야한국'이 있었을 뿐 아니라, 이밖에 기록에는 나오지 않지만 여타의 많은 포구들이 분포해 있었을 것이다. 여기에선 해남 군곡리패총과 사천 늑도패총의 사례를 소개하기로 한다.

먼저 군곡리패총은 B.C. 3세기 말엽부터 A.D. 4세기 전반 경까지 장기간에 걸쳐 조성된 것으로 밝혀졌다. 낙랑군이 설치되기 1세기 전에 조성되기 시작하여 낙랑군의 축출과 함께 폐기되어 낙랑군과 운명을 같이 한 것으로 나타난다. 군곡리패총에서 출토된 유물 중에는 화천, 복골, 골제 뒤꽂이, 철기류 등과 같이 중국과의 문물교류를 보여주는 것들이 있는가 하면, 토제 곡옥, 복골, 각골, 토기류 등은 일본과의 문물교류를 보여준다. 그리고 화천, 복골, 토제 곡옥 등은 김해의 회현리패총에서도 출토된 바 있고, 복골, 단면삼각형구연토기, 토기뚜껑, 고배 등은 사천 늑도 유적에서도 출

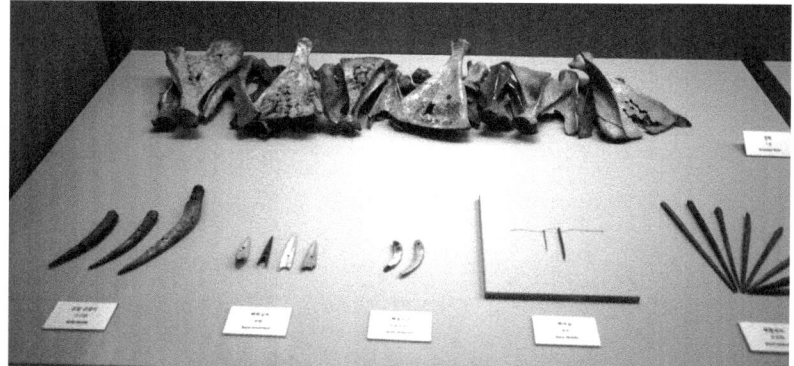

늑도패총의 전경과 출토유물

토되었다. 따라서 해남 군곡리 일대에는 고조선과 낙랑군이 동아시아 해양교역을 주도하던 시기에 이에 동참했던 주요 거점포구가 있었던 것을 알 수 있다.

사천의 늑도패총 유적 역시 B.C. 3세기에서 A.D. 3세기까지 조성된 유적으로서 낙랑군의 존속 기간과 대체로 일치한다. 이곳에서는 중국 한무제 5년(B.C. 108년)에 주조된 반량전을 위시하여 일본의 야요이계토기, 회백색 연질의 낙랑토기를 포함한 다양한 토기들과 석기류, 방추차, 골제첨기, 골촉, 소도자, 녹각제 도자병, 환두도자, 그리고 다량의 복골 등이 출토되었다. 이는 사천 늑도가 군곡리와 함께 동아시아 해양교역의 중요한 거점

2장 '서남해 연안해로' : 동아시아 세력의 각축장 53

포구로 기능했음을 보여준다.

군곡리와 늑도의 유적에서 화천이나 반량전과 같은 고대 중국 동전이 출토되었다는 점이 특히 흥미를 끈다. 그런데 이러한 고대 중국 동전들은 군곡리와 늑도뿐만 아니라 서해와 남해안의 도처에서 발견되고 있다. 여수 거문도(오수전 980점), 제주 산지항유적(오수전·대천·화천), 의창 다호리유적(오수전), 창원 성산패총(오수전), 김해 회현리패총(화천) 등이 그것이다. 이들 지점들에는 당시 국제교역이 이루어진 거점포구가 있었던 것으로 보아 좋다. 발견된 중국 동전들은 국제교역의 결제 수단으로 사용된 것으로 보이기 때문이다.

한편 철은 중국 동전과 함께 교역의 결제 수단으로 사용되기도 하였다. 『삼국지』에 의하면 물건을 매매할 때 중국에서 돈을 쓰는 것처럼 철을 사용했다고 한다. 특히 변한(가야)의 철은 유명하였다. 한(韓), 예(濊), 왜(倭)의 사람들이 와서 변한의 철을 사갔고 낙랑군과 대방군에도 변한의 철이 공급되었다고 한다. 변한의 철은 낙랑군이 연안해로를 주도하던 시절에 동아시아 해양교역에서 중요한 교역물이자 결제수단으로 사용되고 있었다.

2. 낙랑·대방군, 마한에 대해 분열을 책동하다

낙랑군의 모국인 위(魏)는 한(韓)과 왜(倭)에 대하여 차별적인 이중정책을 구사하였다. 한에 대해서는 분열정책을, 왜에 대해서는 여주 히미코(卑彌呼)의 영도력을 지원해 주는 정책을 폈다.

먼저 왜에 대한 위의 정책을 보자. 위 황제는 238년에 대방태수에게 명하여 히미코에게 「친위왜왕(親魏倭王)」이라는 작호와 이를 공인하는 증표로서 금인자수(金印紫綬)를 내리게 했고, 그녀의 사신들에게는 솔선중랑장(率善中郎將), 솔선교위(率善校尉) 등의 작호와 이를 공인하는 증표로서 은인청수(銀印靑綬)를 내리게 하였다. 위 황제가 히미코와 그의 사신들에게 작호와 인수(印綬), 그리고 그에 따른 의책(衣幘) 등을 내린 것은, 왜 사회의 교역 대표권을 히미코에게 공인해 준 것을 의미한다. 히미코의 사신들은 대방군 관리의 안내를 받아 위의 천자를 직접 알현하기도 하고, 대방군을 통해 간접적으로 알현하기도 하면서 중국과 적극적인 교역을 전개하였다. 히미코는 이러한 교역 활동을 통해 중국의 선진문물을 확보하여 영도 하에 있던 여러 소국의 지배층에게 과시하거나 나누어 줌으로써, 그녀의 권위를 확대·강화해 갈 수 있었다.

위는 처음엔 마한[8]에 대해서도 맹주국의 대표성을 공인하고 지원하는 정책을 쓰기도 하였다. 위 황제는 낙랑과 대방군을 통해서 마한의 맹주국인 목지국의 신지(臣智)[9]에게 특별한 지위를 표하는 긴 명칭의 작호를 내려주고, 여타 소국 및 읍락의 장들에게는 외솔선(外率善), 읍군(邑君), 귀의후(歸義侯), 중랑장(中郎將), 도위(都尉), 백장(伯長) 등의 작호를 내려주어, 목지국 신지에게 마한 소국들을 대표하고 영도하는 지위를 공인해 주었다.

그러나 마한이 목지국 신지를 중심으로 결집력을 강화하여 낙랑·대방군의 위협 세력으로 성장해가자, 위는 점차 이들을 견제하는 정책으로 전환해 갔다. 위는 낙랑군과 대방군을 통해서 마한 소국들의 지배층들에게 인수와 의책을 무차별적으로 나누어주는 물량공세를 폈다. 마한사회가 목지국 신지를 중심으로 결집하여 강성해지는 것을 차단하기 위함이었다. 물량공세는 점차 도를 넘어섰다. 마한의 지배층뿐만 아니라 심지어는 피지배층인 하호(下戶)들에게까지 의책을 나누어 주어, 의책을 착용한 마한인들이 천여 명에 달했을 정도였다. 위가 낙랑·대방군을 통해서 전개한

---

8 마한은 목지국의 영도 하에 충청지역의 한(韓) 소국들이 결집한 마한연맹체를 지칭하는 것으로 '한국'이라 칭해지기도 하였다. 마한은 290년대에 백제에게 병탄당하여 백제의 영역으로 편입되었고, 백제가 웅진으로 천도한 이후에는 백제의 핵심 지역이 된다.
9 신지는 맹주국의 우두머리를 지칭한다.

마한에 대한 분열책동이 얼마나 극렬했던가를 보여주는 대목이다.

위가 마한에 대하여 분열정책을 구사했던 것은 이유가 있었다. 앞서 2세기 후반 경에 마한이 강성해 지면서 낙랑의 군민들이 마한으로 대거 유입해 들어가는 위협적인 상황이 벌어진 적이 있었다. 이 때문에 위는 3세기 이후 낙랑군 및 대방군과 남쪽으로 접경하고 있던 마한이 목지국을 중심으로 세력 결집을 이루어 다시 강성해지는 것을 미연에 방지할 필요를 느꼈던 것이다. 이것이 위가 마한에 대하여 분열정책을 펴지 않을 수 없었던 연유이다. 위의 극렬한 분열정책으로 인해 목지국은 점점 구심력을 잃어 갔고, 동아시아 연안해로를 통해 중국과 한(韓)과 왜 사이의 교역을 중개하는 역할은 온전히 낙랑군과 대방군의 몫으로 돌아갔다.

3. 마한, 대방군의 기리영을 공격하다

낙랑군과 대방군의 마한에 대한 분열정책은 더욱 극렬해졌다. 목지국의 영도 하의 소국들을 직접 관할하려는 직할정책으로 나갔던 것이다. 목지국은 마한의 맹주국으로서의 존립 자체에 위협을 느끼고, 마침내 대방군에 정면 도전을 감행하기에 이르렀다. 다음 『삼국지』의 기사에 나오는 기리영 공격사건이 그것이다.

> 부종사(部從事) 오림은 낙랑이 본래 한국(韓國)을 통치했다는 이유로 진한의 8국을 분할하여 낙랑에 주려 하였다. 그 때 통역하는 관리가 말을 잘못 옮겨 오해가 발생하여 신지(臣智)가 한(韓)을 격분시켜서 대방군의 기리영을 공격하였다. 이때 대방태수 궁준과 낙랑태수 유무가 군사를 일으켜 그를 쳤다. 그 과정에서 궁준은 전사하였지만 낙랑군과 대방군은 결국 한(韓)을 멸하였다.

이 기사에 나타난 사건의 경과는 대개 이러하다. 당시 목지국은 마한 54

국 뿐 아니라 진한 12국과 변한 12국에 대해서도 실질적인 영향력을 행사하고 있었다. 그런데 위(魏)의 부종사 오림이라는 자가 진한의 8국을 낙랑군에 소속시키려 하였다. 이는 낙랑군으로 하여금 진한 소국을 직할하게 하려는 불순한 저의를 드러낸 것이다. 목지국으로서는 묵과할 수 없는 일이었다. 목지국의 우두머리인 신지는 한(韓)의 소국들을 결집하여 대방군의 군사요새인 기리영에 대한 공격을 감행하였다. 처음엔 전세가 마한 측에 유리하게 돌아가는 듯 하였다. 대방군 태수 궁준이 전사당하기도 하였다. 그러나 목지국은 점차 낙랑군과 대방군의 대공세에 밀렸고, 급기야 멸망에 가까운 막대한 타격을 입었다.

목지국과 낙랑·대방군이 이처럼 처절한 전쟁을 벌인 것은 언뜻 소국들에 대한 주도권 다툼 때문인 것처럼 보이지만, 그 이면에는 '서남해 연안해로'에 대한 주도권 다툼의 의미도 있었다. 기리영 공격 사건으로 목지국은 일대 타격을 입고 급속도로 약화되어 갔다. 이후 당분간 낙랑군과 대방군은 한(韓) 소국들을 직할하면서 동아시아 해양교역을 거침없이 주도해 갔다. 그러나 이것은 오래가지 못하였다. 신흥의 백제국이 급부상하면서 낙랑·대방군에 제동을 걸었기 때문이다.

4. 백제의 급부상과 낙랑·대방군과의 갈등

원래 백제국은 북방의 이주민들이 '마한왕'(=목지국 신지)의 배려로 동북 1백리를 허용받아 세운 소국으로서, 목지국의 영도를 받던 54개 마한 소국 중의 하나에 불과하였다. 그런데 백제국은 주변의 소국들에 대하여 영향력을 확대해 가면서 목지국의 영향력에서 벗어나려 하였다. 낙랑·대방군에 대하여 강성 일변도로 나가던 목지국과는 달리, 백제국은 강·온의 정책을 번갈아 쓰면서 실리를 추구해 갔다. 예를 들어 목지국의 기리영 공격 사건이 일어나기 직전인 246년에 백제는 낙랑·대방군과 고구려가 분쟁을 벌이고 있던 틈을 타서 백제국이 그 변경을 공격하여 세력 확장에 나서기도 했지만, 낙랑태수의 강력한 경고를 받고는 곧바로 되돌려 주는 노련함을 보여주기도 하였다.

기리영 사건 이후 백제국은 일대 타격을 입은 목지국을 압박하면서 마한 소국들에 대한 영향력을 본격적으로 확대해 갔다. 그 과정에서 점차 백제국과 목지국 사이에는 힘의 역전 현상이 일어났다. 목지국은 급성장하고 있던 백제국을 견제할 필요성을 느끼기 시작하였다. 그런데 그 즈음에 마침 중국에서 265년에 위(魏)가 망하고 진(晉)이 건국되는 왕조교체가 이루어졌다. 낙랑·대방군의 모국이 위에서 진으로 바뀐 것이다. 목지국은 기리영 공격으로 형성된 위 왕조와의 불편한 관계를 뒤로 하고 신생 왕조인 진과의 관계 개선에 적극 나섰다.『진서』에 보면 목지국이 '마한'의 이름으로 277년부터 290년까지 8차례 걸쳐 진에 사신을 보낸 기사가 나오는데, 이는 목지국이 진과의 관계 개선을 하기 위해 부단한 외교노력을 기울였던 것을 보여준다.

그러나 백제의 대응은 노련하였다.『삼국사기』의 백제 책계왕의 기사를 통해서 이를 살필 수 있다. 즉위 원년(286년)의 기사를 보면 책계왕이 대방태수의 딸과 정략결혼을 올리고, 고구려의 공격을 받은 대방군에 원군을 파견한 것으로 되어있다. 2년의 기사에서는 왕이 동명묘에 참배한 것을 전하더니, 3년부터는 기사가 아예 나오지 않는다. 그러다가 마지막 13년(298)의 기사가 불쑥 나오게 되는데, 책계왕이 한(漢=낙랑·대방군)의 공격을 받아 시해되었다는 내용이다. 책계왕 즉위 원년에 대방군과 최고의 우호관계를 맺었던 것에 비추어 볼 때, 그들의 공격을 받아 책계왕이 시해되었다는 것은 의외의 반전이다. 그 사이에 무언가 심각한 사연이 개재되어 있었을 법한데, 그 사연은 대개 다음과 같이 추리해 볼 수 있다.

책계왕은 즉위 초년에 정략 결혼과 원군 파견 등을 통해 북쪽의 낙랑·대방군과 그 모국인 진(晉)의 경계심을 누그러뜨려 놓고서, 한편으로는 남쪽으로 목지국이 영도하던 마한 병탄에 나선다. 백제의 마한 병탄은, 마한이 290년에 진에 마지막 사신을 보냈던 것으로 보아, 290년 직후에 이루어졌을 것으로 보인다. 전격적인 마한 병탄으로 백제는 강국으로 발돋움할 수 있는 전기를 마련하게 되었고, 낙랑·대방군은 이에 위협을 느끼지 않을 수 없었다. 그리하여 낙랑·대방군은 백제에 대한 공격에 나서 마침내 298년 책계왕을 전사시키기에 이른다.

낙랑·대방군의 백제에 대한 견제는 계속되었다. 책계왕의 뒤를 이어 즉위한 분서왕도 304년에 낙랑태수가 보낸 자객에게 암살당했던 것이다. 백제는 걷잡을 수 없는 일대 위기의 상황에 빠져들 것이 예상되었다. 그런데 분서왕의 뒤를 이은 비류왕의 시기는 예상과 달리 평온한 분위기로 이어졌다. 백제는 위기를 넘기고 새로운 기회를 맞게 되는 반전을 연출했던 것이다.

5. 백제와 고구려의 협공으로 낙랑·대방군 쫓겨나다

백제가 위기를 넘긴 것은 예기치 않은 국제정세의 변화라는 요인이 작용하였다. 북방의 선비족은 290년대에 문득 낙랑·대방군의 모국인 진(晉)을 공격하여 위기상황으로 몰고 갔다. 고구려는 진이 약화된 틈을 타 302년에 현토군을 공격하여 8천여 명의 포로를 사로잡았고, 311년에는 압록강 하구의 서안평을 공격하여 낙랑·대방군이 진으로 통하는 통로를 차단하였다. 낙랑·대방군과 모국인 진의 위기가 동시에 찾아온 것이다. 이러한 국제정세의 급변으로 인해 낙랑·대방군의 공격으로 위기 상황에 내몰렸던 백제가 기사회생하는 반전이 일어났던 것이다.

낙랑·대방군은 오히려 고구려와 백제의 협공을 받는 처지가 되어, 낙랑군은 313년에, 대방군은 314년에 축출되기에 이르렀다. 선비족과 고구려의 협공에 시달리던 모국 진(晉)도 317년에 남으로 쫓겨 내려가 동진(東晉)

의 시대를 열게 된다.

결국 백제를 견제하기 위해 강공을 거듭하던 낙랑군과 대방군은 쫓겨나는 신세가 되고 말았다. 두 군은 각각 B.C. 108년과 A.D. 3세기 초에 설치된 이후에 목지국을 중심으로 세력을 결집해가던 마한을 효과적으로 견제하면서 '서남해 연안해로'를 장악하여 수세기 동안 동아시아 해양교역을 주도하였지만, 4세기 초에 불어닥친 혹독한 국제정세의 변동이라는 시련을 견뎌내지 못하고 역사의 무대에서 물러나야 하였다. 오랜 세월 좌장의 역할을 맡아오던 낙랑군과 대방군이 사라지자, '서남해 연안해로'는 당분간 새로운 주인의 출현을 기다리면서 혼전을 거듭하면서 경색의 국면에 접어들 수밖에 없게 되었다.

Ⅲ. '서남해 연안해로'의 새로운 강자로 떠오른 백제

1. 4세기 전반 '서남해 연안해로'의 경색

낙랑·대방군의 축출로 인해 백제는 급박한 위기상황에서 벗어날 수 있었지만 한편으로 고구려와는 완충지대가 사라지면서 접경하게 되어 낙랑·대방군의 고지를 둘러싼 충돌을 피할 수 없게 되었다. 당시 고구려와 백제의 양자 대결을 가정한다면, 아무래도 고구려의 승리가 유력하였다. 고구려는 중국과 한반도를 이어주는 '연안해로'의 요충지인 압록강 하류의 서안평을 전격 점령하여 낙랑·대방군을 고립시켰을 뿐만 아니라, 이어 두 군을 강습하여 축출하기까지 했기 때문이다. 그러나 여기에 다른 변수가 끼어들면서 반전이 일어났다.

반전의 주요 변수는 선비족 모용씨의 전연(前燕)이었다. 낙랑·대방군을 축출한 고구려는 이미 확보한 서안평을 거점 삼아 중원 진출에 뜻을 두고 있었고, 전연 역시 317년에 진(晉)을 겁박하여 남[동진]으로 축출한 것을 기화로 중원 진출을 꾀하고 있었다. 고구려와 전연의 충돌은 중원 진출의 교두보인 요동에서 일어날 가능성이 가장 컸다. 과연 고구려의 미천왕은 319년 요동 공격에 나섰고, 전연의 모용외 역시 요동으로 군대를 급파하여 요동에서 양 세력은 충돌하였다. 이 충돌 사건은 고구려의 화해 요청으로 무마되긴 했지만, 선비족이 고구려를 중원진출의 걸림돌로 경계하게 되는 계기가 되었다. 이후 전연은 고국원왕 대의 고구려를 본격적으로 침략하기 시작하였다. 전연의 모용황은 339년의 소규모 침략에 이어 342년에는 4만의 군대를 거느리고 고구려를 침략하여 유린하였다. 수도 환도성을 약탈하였고 부왕인 미천왕의 무덤을 파헤쳐 시신을 거두어 갔으며, 왕의 생모 주씨를 포함하여 남녀 5만여 명을 포로로 잡아갔다.

이런 상황에서 고구려는 남쪽에 새로 접경한 백제에 신경을 쓸 겨를이 없었고, 백제는 고구려에 대비할 시간을 벌 수 있었다. 고구려 고국원왕은 전연에 수차례 조공을 바치며 화친을 추구하는 한편, 마침내 369년에 2만의 군사를 이끌고 그간 미루어 왔던 백제 공략에 나섰다. 그러나 치양(오늘의 황해도 백천) 전투에서 근초고왕 치하의 백제에게 패하였다. 백제는 371년 패하(예성강) 전투에서도 고구려에 승리를 거두었고, 그 여세를 몰아 그해 겨울에 근초고왕과 태자 근구수가 3만의 군사를 직접 인솔하여 고구려를 공격하였다. 고구려의 고국원왕 역시 대군을 직접 이끌고 대적하여 평양성에서 양국 간 대회전이 벌어졌다. 평양성 전투는 백제의 대승으로 끝났고, 고구려는 왕이 전사당하는 대참패를 당하였다. 고구려는 전의를 상실하였고, 이후의 주도권은 자연히 백제에게로 넘어갔다.

이렇듯 낙랑·대방군의 축출 이후 고구려와 백제가 혈전을 거듭하던 4세기 전반의 반세기 동안에, '서남해 연안해로'는 혼전의 장으로 전락하여 경색을 면치 못하였다. 동아시아 중심 소통로로 기능하던 '서남해 연안해로'가 경색되자, '동남해 연안해로'가 그 대안 해로로 잠시 활기를 띠었다. 신라는 그 틈을 타 '동남해 연안해로'를 통해서 북방 문물을 들여와 가야와 왜에 유통시키면서, 한때 동해안의 예(濊)사회와 남해안의 가야사회로 영향력을 확대해 가기도 하였다. '낙랑·대방군의 축출→서남해 연안해로의 경색→동남해 연안해로의 활기→신라의 일시적 흥성'으로 이어진 일종의 나비효과가 일어난 것이다.[10] 그러나 4세기 후반에 이르러 백제가 고구려를 압도하고 '서남해 연안해로'의 주도권을 장악하게 되자, 4세기 전반에 신라가 일시적으로 흥성한 나비효과는 사라지고 말았다.

2. 백제의 '서남해 연안해로' 장악과 침미다례

백제는 371년 평양성 전투에서 고구려의 고국원왕을 전사시키는 대승을 거두면서 '서남해 연안해로'를 장악하는 결정적 전기를 마련하였지만, 이미 그 이전부터 서남해의 포구세력을 확보하여 바다 건너 왜로 통하는 남해의 연안해로를 개척하고 있었다.

백제의 근초고왕은 먼저 가야 및 왜와 통하였다. 366년에 가야의 탁순국(卓淳國, 지금의 창원지역)을 통해서 왜국과 통교관계를 공식 개설하여 선진문물의 제공자임을 자임하였다. 그러는 한편으로 신라에 대해서 366년과 368년 두 차례 사신을 파견하여 그간 '동남해 연안해로'를 통해 왜와의 교역을 주도해 오던 신라의 반응을 살폈다. 이때만 해도 백제는 고구려를 의식했던지 매우 조심스럽게 접근하고 있었다.

신라는 가야와 왜에 접근해오는 백제에 대하여 초조감을 감추지 못하였다. 그 초조감은 신라로 하여금 367년 왜에 보낸 백제의 사신선을 나포하

---

10 4세기 전반에 신라가 '동남해 연안해로'를 주도하면서 일시적으로 흥성하게 된 사정은 3장 Ⅲ에서 자세히 살펴보기로 한다.

여 그 화물을 자신의 물건인 것처럼 꾸며서 왜에 과시하는 무리수를 두게 하였다. 결국 이 일은 들통이 났고, 이를 계기로 왜는 신라와의 관계를 청산하고 백제와 밀착해 갔다. 그리하여 신라가 주도하던 '동남해 연안해로'는 빠른 속도로 퇴락하였고, 백제가 주도하는 '서남해 연안해로'가 다시금 동아시아 해양 교류의 중심 통로로 본격 가동되어 갔다.

자신감을 갖게 된 백제는 이전 낙랑·대방군이 확보했던 '서남해 연안해로' 상의 거점포구를 접수하는 일에 적극 나섰다. 저간의 사정은 『일본서기』의 다음 기사에 잘 나타난다.

① 신공(神功) 49년 3월에 황전별(荒田別)과 녹아별(鹿我別)을 장군으로 삼아 구저(久氐) 등과 함께 군대를 거느리고 건너가 탁순국(卓淳國)에 이르러 장차 신라를 습격하려 하였다. 그러나 군사가 적어 신라를 깨뜨릴 수 없겠다는 의견이 있자, 사백(沙白)과 개로(蓋盧)를 백제에 보내 군사의 증원을 요청하였다. 백제는 목라근자(木羅近資)와 사사노궤(沙沙奴跪)에게 명하여 정예군을 거느리고 사백·개로와 함께 가도록 하였다. 모두 탁순에 모여 신라를 쳐 깨뜨렸다. ② 이로 인해 비자발·남가라·탁국·안라·다라·탁순·가라 등의 7국이 평정되었다. ③ 그리하여 군대를 옮겨 서쪽으로 고해진(古奚津)을 돌아 남만(南蠻)인 침미다례(忱彌多禮)를 도륙하고 이를 백제에게 주었다.

이 기사는 왜의 신공황후가 집행한 것처럼 기술되어 있지만 실제로는 369년[11]에 백제의 근초고왕이 주도하고 왜가 이에 동조했던 상황을 반영하는 것이다. 이 기사에는 백제가 크게 세 단계를 거쳐 서남해안의 주도권을 장악해간 것으로 나타나 있다. ① 백제가 왜와 함께 탁순국을 거점으로

---

11 신공 49년은 원래 서기 249년에 해당하지만, 윗 기사의 기년은 2주갑(120년)을 내려서 369년의 일로 재조정하여 보는 것이 일반적이다.

삼아, 저항하는 신라를 격파한 단계(1단계), ② 가야의 7국(비자발·남가라·탁국·안라·다라·탁순·가라)을 평정한 단계(2단계), ③ 침미다례를 도륙한 단계(3단계)가 그것이다.

먼저 백제와 왜가 신라를 공격한 것(1단계)은, '367년 신라의 백제배 나포 사건'을 계기로 왜가 신라와의 관계를 청산하고 백제와 밀착하게 되었음을 보여준다. 다음에 가야의 7국을 평정했다 함(2단계)은 이전에 신라에 의존하던 가야의 여러 나라들을 친백제 세력으로 돌아서게 했음을 의미한다. 문제는 3단계인 침미다례 도륙 사건이다.

일반적으로 고해진은 오늘의 강진, 침미다례는 오늘의 해남 지역으로 비정된다. 백제는 가야의 여러 나라를 우호세력으로 '평정'한 후에 군대를 서쪽으로 돌려 강진 고해진을 거쳐 해남 침미다례로 진격해 간 것이다. 그런데 백제는 침미다례를 '남만', 즉 남쪽 오랑캐라 부르고 '도륙'하였다고 한다. 침미다례가 백제에 끝까지 저항했음을 알 수 있게 하는 대목이다. 그렇다면 왜 침미다례는 백제에 그토록 격렬하게 저항했던 것일까?

침미다례는 해남 송지면의 군곡리패총을 조성한 세력으로 보인다. 백포만이 내려다 보이는 낮은 언덕배기에 위치한 군곡리패총은 B.C. 3세기 말엽부터 조성되어 오다가 A.D. 4세기 후반 경에 갑자기 폐기되고 마는데, 그 폐기된 시점이 침미다례 도륙의 시점과 정확히 일치하기 때문이다. 군곡리패총의 규모가 방대한 것으로 미루어 보아 침미다례는 백포만의 군곡리 일대에서 상당한 포구세력으로 성장하고 있었다는 것을 알 수 있다.

그런데 4세기 후반에 백제에게 도륙당한 군곡리의 침미다례 세력은 그 1세기 전인 3세기 후반에 『진서(晉書)』에서 '신미제국(新彌諸國)'이라는 이름으로 나타났다. 아래 기사가 그것이다.

> 장화(張華)가 유주도독(幽州都督)으로 전출된 이후에 여러 세력을 무마하여 받아들이니 오랑캐와 중국인이 모두 그를 따랐다. 유주에서 4천 여리 떨어져

있는 곳에 동이마한신미제국(東夷馬韓新彌諸國)이 있었는데, 산에 의지하고 바다를 띠고 있었다. 그 동안 내부(來附)하지 않던 동이마한신미제국의 20여 국이 함께 사신을 파견하여 조공을 바쳐오자, 다른 오랑캐들도 감복하여 사방 경계가 근심이 없어지고 매해 풍년이 들어 군사와 말이 강성해졌다.

윗 기사에 나오는 장화는 진대의 유명한 시인이자 명재상으로서 내외의 신망을 한 몸에 받던 인물이었으나 시기하는 자들의 참소로 좌천되어 유주도독으로 전출되었다. 그는 유주도독으로 전출된 이후에 변방정책을 훌륭하게 수행했던 듯하다. 윗 기사는 그의 가장 성공적인 변방정책의 하나로 '동이마한신미제국'의 20여국이 처음으로 사신을 파견해온 것을 들고 있다. 이들이 조공을 바쳐온 후에 '사방 경계의 근심이 없어지고 매년 풍년이 들어 군사와 말이 강성해졌다'고 특필한 것에서, 20여국이 조공을 바쳐온 사건을 얼마나 중시하고 있었던가를 알 수 있다.

『진서』의 다른 기사에 따르면 '동이마한신미제국'이 유주를 통해 진(晉)에 사신을 처음 파견한 것은 282년 9월의 일이었고, 20여국은 정확히 29개국이었다. '동이마한신미제국'은 '동이+마한+신미제국'이 결합된 합성어라 할 수 있는데, 이중 '동이'는 동방의 세력에 대한 범칭이고, '마한'은 한반도 서남지역(경기·충청·전라지역)을 지칭하는 막연한 지역적 개념이므로, 결국 실체는 '신미의 여러 나라'라는 의미의 '신미제국(新彌諸國)'만이 남게 된다. 그런데 '산에 의지하고 바다를 띠고 있었다'고 한 것으로 보아, 신미제국은 전남 서남해안 영산강유역의 여러 세력을 지칭하는 것으로 볼 수 있다.

영산강유역에는 3세기경부터 옹관고분이라는 독특한 고분을 조영하는 독자적 고대사회가 발전하고 있었음이 알려지고 있는데, 그렇다면 신미제국은 옹관고분을 공유하던 영산강유역의 여러 소국세력을 의미한다고 할 수 있다. 그 소국들의 이름은 일일이 알 수는 없지만, 그들이 '신미'라는 이름으로 통칭되고 있었던 것만은 알 수 있다. 그런데 그 '신미'는 『일본서기』의 4세기 후반의 기사에 나오는 침미다례를 지칭하는 것으로 보는 것이 일반적이다. 그렇다면 신미=침미다례는 해남 백포만 연안에 군곡리패총을 조영한 포구세력으로 성장하여, 3세기 후반에 신미제국의 29개 소국들이 연명으로 진(晉)에 처음으로 사신을 파견할 때 대표 세력으로 알려졌다고 할 수 있다. 말하자면 군곡리의 포구세력=신미=침미다례는 영산강유역 세력집단을 외부세계와 소통시키는 중심 관문(gateway)으로 기능했을 가능성이 크다.

그런데 3세기 후반은 앞에서 살펴보았듯이 백제가 급성장하여 마한을 병탄해 가던 바로 그 시점이었다.[12] 그 때 신미=침미다례가 중심이 되어 영산강유역의 29개 소국들이 진에 사신을 처음 파견했다고 한다면, 그것은 백제의 급성장을 견제하기 위한 것이었을 것이다. 백제의 급성장을 저지시켜야 했던 진의 입장에서 백제의 배후에 있는 신미제국이 처음으로 사신을 파견해 오자 크게 고무되었을 것이니, 『진서』에서 이를 대서특필한 이유일 것이다. 그런데 4세기에 접어들어 낙랑·대방군이 축출되었고, 4세기 후반에 백제가 고구려를 제압하여 '서남해 연안해로'에 대한 패권을 관철시키려 하자, 백포만의 포구세력 신미=침미다례는 백제에 대한 견제에 나섰던 것이고, 백제는 이를 '도륙'이라는 강경 조치로 대응했던 것이다.

『일본서기』의 369년 기사는 이를 '(왜가) 침미다례를 도륙하고 이를 백제에게 주었다'고 하여, 마치 왜가 침미다례를 도륙한 주체인 것처럼 기술하였지만, 이는 백제가 주체가 되어 집행한 것이다. '(왜가) 백제에게 주었다'는 식의 표현은 동시기 『일본서기』의 다른 기사에서도 종종 보인다. '바다 서쪽의 한(韓)을 이미 너희(백제)에게 주었다.' 느니, '다사성(多沙城)을 (백제

---

12 백제의 급성장과 마한 병탄 과정에 대해서는 본서 2장 Ⅱ-3절을 참조할 것.

에게) 주어 오고가는 길의 역(驛)으로 삼게 하였다.' 느니, '바다 서쪽을 평정하여 백제에게 주었다.' 느니 하는 것들이 그 예이다. '바다 서쪽의 한'이나 '바다 서쪽'이란 해남의 침미다례를 지칭하는 것으로 보이고, 다사성은 섬진강 하구의 하동 일대로 비정되고 있다. 이러한 기사들은 백제가 해남과 하동 일대 등의 주요 포구들을 장악하여 '백제-가야-왜'로 통하는 '서남해 연안해로'를 주도해간 모습을 반영한다.

백제에서 가야와 왜로 통하는 '남부 서남해 연안해로'를 장악한 백제는 이어 '북부 서해 연안해로'를 장악하기 위해 고구려를 압박해 갔다. 369년 치양전투에서 고구려에 승리를 거둔 이후 그 여세를 몰아 연승을 이어갔다. 그리고 371년 평양성 전투에서 고구려의 고국원왕을 전사시키는 대승을 거두면서 마침내 '서남해 연안해로'의 전구간에 걸친 주도권을 장악할 수 있었다. 이를 바탕으로 백제는 372년에 동진에 사신을 파견하여 국교를 체결함으로써, 동진-백제-가야-왜로 이어지는 동아시아 해양교역을 주도하는 위치에 우뚝 서게 되었다.

3. '서남해 연안해로'의 거점포구와 백제

백제는 '서남해 연안해로'를 장악하고 주도하기 위해서는 거점 포구세력들의 협조가 반드시 필요하였다. 그러나 일부 포구세력은 백제의 요구에 순순히 따르려 하지 않았다. 끝까지 저항했던 침미다례는 물론이고, 가야의 여러 나라들도 백제의 무력시위에 마지못해 '평정'된 것으로 나온다.

끝까지 저항하는 세력에 대해서는 그 기반 자체를 무너뜨리고 새로운 협력세력을 내세우기도 하였다. 백제가 송지면 군곡리의 침미다례 세력을 도륙하고 그에 인접한 현산면 고현리 일대에 새로운 친백제 대안세력을 세웠던 것이 그 예이다. 고고학적으로 볼 때, 4세기 후반에 군곡리패총이 폐기된 이후에 인접한 고현리 일대에서 백제 및 가야계 토기들이 수습되

고현리 현산초등학교 소장 백제계 및 가야계 토기

고 있는 것으로 보아, 고현리 일대가 군곡리를 대신하여 새로운 친백제 거점포구로 대두하였음을 알 수 있다.

　백제에 협조적인 포구세력도 적지 않았다. 최근에 발굴조사가 이루어진 고흥 길두리의 안동고분 조영세력이 그 대표적인 예이다. 고흥반도의 동남쪽으로 깊숙이 만입한 해창만이 내려다보이는 언덕배기 정상에 자리한 안동고분은 한눈으로 보기에도 당시 해창만을 근거로 일어난 포구세력을 대표하는 인물의 무덤임을 알 수 있다. 안동고분의 수혈식석실(석곽)에서 금동관모, 금동신발을 위시하여 환두도 3점, 철모 2점, 금귀고리 1쌍, 갑옷, 투구, 살포, 철부, 방추차, 유리소곡, 철촉 등의 일괄 유물이 출토되었는데, 이들은 대개 5세기 중반대의 것으로 추정되고 있다. 그런데 이들과는 다른 2세기 중반 경에 제작된 것으로 추정되는 선대(先代)의 후한경(後漢鏡)도 같이 부장되어 있는데, 이는 무덤 주인공의 가문에 대대로 전해져 오던 전세품(傳世品)을 5세기 중엽에 부장한 것으로 보인다. 이로 볼 때 고흥의

안동고분(국립광주 박물관)과 유물(전남대학교 박물관)

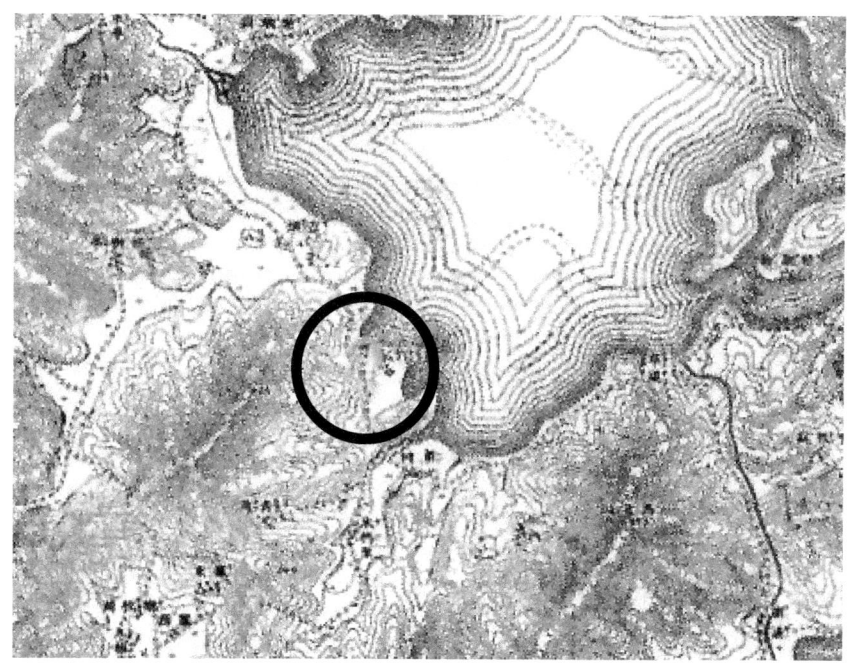

안동고분의 위치(국립광주 박물관)

해창만 세력은 낙랑·대방군이 '서남해 연안해로'를 주도하던 때부터 백제가 주도하던 시기까지 간단없이 번영을 누려왔던 것이 된다. 백제가 협조한 포구세력에 대해서는 지원을 아끼지 않았다는 것을 알 수 있다.

안동고분은 그 구조나 출토유물로 미루어 보아 백제 뿐만 아니라 가야와 왜의 영향을 받은 복합적 성격을 띠고 있어 당시 해양교역의 주요 거점 포구였다는 것을 알 수 있다. 금동관이나 금동신발 등 백제계통의 위신재(威信財)가 부장된 것으로 보아 그 주인공은 해양교역을 주도하던 백제로부터 공인을 받아 정치경제적 번영을 지속적으로 보장받고 있었음을 알 수 있다.[13] 이들은 백제에 저항하다가 도륙당한 군곡리의 침미다례 세력과는 대조를 이룬다.

371년 평양성 전투에서 고구려의 고국원왕을 전사시킴으로써 고구려의 걸림돌마저 제거하는데 성공한 백제는 중국에도 해양의 거점을 확보하였다. 『송서』와 『양서』 등에, 백제가 요서군(遼西郡)과 진평군(晋平郡)의 2군을 점거하고 여기에 백제군(百濟郡)을 설치했다는 기사가 나오는데, 이는 근초고왕 대에 중국에 확보한 해양 거점을 의미하는 것으로 볼 수 있다.

백제는 왜왕과 긴밀한 교역관계를 맺어갔다. 왜왕은 낙랑·대방군 축출 직후인 4세기 전반에는 '동남해 연안해로'를 통해 유입된 신라의 북방계 문물에 잠시 의존하기도 하였으나, 4세기 후반에 백제가 '서남해 연안해로'를 통해 동아시아 교역을 주도하여 신문물을 공급해주자 백제와 교류하는 쪽으로 기울었다. 371년에 근초고왕이 왜에 사신을 보내 예물을 전하자, 왜왕은 그 아들과 신하들에게 "내가 친교하는 백제국은 하늘이 보내주신 것이다. 사람에 의한 것이 아니다. 백제왕이 보내온 완호물(玩好物)과 진

---

13 이처럼 백제에 협조적인 해양세력으로서 백제로부터 위신재를 받은 사례로는 5세기 초의 것으로 추정되는 금동관이 최근 출토된 서산지역 부장리와 금강하구의 익산 입점리 세력 등을 들 수 있겠다. 이들 역시 백제에 협조적인 세력으로서 백제로부터 크게 인정받은 사례라 할 것이다.

귀한 물건 등은 이전에 없던 것이다"라 말했던 것은 이러한 사정을 집약적으로 표시한 것이다. 또한 『일본서기』에 의하면 372년에 백제가 왜국에 전한 예물 중에 칠지도가 포함되어 있는데, 이는 현재 일본 나라[奈良]의 이소노카미신궁[石上神宮]에 보존되어 있는 칠지도와 동일한 것으로 추정되고 있어, 당시 백제와 왜 사이에 이루어진 문물교류의 물증이 되고 있다.

이렇게 백제는 낙랑·대방군을 대신하여 4세기 후반부터 동아시아 해양교역의 새로운 주도세력으로 부상하였다. 백제의 근초고왕은 중국대륙과 한반도, 그리고 일본열도의 요소요소에 해양 거점을 확보하고 이를 통해 동아시아 해양 교역을 주도해 갔고, 그것은 그의 자왕(子王)인 근구수왕 대까지 지속되었다. 백제 근초고왕과 근구수왕의 해양교역은 그 규모와 체계성, 그리고 적극성의 측면에서, 해로의 길목

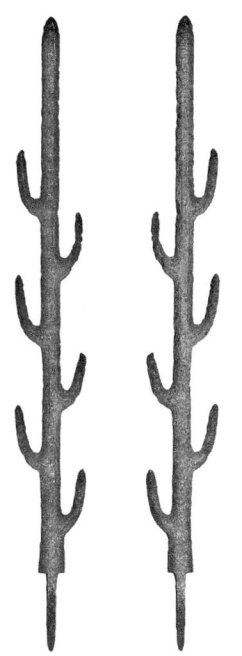

일본 이소노카미신궁 소장의 칠지도

을 장악하고 중개무역을 주도하던 이전의 위만조선과 낙랑·대방군의 그것을 크게 능가한 것으로 평가할 수 있다. 이런 의미에서 근초고왕은 제1대 '해상왕'이라 일컬어 좋을 것 같다.

Ⅳ. 고구려의 패권과 '서남해 연안해로'의 경색

1. 고구려의 패권과 백제의 좌절

4세기 후반 백제가 해양강국으로 떠오른 것은 고구려의 일시적인 후퇴와 신라의 어쩔 수 없는 묵인 하에서 이루어진 것이었다. 따라서 고구려의

반격이 가해지고 신라의 이의 제기가 표출될 경우, 백제의 성취는 의외로 쉽게 무너질 수도 있는 취약성을 내포하고 있었다. 그런데 그것은 조만간 현실로 나타났다.

고구려의 반격은 이미 소수림왕 대부터 준비되고 있었다. 소수림왕은 고국원왕의 전사라는 엄청난 충격에서 벗어나기 위해 정치개혁에 나섰다. 불교를 공인하고, 율령을 반포하는가 하면, 태학을 설립하는 등 국가의 기강과 내실을 다지는 정책을 내밀하게 추진하였다. 그 뒤를 이은 고국양왕은 소수림왕의 내정개혁을 계승하여 국사(國社)를 건설하고 종묘를 수리하는 등 국왕 중심의 안정적 국가운영체제의 정비에 심혈을 기울이는 한편, 요동성과 현토성에 대한 공격을 감행하여 대륙진출에 대한 의지를 재연하였다.

이러한 운기조식의 효과는 광개토왕 대에 극대화되었다. 광개토왕은 먼저 동북과 서북으로 비려와 거란족을 정벌한 연후에, 남으로 백제에 대한 공격 채비를 다졌다. 그러자 그간 백제와 가야와 왜의 해양 교역망에서 소외되어 고립 상태에 빠져있던 신라의 내물왕은 392년에 왕족인 실성(實聖)을 고구려에 인질로 보내는 질자외교(質子外交)를 통해서 외교적 고립에서 벗어나고자 하였다.

마침내 광개토왕은 396년에 백제를 공략하기 시작하였다. 그 위력은 대단하였다. 일시에 백제의 58성 700촌을 점령하는 대전과를 거두었던 것이다. 광개토왕이 동원한 군대 중에는 기병이나 보병 이외에 수군을 동원한 흔적도 보이고 있어, 그간 백제가 주도해 오던 동아시아 해양 교역체계를 근저에서부터 뒤흔드는 폭발력을 내포하고 있었다.

이에 백제의 아신왕(阿莘王)은 항복을 자청하고 고구려의 영원한 노객(奴客)이 될 것임을 맹세하는 수모를 무릅쓰지 않으면 안되었다. 그렇지만 이는 계속되는 고구려의 파상 공세를 둔화시키고 시간을 벌기 위해 취한 방편이었다. 백제는 곧바로 왜와의 정치·군사적 관계를 강화하여 고구려의 침략에 대비하였다. 아신왕은 왜와의 관계를 강화하기 위한 고육지책으로 397년에 태자 전지(腆支)를 왜에 파견하기도 하였다.

당시 왜는 고구려의 남진 추세와 고구려와 신라의 결탁 상황을 우려 속에서 심각하게 지켜보고 있었다. 이에 백제는 왜의 이러한 우려를 불식하기 위해 태자를 파견하는 외교적 파격을 결행하여 정치군사적 연대를 강화하고자 했던 것이고, 왜는 백제가 주도하던 동아시아 해양교역체계에 편입되어 경제적 이득을 취해왔던 터라 기왕의 교역질서가 붕괴되는 것을 원치 않았기 때문에 결국 백제의 제의를 기꺼이 받아들였다.

태자 전지의 파견을 계기로 백제와 왜는 일종의 군사적 동맹관계로까지 발전하였다. 두 나라는 적대해 오던 신라를 대대적으로 공략하는 한편, 고구려에 대해서도 바다를 건너 수시로 공격을 감행하였다. 「광개토왕비」에 의하면 백제와 왜는 399년에 신라를 침략하였고, 404년에는 바다를 건너 고구려의 지배하에 있던 대방지역(오늘날 황해도)에까지 침략한 것으로 나온다.

백제와 왜의 침략을 받은 신라는 더 이상 자력으로 생존할 수 없다고 판단하여 고구려에 군사 지원을 요청하였다. 400년에 신라로부터 원군 요청을 받은 광개토왕은 5만의 대군을 파병하여 신라를 침략한 백제와 왜의 군대를 퇴치하고, 내친 김에 백제와 교역관계를 맺어오던 가야까지 점령하였다. 고구려는 백제와 왜의 군대를 몰아내는 소기의 목적을 달성했음에도 불구하고 일부의 군대를 철수하지 않고 주둔시켜 신라와 가야에 정치군사적 영향력을 행사하기 시작하였다. 이어 404년에 침략해오는 백제와 왜를 대방지역에서 격멸하고, 407년에는 다시 백제를 대대적으로 타격하였다.

광개토왕의 뒤를 이어 313년에 장수왕이 즉위하였다. 장수왕은 백제에 대한 공세의 고삐를 조이기에 앞서, 대내외의 안전장치를 마련하였다. 먼저 414년에 광개토왕비를 건립하여 스스로 천손임을 천명하는 한편 광개토왕의 공적을 기록하고 왕릉 관리체계를 정비하고 이를 비에 새겨 넣었다. 이는 곧 부왕(父王)의 후광으로 왕권의 안정을 도모하기 위함이었다. 또한 북위(北魏)가 그간 난립하던 북조사회를 통일하여 더 이상 중국 대륙으로 진출하는 것이 불가능한 상황에 이르자, 북조의 북위와 남조의 제(齊), 그리고 북방의 유연(柔然) 등과 국교를 개설하고, 자국(고구려)을 포함한 4대 강국의 세력균형을 유도하여 북방의 안정책을 마련하였다. 그리고 427년에 평양으로 천도를 전격 단행하였다.

고구려의 평양천도는 곧 본격적인 남하정책의 개시를 알리는 신호탄이었다. 고구려는 마침내 475년에 백제 수도 한성을 공격하여 함락시키기에 이르렀고, 백제는 금강 변에 위치한 웅진(지금의 공주)으로 쫓기듯 천도해 갔다. 고구려는 신라와 가야에 군대를 주둔시켜 양국을 보호국으로 삼았을 뿐 아니라 백제의 수도 한성까지 함락시킴으로써, 고구려 패권의 시대를 활짝 열었다. 4세기 후반에 고구려의 기세를 꺾고서 동아시아 해양교역의 주도를 지속해 가려던 백제의 꿈과 야망은 이렇게 허무하게 무너져 갔다.

2. 백제의 저항과 '서남해 연안해로'의 경색

이렇듯 백제는 5세기에 접어들어 고구려의 공격에 일방적으로 밀리고 있었다. 거기다가 그간 맹방관계를 유지해 오던 왜마저도 백제를 믿지 못하고 미묘한 '홀로서기'의 움직임을 보이기 시작하여 백제를 더욱 어려운 상황에 빠뜨렸다. 백제는 고구려의 남진을 저지하는 일과 흔들리는 왜를 껴안아야 하는 일을 힘겹게 병행하지 않으면 안되었다. 먼저 왜를 다잡기 위해 403~405년에 왜왕에게 공녀(工女)를 헌상하고 왕족 궁월군(弓月君)과 아직기, 왕인 등을 파견하였으며, 이어 409년에는 사신을 파견하였다.

고구려의 남진이 본격화 되면서 신라에서 미묘한 변화의 조짐이 나타났다. 신라는 백제와 왜의 공격을 막기 위해 끌어들인 고구려가 더 위험하다는 것을 느끼기 시작한 것이다. 신라의 실성왕(實聖王)은 402년에 내물왕의 왕자인 미사흔(美斯欣)을 적성국인 왜에 인질로 보냈다. 왜와의 관계 개선을 시도함으로써 고구려에 일방적으로 종속되어온 외교관계에 변화를 꾀하는 한편, 백제와 왜 사이의 틈새를 파고들어 고립 상황을 타개하기 위함이었다.

그러나 고구려는 신라에 의혹의 눈초리를 보냈고, 결국 실성왕은 이에 굴복하여 412년에 내물왕의 또 다른 왕자 복호(卜好)를 고구려에 인질로 보낼 수밖에 없었다. 아직 고구려의 보호국에서 벗어나기 어려운 상황임을 재확인한 셈이 되었다. 왜는 왜 대로 백제에 대한 지지가 여전히 확고하여 신라와의 관계 개선에는 나서려 하지 않고 오히려 신라가 보내온 미사흔을 억류할 뿐이었다. 실성왕이 시도한 시도는 결국 실패로 돌아가고 말았지만, 추후 백제가 가야와 왜와 함께 신라까지 끌어들여 고구려에 대항하는 '반고구려 국제연대' 결성을 구상하는 계기가 되었다.

고구려의 위협은 강도를 더하면서 지속되어 갔다. 417년에 고구려는 왜에 협박성 교서를 보냈고 왜왕은 대노하며 이를 일축하였다. 교서의 내용은 전하지 않지만 백제와의 우호 관계를 청산하고 고구려의 휘하에 들어올 것을 종용한 것으로 추정된다. 이러한 일이 빈발하면서 주위 국가의 고구려에 대한 위기감은 도를 더해갔고, 백제는 이러한 상황을 적절히 활용하면서 고구려를 공적으로 몰아갔다. 백제는 418년에 왜에 사신을 파견하여 백금(白錦) 10필을 보내어 맹방의 관계를 재확인하였다. 같은 해에 실성왕을 제거하고 왕위에 오른 신라의 눌지왕은 박제상을 시켜서 왜와 고구려에 인질로 보내진 자신의 아우들(미사흔과 복호)을 탈출시켜 귀환시킴으로써, 실성왕이 만든 외교적 부담을 청산하고 독자적 외교노선을 준비하고 있었다. 바로 이즈음 427년에 고구려가 평양천도를 단행했던 것이다.

고구려의 평양천도는 곧 남쪽의 여러 나라를 군사적으로 겁박하는 선전포고에 진배없었다. 백제는 위협을 느끼는 주변국들을 설득하여 고구려에 대항하는 연대를 결성하는 일에 본격 나서기 시작하였다. 먼저 428년에 백제의 비유왕은 누이 신제도원(新齊都媛) 등을 왜에 파견하여 왜와의 관계를 더욱 강화하는 한편, 429년, 430년, 440년에 중국 남조의 송에 사신을 파견하여 연대를 모색하였다. 더 나아가 이제까지 적성관계에 있던 신라에 접근하여 433년과 434년에 잇따라 사신을 파견하였고 신라의 눌지왕 역시 이에 화답하는 사신을 보내어왔다. 그 과정에서 433년에 나·제동맹이 체결되기에 이르렀다. 신라의 눌지왕은 고구려에 대하여 가벼운 도발을 결행하기도 하였다. 450년에 '우발적 사고'를 가장해 고구려의 변장(邊將)을 실직(지금의 삼척)에서 살해하는 사건을 일으킨 것이 그것이다.

백제가 주도하는 '반고구려 국제연대'는 이렇게 무르익어 가고 있었다. 비유왕의 뒤를 이은 개로왕(蓋鹵王)은 이를 더욱 강화해 갔다. 먼저 461년에 자신의 동생 곤지(昆支)를 왜에 파견하여, 백제의 능력을 믿지 못하고 흔들리는 왜에 대한 설득에 나섰다. 472년에는 북조의 북위(北魏)에 고구려를 비난하는 국서를 보내어 북위로 하여금 고구려를 공격해줄 것을 요청하기도 하였다. 그 국서는 '황제의 통로'인 바닷길을 차단하고 있는 고구려 때문에 북위에 조공 사절을 보내지 못하게 되었음을 호소하는 한편, 고구려가 북위의 사신선을 공격하여 침몰시키고 북위의 사신들을 바다에서 살해한 사실을 고발하는 내용 등을 담고 있다.

북위의 고구려에 대한 조치는 미온적이었다. 북위는 고구려에 조서를 보내 북위의 사절단이 백제에 갈 수 있도록 연안해로를 열어줄 것을 요청하는데 그쳤다. 고구려가 이를 묵살하자, 북위는 어쩔 수 없이 산동반도의 등주(지금의 봉래)에서 횡단해로를 통해 백제에 사절단을 파견하려 시도했지만, 그나마도 바람에 막혀 되돌아 갈 수밖에 없었다. 연안해로는 고구려의 저지로 경색되기에 이르렀고, 황해 횡단해로는 아직 제기능을 발휘하지 못하는 그런 답답한 상황이 당분간 계속되었다.

백제는 이러한 상황을 적절히 활용하였다. 연안해로의 경색으로 인해 고통받는 국가들을 향해서 그 책임이 전적으로 고구려의 침략행위에 있다는 것을 호소함으로써, 중국 남북조를 포함한 동아시아 국제사회로 하여금 고구려를 공적으로 돌리도록 국제 여론을 몰아갔다. '반고구려 국제연대'의 결성을 노린 것이다.

백제의 '반고구려 국제연대'의 결성 시도가 가시화 되어가자 고구려는 점차 위기감을 느끼기 시작하였다. 고구려의 장수왕은 백제의 개로왕이 '반고구려 국제연대'의 핵심에 있다는 것을 감지하고 그를 제거하기 위한 공작에 착수하였다. 장수왕은 도림이라는 승려를 백제 왕실에 은밀히 침투시켜 개로왕을 미혹시키고 백제를 분열시키는 공작을 진행하게 하는 한편, 한강의 북안(北岸)에 한성 공격을 위한 요새지를 구축하였다. 준비가 무르익자 장수왕은 마침내 총공격을 감행하여 백제 수도 한성을 점령하고

아차산 고구려 요새지

개로왕을 제거하였다. 475년의 일이었다. 근래에 고구려 요새지의 흔적들이 구의동의 구릉 정상에서, 그리고 용마산과 아차산의 곳곳에서 속속 발굴되고 있어, 당시의 상황을 생생하게 전해주고 있다.

고구려의 한성 점령은 남쪽의 여러 나라에게 위기감을 증폭시켰다. 연안해로의 경색은 더욱 심각해졌고, 당연히 동아시아 문물교류도 위축되었다. 동아시아의 여러 국가들은 이로 인해 경제적 손실과 문화적 고통을 감수해야 하였다. 고구려를 원망하는 여론이 더욱 확산되어 갈 수밖에 없었다. 그러나 개로왕의 전사 이후에 고구려의 패권에 맞설만한 대항마도 마땅히 없는 상황이 당분간 지속되었다.

한성을 빼앗기고 웅진(지금의 공주)으로 쫓겨 천도해간 백제는 당분간 충격에서 벗어나지 못하였다. 개로왕의 아들로서 웅진에서 왕위에 오른 문주왕은 476년에 송에 사신을 보내 난국을 수습하려 하였으나, 고구려 수군에 저지당하여 그마저 뜻을 이루지 못하였다. 그러다 결국 내분이 일어나 해구(解仇)에게 피살당하고 말았다. 그 뒤 문주왕의 어린 아들이 왕위에 올랐으나[삼근왕], 그 역시도 난국을 감당하지 못하고 3년 만에 죽고 말았다.

삼근왕(三斤王)의 뒤를 이어 왕위에 오른 이가 동성왕(東城王)이었다. 그는 개로왕의 동생 곤지의 아들 말다(末多)로서, 461년 개로왕의 명을 받아 왜에 파견된 곤지를 따라 왜에 건너가서 하내국(河內國)에 16년 간 머물러 있다가 조카 삼근왕이 죽자 왜의 축자국(筑紫國) 군사 500명의 호위를 받으며 귀국하여 왕위에 올랐다. 이제 난마처럼 뒤얽힌 국내의 난제를 수습하고 대외적으로 '반고구려 국제연대'를 재건하는 일은 동성왕의 몫으로 돌아갔다. 그의 귀국길에 왜가 호위병을 붙여준 것은 동성왕에게 힘을 실어주고 응원하기 위함이었을 것이다.

동성왕은 이런 기대에 부응하기 위해 노력했지만 여의치 못하였다. 우선 중국 왕조와의 관계를 능동적으로 개선하는데 실패하였다. 즉위 6년(484)에 중국 남조의 신흥국 남제(南齊)가 북조의 북위를 견제하기 위해 고구려 장수왕을 표기대장군(驃騎大將軍)으로 책봉해 주는 일이 있은 연후에야, 동성왕은 서둘러 남제에 사신을 보내 관계 개선에 나섰다. 그러나 이마저도 연안해로를 차단하고 있던 고구려의 방해를 받아 여의치 못하였다. 그리고 북위로부터는 오히려 침략을 받는 처지가 되기까지 하였다.

반면 신라와의 관계 복원은 비교적 성공적으로 진행되었다. 동성왕 7년(485)에 신라에 사신을 파견하여 관계 개선에 나섰을 뿐 아니라 15년(493)에는 신라에 청혼하여 이찬 비지(比知)의 딸과 결혼까지 하여 이전의 동맹관계를 더욱 강화하기에 이르렀다. 이때 동성왕-소지왕이 다시 맺은 양국의 동맹관계를 60년 전(433년)에 비유왕-눌지왕이 체결한 나제동맹을 복원한 것으로 파악하여, 흔히 '2차 나제동맹', 혹은 '결혼동맹'이라 일컫곤 한다. 이후 양국은 고구려와 전쟁을 벌일 때 서로 원병을 교차 파견하기도 하는 등 동맹의 세를 과시하기도 하였다. 그렇지만 한편으로 곡절도 있었다. 예를 들어 백제의 백성 600여 가구가 대거 신라로 도망하는 일이 일어나기도 했는데, 이러한 일들로 인해 양국 간에는 미묘한 갈등이 일어나기도 하였다.

동성왕은 점차 자신감을 잃어갔다. 그리하여 말년에 이르러서는 금강이 내려다보이는 공산성의 풍치좋은 곳에 호화로운 임류각(臨流閣)을 지어놓고 이곳에서 환락 생활에 탐닉하였다. 이와 함께 때마침 몰아닥친 자연재해까지 겹쳐 정국은 다시금 혼란에 빠져들었고, 그 와중에서 동성왕은 백가(苩加)에게 피살당하고 말았다.『일본서기』에 의하면 '백제 말다왕(末多王)이 무도하여 백성들에게 포학했으므로 나라 사람들이 마침내 그를 제거하고 도왕(嶋王)을 세우니 그가 바로 무령왕이다'라고 되어 있다. 이것은 동성왕 말기의 혼미했던 상황을 적나라하게 보여준다. 백제의 시련은 계속되었고, '서남해 연안해로'의 경색 국면은 당분간 그대로 방치되고 지속되어갈 수밖에 없었다.

공산성의 임류각 복원

3. 왜의 '홀로서기'와 백제의 대응

백제가 끝모를 좌절감에 빠져들어가자 왜는 백제에 대한 불심감을 드러내면서 노골적인 '홀로서기'에 나섰다. 왜의 '홀로서기' 시도는 백제의 좌절감을 더욱 부채질하였다.

그간 왜는 백제를 통해서 중국의 선진문물을 간접적으로 공급받았고, 백제가 주도하는 '반고구려 국제연대'에도 적극 동조하고 참여해왔다. 그러나 백제가 고구려의 위력에 밀리고 내분의 상황에 휩쓸려 좀처럼 회복의 기미를 보이지 않자, 왜는 스스로 새로운 돌파구를 찾아 나섰다. 백제와의 관계는 유지하되 한편으로 백제를 통하지 않고 중국과 직교역하는 '홀로서기'의 방도를 모색하기 시작한 것이다. 중국과 통하기 위해 심지어 적성국인 고구려와 연계하는 방안까지 고려했을 정도였다. 『일본서기』를 보면 5세기에 왜가 고구려와 관계를 맺거나 고구려를 통해서 중국과 통했다는 기사가 집중적으로 나오고 있다.

왜가 시도했던 가장 적극적인 '홀로서기'의 방도는, 중국 남조에 사신을 파견하여 직접 외교관계를 맺으려 했다는 것이다. 이러한 남조에 대한 왜의 '홀로서기' 외교는 찬왕(讚王), 진황(珍王), 제왕(濟王), 흥왕(興王), 무왕(武王)의 5대에 걸쳐 시도되었으니, 이 시기를 흔히 '왜 5왕의 시대'라 일컫는다.

왜 5왕은 421년에 송에 처음 사신을 파견하기 시작하여 502년까지 총 8회에 걸쳐 남조의 송, 제, 양의 왕조에 사신을 잇따라 파견하였다.[송에 6회, 제에 1회, 양에 1회] 왜왕은 남조 왕조의 환심을 사기 위해 사신 파견을 통해 자신의 존재를 과장되게 알렸다. 그리고 왜, 백제, 신라, 임나, 가라, 진한, 모한의 7개국을 군사적으로 통솔하고 있다는 것을 자임하면서, 이를 정식 작호 사지절왜백제신라임나가라진한모한제군사(使持節倭百濟新羅任那加羅秦韓牟韓諸軍事)로써 공인해줄 것을 요청기도 하였다. 그러나 송 왕조는 그간 백제의 국제적 위상을 익히 알고 있던 터라 적어도 백제가 왜의 군사적 지배하에 있다는 것을 인정하려 하지 않았다. 그러자 왜는 백제를 뺀 6국만을 군사적으로 통솔하고 있는 것으로 수정 제의하여 이를 작호로 공인해줄 것을 요청하기도 하였다. 이러한 왜왕의 요청이 누대에 걸쳐 집요하게 계속되자, 송은 한 때 6국에 대한 왜의 군사적 통솔권을 공인하는 작호를 내려주기도 하였다. 이는 왜왕의 집요한 외교공세에 대하여 송이 마지못해 '네 멋대로 하라'는 식으로 무심히 허여해준 것에 불과한 것으로, 그 작호가 당시의 실질적 상황을 반영하는 것은 물론 아니었다.[14] 당시 중국 남

---

14 일제의 식민사학자들은 『송서』의 왜왕에 대한 작호 허여 기사를, 고대의 왜(일

나주 반남 고분군

조 왕조를 향한 왜의 '홀로서기' 노력이 얼마나 집요하게 이루어졌는가를 잘 보여주는 사례이다.

이러한 왜의 '홀로서기' 시도는 영산강유역 신미제국(新彌諸國)과의 연대를 통해서 이루어졌다. 그간 신미제국은 나주 반남면 일대의 정치세력이 중심이 되어 영산강유역의 여러 정치세력과 연맹관계를 이루고, 대외적으로 백제, 가야, 왜, 신라 등과 다원적 문물교류를 진행하면서 성장해오고 있었다. 신미제국의 다원적 문물교류는 서해와 남해가 만나는 '서남해 연안해로'의 요충지에 위치했기에 가능한 일이었다.

왜는 이런 신미제국에 접근하였다. 백제를 통하지 않고 중국 남조와 직교역하는 '홀로서기'의 외교를 추진하기 위해서는 연안해로의 연결고리에 해당하는 한반도에서 새로운 외교적 파트너를 구할 필요가 있었다. 왜는 '서남해 연안해로'의 요충지에 위치한 신미제국에 주목하였다. 신미제국

본)가 한반도 남부의 여러 나라들을 식민지로 지배했다는 이른바 '임나일본부설'의 근거로 삼기도 하였으나, 오늘날에는 한·일 학계에서 모두 부인되고 있다.

영산강유역 전방후원분-광주 월계동 고분

의 중심세력인 반남세력과 관계를 강화하는 한편, 신미제국의 여러 구성 정치체들과도 개별적인 교섭을 진행하였다. 신미제국 역시 고구려의 남진 정책에 위기감을 느끼고 있었던 터였으므로, 왜를 외교적 파트너로 받아들여 자구의 길을 모색하고자 하였다. 이렇듯 양자의 이해는 합치되었고, 관계가 급진전되었다. 양자의 관계를 가장 명료하게 보여주는 고고학적 증빙이 있다. 영산강유역에서 집중적으로 발견되는 전방후원분이 그것이다.

전방후원분은 방형(方形)의 앞부분과 원형(圓形)의 뒷부분이 결합하여 열쇠고리의 형태를 띠는 독특한 고분으로, 주로 일본열도에서 널리 유행하였다. 이런 왜계의 전방후원분이 한반도에서는 오직 영산강유역에서만 발견되고 있다는 것은 매우 흥미로운 현상이다. 지금까지 확인된 영산강유역의 전방후원분은 13기에 달하고, 그 조성 시기는 대개 5세기 중후반에서 6세기 전반에 걸치는 것으로 알려지고 있다. 이는 이 시기에 영산강유역의 신미제국이 왜와 긴밀한 협력과 교류관계를 유지하고 있었다는 것을 보여준다.

이렇듯 왜는 백제를 통하지 않고 중국 남조와 직접 교역하기 위한 '홀로서기'의 방안을 다각도로 모색하였다. 남조 왕조에 직접 사신을 파견하여 작호의 공인을 요구했는가 하면 적성국인 고구려와 통하는 것을 불사하려 했으며 영산강유역 신미제국을 새로운 파트너로 삼기에 이르렀던 것이다.

그럴수록 백제의 고민은 가중되었다. 고구려의 남진 위협에 대비하면서 한편으로는 '홀로서기'를 시도하는 왜를 챙겨야 하였다. 그러나 상황은 여의치 않았다. 475년에 개로왕이 전사당하고 한성이 함락되었다. 쫓기듯 웅진으로 천도한 이후에는 한성의 원귀족세력과 금강유역 출신 신진세력의 발호로 국왕이 잇따라 피살당하고 왕권이 농락당하는 최악의 상황이 계속되었다.

왜의 '홀로서기' 시도도 강도를 더해갔고, 중국 남조의 왕조는 점차 왜에 대한 백제의 절대적 우위를 인정하지 않으려는 조짐까지 드러냈다. 처음 송(宋)은 백제왕에 대하여 '진동대장군'이라는 내장군호를 제수하고 왜왕에 대해서는 '안동장군'의 장군호를 제수하는데 그쳐 양국 간의 차별을 분명히 하였었다. 그런데 478년에 이르러 송은 백제에게만 내렸던 대장군호('진동대장군')를 왜에게도 동등하게 공식 인정해 주었다.('안동대장군') 제(齊) 역시 이를 그대로 이었다.

이러한 왜의 '홀로서기' 외교 전략은 자칫 백제의 '반고구려 국제연대' 결성 노력을 무위로 돌려버릴 위험성을 내포하고 있었다. 백제는 무언가 적극적인 조치를 취하지 않으면 안되는 상황에 직면하였다. 먼저 흔들리는 왜왕을 설득하기 위하여, 차기 왕위계승자나 최측근 왕족들을 왜에 파견하는 '왕족외교'를 적극 구사하였다.

남조에 대한 외교도 적극 시도하였다. 남조 왕조에 사신을 수시로 파견하여 자국의 귀족들에 대한 작호 추인을 요청하였다. 개로왕 대에 귀족들을 회유하기 위해 장군호 추인을 요청했던 것에서 시작된 백제의 작호 추인 요청은 동성왕 대에 이르러 귀족들에 대한 왕(王), 후(侯), 태수(太守) 등의 작호 추인을 요청하는 것으로 발전하였다. 이중 중국의 지명을 앞에 붙인 'ㅇㅇ태수'의 경우는 관념적 작호에 불과한 것으로 판단되지만, 국내에 실재하는 지명을 앞에 붙인 'ㅇㅇ왕'과 'ㅇㅇ후'의 경우는 실제의 상황을 반영하는 것이었다.

동성왕은 12년(490)과 17년(495) 두 차례에 걸쳐 제(齊)에 사신을 파견하여 작호 추인을 요청하였다. 이때 요청한 왕호(王號)는 면중왕(面中王), 도한왕(都漢王), 아착왕(阿錯王), 매로왕(邁盧王), 매라왕(邁羅王), 벽중왕(辟中王) 등이었고, 후호(侯號)는 팔중후(八中侯), 불사후(弗斯侯), 면중후(面中侯) 등이었다. 꼬리에 '왕(王)'과 '후(侯)'를 칭한 이들 지명들의 위치에 대해서는 상당한 논란이 있다.

먼저 전라도 서부 및 남부 연안지역으로 비정하는 견해와 충청·전북지역으로 비정하는 견해로 나뉘고 있는데, 전라도 일대로 보는 전자의 견해가 타당하다. 또한 이들 지명이 주로 토착세력이 강한 반독립적인 지역과 관련된다는 점을 지적하고, 익산 입점리나 영산강유역을 지목한 견해를 주목할 필요가 있다. 그렇다면 동성왕대의 왕호와 후호의 추인 요청은 이제껏 독자적 지위를 유지하고 있던 영산강유역을 적극 편제하기 위한 목적을 염두에 둔 것이었다고 할 수 있다.

그런데 바로 그 시기에 왜 역시 중국 남조와 독자 외교를 하기 위해 영산강유역 신미제국과 긴밀히 연대하였으니, 백제와 왜 사이에 신미제국을 둘러싼 미묘한 갈등이 일어날 수도 있는 상황이었다. 백제가 중국 남조에게 영산강유역 지명이 붙은 왕호와 후호의 추인을 요청했던 것은, 같은 시기에 왜왕이 남조 왕조에게 '사지절(使持節)…제군사(諸軍事)'의 작호 추인을 요청했던 것에 대한 대응이라는 인상을 지울 수 없다. 결국 동성왕은 남조 왕조에 대하여 왕호와 후호를 요청하는 외교공세를 펼침으로써, 왜의 기만적인 작호요청 시도를 무력화시키는 한편, 중신들을 회유하면서 영산강유역에 대한 진출과 편제의 의지를 과시하려 했던 것이다.

영산강유역에 대한 백제의 관심은 여기에 그치지 않았다. 단순한 외교 공세의 차원을 넘어서서 회유와 무력시위를 병행하는 실질적이고 단호한 조치를 취하기도 하였다. 『삼국사기』에 나오는 다음의 기사가 이를 보여준다.

- [삼국사기1] 탐라국이 방물(方物)을 바치니 왕이 기뻐하여 사자에게 은솔을 배하였다.(백제 문주왕)
- [삼국사기2] 동성왕은 탐라가 공부(貢賦)를 바치지 않는다 하여 친히 정벌하여 무진주에 이르렀다. 탐라가 이를 듣고 사신을 보내 죄를 빌자 그만두었다.(백제 동성왕)

[삼국사기1]은 480년에 탐라국이 방물을 바쳐오자 백제의 문주왕이 그 사자에게 은솔이라는 관등을 제수했다는 내용이다. 어려운 여건에 처해 있던 백제로서는 탐라국이 방물을 바쳐왔으니 이보다 더 기쁜 일이 없었을 것이다. 탐라의 사자에게 최고 귀족에 상응하는 제3위 은솔의 관등을 제수하였다는 것에서 문주왕이 얼마나 기뻐했는지가 제대로 읽힌다. 그런데 [삼국사기2]에 의하면 그런 탐라가 498년에 이르러 백제에 등을 돌리고 공부(=방물)를 바치지 않았다 하니 백제의 실망감이 얼마나 컸을지도 짐작할 수 있겠다. 이에 당시 백제의 동성왕은 친히 탐라 정벌에 나섰고, 이를 탐지한 탐라는 사자를 보내 사죄했다는 것이다.

『일본서기』에도 백제와 탐라의 관계 기사가 나온다. 그에 의하면 탐라는 508년(무령왕 8년)에 백제와 처음으로 통교하였다는 것이다. 이는 『삼국사기』에서 탐라가 백제에 방물을 바쳐 처음 통교했다고 한 480년보다 28년이나 늦은 시점이다. 두 사서의 이러한 차이에 대하여 이제까지 연구자들은 대개 『일본서기』의 기사를 잘못된 것으로 간주해 버림으로써 문제를 간단히 해결하려 하였다. 그러나 최근에 이를 비판하는 견해가 속속 제기

해남의 전방후원분-해남 방산리 전방후원분

되고 있다. 근래에는 『삼국사기』에 나오는 탐라와 『일본서기』에 나오는 탐라를 별개의 것으로 간주하여 이를 합리적으로 재해석하려는 신설도 나왔다. 이에 따르면 『삼국사기』의 480년과 498년 기사에 나오는 탐라는 해남·강진의 세력으로, 『일본서기』에서 508년에 백제와 처음 통교했다고 한 탐라는 제주도의 세력으로 보아야 한다는 것이다.

이 신설은 몇 가지 점에서 그럴 듯하다. 먼저 해남·강진 지역은 영산강 유역의 범주에 드는 지역으로서, '탐진(耽津)'이라는 지명이 생길 정도로 고래로 제주도(탐라)로 통하는 포구가 발달한 곳이었다. 또한 해남·강진 지역은 일찍이 영산강유역 신미제국의 관문 기능을 수행해오던 해남 백포만 지역을 포함하는 곳으로, 4세기 후반에 백제가 '도륙'하여 한때 세력기반을 해체시켰던 예의 그 '침미다례'가 있던 곳이기도 하다. 더욱이 해남 일대는 5세기 중반에서 6세기 초반 사이에 횡혈식석실분들이 조영된 곳이기도 하는데, 이 일대의 횡혈식석실분 중에는 고분 형태가 네모진 방형(方形)을 띤 것도 있고 왜식 전방후원(前方後圓)의 형태를 띤 것도 2기나 분포하고 있어, 왜와의 관계가 매우 긴밀했던 것으로 추정되는 곳이기도 하다.

이를 염두에 둘 때, 위의 세 기사는 다음과 같은 해석이 가능하다. ① 해남·강진세력은 중국 남조 왕조들에 대하여 '홀로서기' 외교를 추진하던 왜와 긴밀한 관계를 맺고 교류를 해오던 중, 백제의 회유와 협박을 받아 일시적으로 굴복하여 480년에 백제에 사신을 보내 방물을 바치는 의례적 복속 의식을 행하였다. ② 그런데 그 이후에 해남·강진세력이 백제에 방물 바치는 일을 중단하고 왜와 우호적 관계를 지속해 나가자 498년에 동성왕이 친히 군대를 일으켜 무진주에 이르렀고, 이에 해남·강진 세력은 다시 백제에 사죄하고 복속의 예를 취하였다. ③ 해남·강진 세력에 대한 백제의 지배력이 확고해지자, 해남·강진 지역과 긴밀한 관계를 유지해오던 제주도의 탐라가 508년에 처음으로 백제에게 통교를 요청하기에 이르렀다.

이렇게 본다면, 498년 동성왕의 무력시위는 백제의 영산강유역 진출에 있어서 매우 중요한 의미를 가지게 된다. 그것은 단순히 해남·강진 세력의 의례적인 복속을 이끌어 내는데 그친 것이 아니라, 당시 영산강유역 신미제국에 널리 확산되어 가고 있던 반백제·친왜의 성향에 경종을 울리는 것이기도 하였다. 이는 5세기 말부터 백제가 국제적 위상을 회복하여 왜를 압도해가고 영산강유역에 대한 영향력을 관철시키는 중대 계기가 되었다고 할 수 있다.

이처럼 동성왕은 실력행사를 통해 신미제국 및 왜를 견제하는 노력을 기울이면서 개로왕의 전사로 인해 좌절된 '반고구려 국제연대'의 재건에도 상당한 성과를 거둔 것은 사실이다. 그렇지만 이러한 성과에도 불구하고 장기간 고구려에 내몰리면서 쌓인 내외의 불신과 불만의 요인들을 일시에 해소하기에는 역부족이었다. 그리하여 앞서 보았듯이 동성왕은 말년에 임류각에서 환락생활에 탐닉하다가 결국 백가에게 피살당하는 비운의 주인공이 되고 말았다.

Ⅴ. 백제의 '서남해 연안해로' 주도권 복원

1. 백제 무령왕, 다시 해양강국을 이루다

동성왕의 뒤를 이은 이는 무령왕(武寧王)이었다. 그에게는 거듭된 백제의 시련을 종식시키고 한편으로 근초고왕 시대의 해양강국을 재건해야 한다는 과제가 주어졌다. 그는 이 과제를 성공적으로 잘 수행해냈다.

무령왕의 출자는 문헌에 따라 다양한 설이 전한다. ① 동성왕의 아들이라는 설, ② 개로왕의 아들(곤지의 의붓자식)이라는 설, ③ 곤지의 아들(동성왕의 배다른 형)이라는 설 등이 그것이다. 이중 ①의 설은 부자계승의 관념에 따라 막연히 전왕(동성왕)의 아들로 상정한 것에 불과하므로 취할 바가 못 된다고 생각되지만, ②와 ③의 설은 무언가 곡절이 있으리라 생각된다. 잠시 살펴보자.

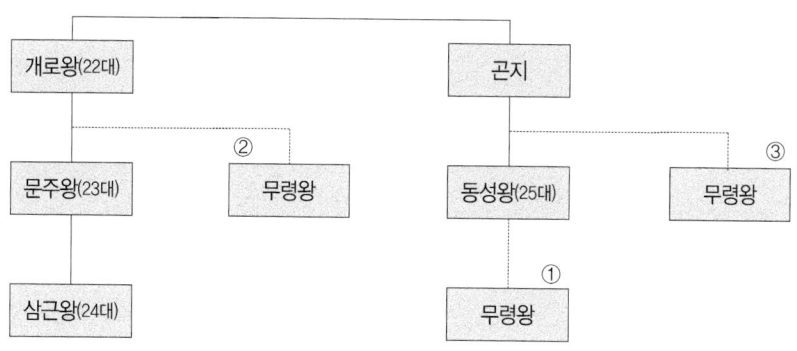

[표 – 무령왕의 출자설]

카카라시마 전경

먼저 ②의 설과 관련하여 『일본서기』에 흥미로운 설화가 전한다. 그 줄거리는 대개 이러하다. 개로왕은 아우 곤지를 왜국으로 파견했고 곤지는 만삭한 개로왕의 부인(왕비)을 요구하였다. 개로왕은 도중에 아이를 낳으면 그 아이를 배에 태워 귀국시켜줄 것을 당부하면서 왕비의 동행을 허가하였다. 그런데 왕비는 도중에 츠쿠시[筑紫]의 카쿠라지마[各羅島]에서 아이를 출산하였다. 섬에서 태어났다 하여 그 아이의 이름을 도군(島君)이라 칭하였다. 그가 바로 무령왕이다.

이 설화에 따른다면 무령왕은 실질적으로는 개로왕의 아들이지만 곤지의 의붓자식이기도 한 셈인데, 그 내용이 너무 황당하여 이를 믿을 수 없다는 견해가 많다. 그렇지만 이를 마냥 부정만 하기도 어렵다. 먼저 무령왕릉에서 출토된 지석의 명문을 통해서 무령왕이 '사마왕(斯麻王)'임이 밝혀졌는데, '사마(斯麻)'는 당시 '시마'라 읽혔을 가능성이 크고 '시마'는 일본어로 '섬'을 의미하므로 '사마왕'은 '도왕(島王)'이 되는 셈이어서, 『일본서기』에 '도군(島君)'이라 칭한 것과 일치한다고 할 수 있다. 또한 일본 현지에 이

무령왕이 태어났다는 카카라시마의 해안동굴

설화를 뒷받침하는 장소와 이야기가 전하는 섬도 있다. 규슈 요부코항[呼子港]에서 서북쪽으로 7.5km 떨어진 곳에 위치한 카카라시마[加唐島]가 『일본서기』에 나오는 카쿠라지마로 알려져 있는데, 이곳에는 무령왕이 태어났다는 해안동굴이 있고, 동굴에서 50m 정도 떨어진 곳에 갓난 무령왕을 처음으로 목욕시켰다는 우물도 있다. 따라서 ②의 설화는 사실이 아니라 하더라도 그러한 설화가 만들어진 데에는 그만한 사연이 있을 것 같다는 생각도 지울 수 없다. 추측컨대 그 설화는 무령왕이 한성시대 마지막 왕인 개로왕을 계승하는 것을 표방하기 위해 만들어낸 것이 아닐까 한다.

개로왕은 미완의 영웅이었다. 한 때 신라와 가야와 왜, 그리고 중국 남북조를 결집시켜 '반고구려 국제연대'를 성공적으로 결성하여 한때 고구려 장수왕의 간담을 써늘하게 했던 장본인이었다. 결국 고구려 장수왕의 주도면밀한 전략에 말려들어 한성을 잃고 전사당하는 비운의 주인공이 되고 말았지만, 강국 재건의 가능성을 보여준 개로왕은 무령왕에게 백제가 나아갈 방향타와도 같았을 것이다. 그리하여 무령왕은 국내에서는 개로왕의 아들임을 표방하여 고구려에 대항한 그의 강력한 정책을 계승함으로써 난마처럼 뒤얽힌 정치세력의 갈등을 수습하려 했을 것이다.[②의 설] 그리고 한편으로는 16년간 왜에 장기 체류하면서 왜의 유력 씨족으로 자리잡은 곤지의 아들임을 내세워 왜와의 인연도 강조하고 싶었을 것이다.[③의 설] 이러한 무령왕의 정치적 입장과 필요성이 개로왕의 아들이며 곤지의 의붓 자식이기도 하다는 기묘한 내용의 설화가 만들어지는 배경이 되었을 것이 다. 전근대 시대에 설화의 제작과 유포는 일종의 언론플레이였다는 점을 상기할 필요가 있다.

무령왕은 501년에 즉위하자 먼저 동성왕을 죽인 백가의 세력을 타도하고, 투항한 백가를 백강(지금의 금강)에 던져버림으로써 왕권에 도전하는 자에 대한 본보기를 보여주었다. 그리고 왕 4년(504)에 마나군(麻那君)을, 그 이듬해엔 아들 사아군(斯我君)을 왜에 파견하여 왜와의 관계 복원에도 적극 나섰다. 509년에는 왜가 백제에 사신을 보내왔다. 이후 양국 간에 사신, 학자, 장군 등의 왕래가 빈번하게 이루어졌다. 508년에는 탐라[제주도]와도 처음으로 통교 관계를 개설하였다. 이로써 왜에 이르는 남방의 해로가 먼저 정상화되었다.

이후 무령왕은 마침 내분에 휩싸여 힘을 잃어가던 고구려와의 전투에서 우위를 점하게 되었고, 중국 남조의 양(梁)과도 자신감 넘치는 외교를 전개해 갔다. 521년에 무령왕은 양에 표문을 올려 고구려를 여러 차례 무찔렀음을 과시하였다. 이러한 무령왕 대 백제의 위세에 대해 『양서』는 '백제가 다시 강국이 되었다'고 밝혔다. '다시 강국이 되었다' 함은 근초고왕 시대에 올렸던 해양강국의 위상을 '다시' 재건했음을 의미하는 것이다.

바로 이 즈음에 왜의 '홀로서기' 시도도 사라졌다. 양(梁) 왕조는 송과 제 왕조가 왜에게 추인해준 '사지절…제군사' 운운하는 가공의 작호를 거두어들이고, 장군호도 '진동대장군(鎭東大將軍)'에서 '정동장군(征東將軍)'으로 격하시켰다. 그리고 502년을 끝으로 왜왕의 이름은 중국 사서에서 자취를 감추었다. 반면 백제에 대해서는 '정동대장군'의 대장군호를 그대로 유지시켜 줌으로써 백제의 영도적 지위를 공인해 주었다. 양 왕조가 백제만을 유일한 교역의 파트너로 인정해 준 것이다. 왜는 이를 기꺼이 수용하여, 지금까지 시도해온 '홀로서기' 외교를 포기하고 백제가 주도하는 동아시아 교역체계의 일원으로 복귀하였다.

무령왕은 백제의 왕이었고 일본 츠쿠시의 카쿠라지마에서 출생했다는 설화의 주인공이기도 하다. 죽은 후에는 중국 양나라 양식의 전축분에 묻히기도 하였다. 백제와 왜와 양에 걸친 무령왕의 다국적적 이력은 동아시아 국제교역을 주도한 그의 개방적 활동상을 상징적으로 보여준다. 그는 5세기 내내 경색되어온 '서남해 연안해로'를 다시 활성화시키고 '양-백제-가야-왜'로 이어지는 동아시아 해양교역을 주도하여 제2의 근초고왕의 시대를 다시 활짝 열었던 것이다.

2. 백제, 영산강유역을 영역화하다

영산강유역은 서해와 남해가 교차하는 변곡점에 위치하여 '서남해 연안해로'의 최고 요충지에 해당한다. 바로 그 지역에 옹관고분이라는 독특한 묘제를 공유하는 '신미제국'이라는 연맹세력이 있었다. 그들은 3세기 이후 '서남해 연안해로'를 통해 백제는 물론이고 가야, 왜, 신라 등과 다원적 문물교류를 진행하면서 독자적인 정치세력을 유지해 오고 있었다.

영산강유역 신미제국은 백제와 악연이 많았다. 3세기 후반에 백제[책계왕 대]가 마한을 급거 병탄하여 강국으로 부상할 때, 신미제국은 진(晉)에 처음으로 사신을 보내 백제를 견제하기도 하였다. 그리고 4세기 후반에 신미제국의 관문 포구세력[해남 백포만의 군곡리세력]인 '침미다례'가 백제[근초고왕 대]에 의해 저항세력으로 규정되어 '도륙'당하기도 하였다. 5세기에는 그 신미제국이 왜의 '홀로서기'의 파트너가 되기도 하고 백제[480년, 문주왕 대]

에 방물을 바치기도 하는 등 왜와 백제 사이에서 양다리 외교를 벌이다가 동성왕의 무력시위를 받고서야 백제에 다시금 복속하기도 하였다.[498년] 이렇듯 영산강유역 신미제국은 수시로 백제와 맞서왔던 것이다.

백제는 '서남해 연안해로'의 불안정성을 제거하기 위해서라도 그 요충지에 위치한 신미제국을 병탄하여 영역으로 편입시킬 필요가 있었다. 백제의 영산강유역 영역화 과정은 '동성왕→무령왕→성왕'의 3대에 걸치면서 완료되었다. 위에서 살폈듯이 동성왕은 무력시위를 통해 신미제국을 일시적으로 복속시키고 왜의 '홀로서기'를 견제하는 성과를 거두었다. 동성왕의 뒤를 이은 무령왕은 다시 강국의 위상을 회복하고 동아시아 해양교류를 주도하게 되자, 이를 바탕으로 영산강유역을 항구적으로 영역화하는 작업에 나섰다. 그리고 성왕 대에 이르러 영산강유역 영역화가 완료되었다.

백제의 영산강유역 영역화 완료 시점은 지방제의 개편과 관련이 깊다. 영산강유역 영역화로 인해 확대된 영역을 효율적으로 지배하기 위해서는 그에 상응하는 지방제도의 개편이 필요했기 때문이다. 22담로제(檐魯制)에서 방군제(方郡制)로의 전환이 그것이었다.

담로란 군(郡)에 해당하는 백제 고유의 지방행정단위이고, 22담로제란 22개의 담로에 대하여 중앙 정부가 직할하던 지방제도를 말한다. 22담로제의 적용 범위는 오늘날의 충청도와 전북지역에 한정되었다. 이는 통일신라시대의 지방제도를 통해서 추산할 수 있다.[15] 그렇다면 22담로제는 백제가 고구려에게 한성을 빼앗기고 웅진으로 천도한 이후 '어느 시점'에 충

---

15 통일신라 때 충청도지역은 웅주, 전북지역은 전주라 칭하였다. 당시 웅주와 전주에 속한 군의 수는 각각 13개와 10개여서 합이 23개였다. 담로는 군 단위에 해당하는 지방행정단위이고, 웅주와 전주의 군을 합한 23군의 수가 22담로와 거의 일치하므로, 22담로제의 적용 범위는 오늘날 충청도와 전북지역에 한정된 것으로 볼 수 있다.

청도와 전북지역을 장악하고 그 영역을 22개의 담로로 나누어 직할하기 위해 새롭게 실시한 지방제도였다고 할 수 있다.

그렇다면 22담로제의 실시는 웅진 천도 이후 왕권이 비교적 안정되었던 동성왕이나 무령왕 대에나 가능하였을 것으로 보이는데, 적어도 무령왕 치세 후기까지는 유지되었던 것으로 보인다. 이러한 사정은 『양서』의 백제전에 전하는 다음 기사를 통해서 살필 수 있다.

> 치소(治所)의 성을 고마(固麻)라 칭하고 읍을 담로(檐魯)라 칭하는데, 담로는 중국의 군현이란 말과 같다. 그 나라에는 22개의 담로가 있어, 각각에 자제 종족을 파견하여 살게 하였다.

윗 기사는 521년(무령왕 21)에 백제 사신이 양 왕조에 전언한 바에 의거하여 정리한 것으로 알려지고 있어, 22담로제가 적어도 무령왕의 후반기까지는 존속하고 있었다는 것을 보여준다. 그런데 22담로제의 범위가 충청도와 전북지역에 한정되어 있었으니, 그때까지는 전남의 영산강유역은 아직 백제의 영역으로 편입되어 있지 않았던 셈이 된다. 결국 22담로제의 폐지와 방군제의 새로운 실시가 백제의 영산강유역 영역화의 지표가 될 수밖에 없는 이유이다.

방군제란 기왕의 담로를 중국식의 군으로 개칭하고 백제의 전영역을 광역행정구역인 5개의 방(方)[중방, 동방, 서방, 남방, 북방]으로 구획하여 각 방 아래에 여러 개의 군들을 소속시키는 새로운 지방제도로서, '5방제'라고도 부른다. 22담로제에서 방군제로 개편하면서 달라진 점을 보면, 담로를 군으로 개칭한 것도 있지만, 그 핵심은 '방'이라는 광역행정구역을 새로 설정했다는 점에 있다. 따라서 이러한 지방제 개편이 불가피 했던 것은 방이라는 광역행정구역을 별도로 설정하지 않으면 안되는 특별한 사정이 생겼다는 것을 의미한다. 그 특별한 사정이란 담로 단위로 직할하는 체제로는 더 이상 감당할 수 없을 정도로 백제 영역이 확대되었다는 점일 것이다.

『삼국사기』의 기록에 의하면 멸망기에 백제 영역에 '37군'이 있었다고 되어 있다. 이는 곧 지방의 기초 행정단위가 '어느 시점'엔가 22개에서 37개로 크게 늘어났다는 것을 의미한다. 이러한 백제 영역의 확대는 전남지역이 백제 영역으로 추가로 편입됨으로써 이루어졌던 것으로 보인다. 그 사정은 통일신라시대의 지방제도를 통해서 추산해 볼 수 있다. 통일신라시대에 웅주(충청도지역)와 전주(전북지역)에 소속한 군의 합이 23개이고, 무주(전남지역)에 소속한 군이 13개여서, 웅주, 전주, 무주에 소속한 군의 총합이 36개였다. 이 36군은 백제 멸망기의 37군과 근사한 수치를 보이고 있어, 충청도지역(웅주)과 전북지역(전주)에 한정되었던 22담로제 적용 시절의 백제 영역이 어느 시점부턴가 전남지역(무주)으로 확대되었다고 할 수 있다.

백제는 이렇듯 확대된 영역을 감당하기 위해 22담로제를 폐지하고 방군제라는 새로운 지방제로 개편하지 않으면 안되었던 것이다. 그렇다면 그 개편 시점은 언제쯤일까? 이와 관련하여 2001년에 부여 능산리 절터에서 '6부5방(六部五方)'이라 씌어진 목간이 출토된 것을 주목할 필요가 있다. 이 목간은 '5방'이라는 명칭이 확인된 첫 사례로서, 사비(지금의 부여) 천도 직전 성왕 대에 제작된 것으로 추정되고 있어, 방군제=5방제로의 개편 시점은 현재로선 성왕 대로 보는 것이 타당하다. 결국 성왕은 무령왕 대의 영산강유역 진출 의지를 실현시켜 이를 영역화하고 확대된 영역을 효과적으로 지배하기 위해 5방제를 실시하더니, 그 여세를 몰아 538년에 사비 천도를 단행하였다고 할 수 있다.

결국 영산강유역을 포함한 전남지역은 성왕 대에 5방 중 하나인 남방으로 편제되어, 백제의 완전한 영토로 편입되었다. 바로 이와 때를 같이하여 인상적인 고고학적 변화가 감지된다. 영산강유역에서 토착 고분인 옹관고분과 왜계 고분인 전방후원분이 사라지고 그 대신 백제 사비식 양식을 전형으로 하는 횡혈식석실분이 대두하여 확산되는 변화가 확인된 것이다.

이는 곧 백제가 영산강유역을 영역화한 역사적 사실을 보여주는 명확한 고고학적 증좌라 할 수 있다.

영산강유역의 고분 중에서 사비식 횡혈식석실분으로 분류될 수 있는 대표적인 사례로는, 나주 흥덕리 및 대안리 4호분, 영암 봉소리 고분, 신안 장산도의 도창리 고분, 함평 월계리 석계 고분 등을 들 수 있다. 그런데 이들의 축조 시기는 6세기 후반 및 7세기 대로 편년되고 있다. 실제의 상황과 고고학적 현상 사이에 상당한 시기의 차이가 있다는 점을 생각한다면, 이들은 백제가 영산강유역을 완전 영역화한 6세기 전반의 시점과 대체로 일치한다고 할 수 있다. 더욱이 6세기 중반 경에 축조된 나주 반남면 흥덕리의 횡혈식석실분과 나주 다시면 복암리 3호분의 제5호, 16호 횡혈식석실 등에서 백제 16관등 중 제6품인 나솔(奈率) 이상의 관인이 착용한 것으로 알려진 은제관식이 각 1점씩 3점이 출토되었다. 이는 은제관식을 착용한 백제의 지방관이 영산강유역에 파견된 것을 의미하는 것으로, 백제가 이 지역을 완전 영역화한 확고한 증거물이다.

이와 함께 백제는 '서남해 연안해로'를 장악해 갔던 것으로 보인다. 『삼국사기』 지리지를 보면 당시 백제는 서남해의 도서지역을 지방제로 편제했던 것으로 나타난다. 아차산현(阿次山縣), 거지산현(居知山縣), 고록지현(古祿只縣), 도산현(徒山縣), 매구리현(買仇里縣) 등이 그것이다. 아차산현은 압해도에, 거지산현은 장산도에, 고록지현은 임자도에, 도산현은 진도의 북부지역에, 매구리현은 진도 남부지역에 각각 비정된다.

백제의 현(縣)이 설치되었다는 압해도와 장산도와 임자도에는 그 위상에 걸맞게 성곽과 고분들이 남아 전한다. 먼저 압해도를 보면 송공리에 송공산성이 있고, 일제강점기 때까지만 해도 그 산성 동쪽의 대천리 일대에 58기의 고분이 분포하고 있었다고 한다. 현재는 고분의 흔적이 거의 남아 있지 않아 그 실체를 알 수 없지만, 백제계통의 횡혈식석실분이 다수 포함되었을 것이다.

장산도의 대성산성

　장산도에는 장산리와 대리 일대에 장산토성지가 있고 공수리에 대성산성(大城山城)이 있으며, 그 산성의 주변인 도창리에 5~6기의 석실분이 분포하고 있다. 이 중 비교적 원형이 잘 보존되어 있는 아미산 남쪽 기슭의 석실분은 백제 사비 천도 이후의 사비양식을 전형적으로 띠고 있어, 6세기 중엽~7세기 초에 축조된 것으로 추존되고 있다. 이는 6세기 중엽을 전후한 시기에 백제의 지방관이 직접 서남해 도서지역에 파견되어 상주하고 있었음을 보여주는 것이다.
　임자도에는 대둔산성지(大屯山城址)가 있으며, 또한 석실분으로 추정되는 고분의 흔적이 있다는 제보도 있다. 그러나 아직 이에 대한 학술조사의

아미산 횡혈식석실분

손길이 미치지 못하여 성지의 초축 시기와 고분의 확인 작업이 미진한 상황이다. 추후 이에 대한 정밀한 조사 작업이 이루어지길 기대한다.

백제가 현으로 편제한 도서지역은 위의 세 곳 이외에도 더 있었을 가능성이 있다. 『한원(翰苑)』 백제조에 의하면 "남쪽 바다에 큰 섬 15개가 있는데 모두 성읍(城邑)을 설치하고 사람들이 모여산다"고 하였다. 성읍이란 현의 치소를 가리키는 것으로 보인다.

실제로 신안군 관내에 압해도, 장산도, 임자도 이외에도 성곽과 고분이 분포하는 섬들이 더 있다. 예를 들어 비금도에는 도고리에 산성산성이, 광대리에 성치산성이 있고, 이들 산성 주위에서 40여기의 고분이 분포하고 있으며, 이들 중 일부는 백제 양식의 횡혈식석실분으로 확인된 바 있다. 이 밖에 안좌도의 읍동리와 대리 일대에서 횡혈식석실분 6기가 확인되었고, 지도 어의리, 하의도 대리 등지에서도 성격을 알 수 없는 고분군이 찾아진 바 있다. 신의도에는 수십기의 백제 석실분이 분포한 것으로 보고된 바 있다.

    이들은 『한원』에서 언급한 백제의 성읍이 설치된 섬일 가능성이 크다. 그리고 추후에 조사가 진전됨에 따라서는 이외의 섬에서도 성곽 및 석실분의 흔적이 더 찾아질 가능성도 있다. 6세기 백제가 '서남해 연안해로'를 주도하는 과정에서 거점 섬을 적극 활용하였다는 점에 유의하면서 이들에 대한 보다 면밀한 조사가 요청되는 바이다.

3장 '동남해 연안해로' 신라 국가발전의 통로

Ⅰ. 동해안과 신라의 연원

1. 동해안의 '예(濊) 사회'와 고구려

동해안의 세력집단은 흔히 '예(濊)'라 통칭되었다. 『삼국사기』에 의하면 신라 남해왕 16년(19)에 북명인이 밭을 갈다가 예왕(濊王)의 인(印)을 얻어 왕에게 바쳤다는 기사가 있다. 이는 1세기 이전에 북명지역(오늘날 강릉 일대) 세력집단을 '예(濊)'라 칭했음을 보여주는 사례이다.

한편 근대기에 경북 영일군 신광면에서 '진솔선예백장(晉率善穢伯長)'이라 새겨진 인장이 발견되어, 동해안 남부의 영일군 지역까지 '예(穢=濊)'라 칭하였음을 알려준다. 또한 평양시 낙랑구역에서 '부조예군(夫租薉君)'이라 새겨진 인장이 발견되기도 했는데, 이는 부조(夫租, 옥저지역)의 토착세력이 한(漢) 왕조로부터 받은 인장으로 추정되고 있어, 동해안 북부의 옥저지역(지금의 함흥 일대)까지 '예(薉=濊)'로 불렸음을 알 수 있다.

중국 측 사서인 『삼국지』와 『후한서』 등에서는 동해안의 '예' 종족집단이 구성한 정치사회집단으로 동예, 옥저 등을 소개하고 있고, 『삼국사기』에서는 '예(濊)'를 '말갈(靺鞨)'이라 칭하기도 하였다. 여기에서는 이들을 '예(濊) 사회'라 총칭하기로 하자.

'예 사회'는 일찍이 서북한지역의 여러 세력과 긴밀한 관계를 맺었던 것으로 전해진다. 서북한지역에서는 대동강유역을 중심으로 고조선과 낙랑군 등의 세력이 교대로 일어났고, 압록강유역을 중심으로 고구려가 일어났다.

처음 동해안 북부의 옥저와 동예 등은 고조선에 복속되었다. B.C. 108년 고조선이 멸망한 후에는 임둔군에 소속되었다가 B.C. 82년에 임둔군이 폐지되면서 현토군으로 소속이 옮겨졌다. 그리고 B.C. 75년에 현토군이 퇴출되자 이번에는 낙랑군에 속하였다.

낙랑군은 동부도위를 별도로 설치하여 동해안의 '예 사회'에 대한 관할권을 확대해 갔다. 그리고 이들을 체계적으로 관리하기 위해 불내성(不耐城)을 중심으로 하여 '영동 7현'을 두었다. '영동 7현'이란 동이현(東暆縣), 불내현(不耐縣), 화려현(華麗縣), 부조현(夫租縣), 사두매현(邪豆昧縣), 전막현(前莫縣), 잠태현(蠶台縣) 등을 말하는데, 이들은 동해안에 널리 분포해 있던 7개의 '예 사회'를 기반으로 하여 편제한 것이었다.

그런데 낙랑군의 동부도위는 군현제의 정비 과정에서 A.D. 30년에 폐지되었고, 그 관할 하에 있던 '영동 7현'은 각각 '후국(侯國)'으로 재편하여 자치를 허용해 주었는데, 이후 '불내후국'만이 그 명맥을 유지했을 뿐 나머지 후국은 체계가 무너져 유명무실해 지고 말았다. 그리고 이들은 얼마 안 되어 고구려에 복속되었다. 고구려가 동해안 '예 사회'로 진출하여 이들을 복속시켜간 과정은 『삼국사기』 고구려본기의 다음 기사들에 잘 나타나 있다.

① 대무신왕 15년(32) 4월에 왕자 호동이 옥저지역에 유람하고 있었는데, 낙랑왕 최리(崔理)가 거기에 행차하여 그를 … 데리고 돌아와서 사위로 삼았다. 그 후 호동이 귀국하여 비밀리에 사람을 보내어 최씨의 딸에게 이르되 "너의 나라의 무기고에 들어가 북과 뿔피리를 부수면 내가 예로써 맞이할 것이요 그렇지 않으면 맞지 않겠다."고 하였다. … 이에 최씨녀는 날카로운 칼을 가

지고 몰래 무기고에 들어가 북의 피면과 뿔피리의 주둥아리를 부순 후에 호동에게 알렸다. 호동은 왕에게 권하여 낙랑을 엄습하였다. … 최리는 드디어 그 딸을 죽이고 나와 항복하였다.
② 대무신왕 20년(37) 낙랑을 침습하여 멸하였다.
③ 민중왕 4년(47) 9월 동해안 고주리란 자가 고래를 바쳤는데, 그 눈이 밤에 광채가 있었다.
④ 태조대왕 4년(56) 7월에 옥저를 정벌하여 그 땅을 뺏어 성읍으로 삼았다.
⑤ 동천왕 19년(245) 3월에 동해인이 미녀를 바치니 왕이 후궁으로 삼았다.

①은 고구려 호동왕자가 기지를 써서 A.D. 32년에 최리의 낙랑을 굴복시키는 것을, ②는 5년 후인 37년에 낙랑을 완전 멸망시키는 것을 전한다. 그런데 이 낙랑은 대동강유역에 설치된 낙랑군과는 다른 것이다. 왜냐하면 대동강유역의 낙랑군은 313년에 가서야 축출되기 때문이다. ①에 의하면 최리가 행차하여 호동을 만난 곳이 옥저지역이었다 하니 최리의 낙랑은 동해안에 있었음에 틀림없다. 그렇다면 그 이전에 낙랑군 동부도위의 관할 하에 있다가 유일하게 후국(侯國)의 명맥을 유지하였다던 '불내후국'이 바로 최리의 낙랑일 가능성이 가장 크다.

그렇다면 다음과 같은 이야기가 가능하다. 낙랑군 관할하에 있던 동부도위가 A.D. 30년에 폐지된 후에 '불내후국'은 '낙랑'을 칭하면서 유일하게 후국의 명맥을 유지하였는데, 고구려는 32년에 이를 굴복시켰고, 37년에 완전 멸망시켰다. 고구려는 동해안에 대한 주도권을 확대해 갔다. 47년에 동해사람 고주리라는 자가 고구려에 고래를 바쳐오고(③), 56년에 고구려는 옥저를 정벌하였으며(④), 245년에는 동해 사람이 고구려에 미녀를 바쳐오기도 했다는 것(⑤) 등이 이를 반영하는 사례들이다.

2. 동해안을 따라 신라에 온 유민들

　동해안의 '예 사회'는 '고조선→임둔군→현토군→낙랑군→고구려'와 복속관계를 무상하게 교대하였다는 것을 살폈다. 이는 서북한지역과 동해안 사이에 교통로가 활성화되어 있어 문물교류의 통로로 기능했음을 의미한다.

　서북한지역에서 동해안에 이르는 교통로는 동해안을 따라 남쪽의 신라[16]까지 연장되어 있었다. 이 교통로를 통해서 동해안에 영향력을 확대해 간 서북한지역의 고조선, 낙랑군, 고구려 등의 유민들이 동해안을 따라 내려가 신라에 이르러 정착하는 부류도 있었다. 『삼국사기』 신라본기 혁거세조에 의하면 일찍이 고조선 사람들이 신라에 이르러 산골짜기에 정착하여 '진한 6부'를 이루었다는 기록이 있는데, 이는 고조선 유민들이 신라에 정착한 것을 보여주는 사례이다. 또한 『삼국지』에 의하면 위만조선의 신하 조선상 역계경이 우거왕과 의견이 맞지 않아 주민들을 거느리고 동쪽으로 떠나 진국(辰國)에 이르렀다고 하는데, 이는 고조선 사람들이 동해안을 따라 신라에 도달하여 정착한 또 하나의 사례이다.

　낙랑군의 유민이 동해안을 따라 신라에 이르러 정착했다는 기사도 있다. 『삼국지』에 의하면 낙랑군의 백성 1,000여명이 진한에 인질로 잡혀와 사역 당하고 있던 상황을 전하는 기사가 있고, 진(秦)나라 사람들과 낙랑 사람들이 동해안을 거쳐 진한에 이르러 정착했다는 진한 노인들의 전언을 전하는 기사도 있다. 그 기사의 말미에는 낙랑과 진나라 사람들의 언어 흔적이 신라에 남아 있었음을 다음과 같이 전하기도 한다. "신라에 정착한 낙랑 사람을 '아잔(阿殘)'이라 하였는데, 동방 사람들은 나(我)라는 말을 '아

16　신라는 진한 소국들의 하나인 '사로국'이라는 소국에서 발전한 나라이다. 따라서 '진한' 혹은 '사로국'이라 칭하기도 한다. 초기 신라는 마땅히 '사로국'이라고 칭해야 하나, 여기서는 편의상 '신라'라 통칭하기로 한다.

(阿)'라 하였으니, 이곳에 남아 있는 낙랑 사람이라는 뜻이다. 지금도 진한(辰韓)을 '진한(秦韓)'이라 부르는 사람이 있다."

고구려와 신라의 관계를 전하는 기사도 있다.『삼국사기』신라본기 유리왕 14년(37) 기사에 의하면 고구려왕 무휼(대무신왕)이 낙랑을 멸망시키니 낙랑인 5천명이 신라에 와서 6부에 나누어 살았다고 한다. 이 기사에 나오는 낙랑은 앞에서 살폈듯이 대동강유역의 낙랑군이 아니라 동해안 최리의 낙랑을 지칭하는 것이다. 고구려가 최리의 낙랑을 멸망시키면서 유이민을 발생시켰고, 그중 5천명의 낙랑인 유민이 신라에 밀려와 정착했다는 것이다. 이는 곧 고구려와 신라가 동해안을 통해서 간접적으로나마 관계를 맺게 된 첫 번째 사례이다.

Ⅱ. 신라의 '동남해 연안해로'를 개척한 탈해집단

1. 탈해는 '동남해 연안해로'의 개척자

『삼국사기』에 의하면 신라는 남해안과 동해안 방면으로 처음 국가적 진출을 시도하였다. 탈해왕(재위 57~80)은 거도(居道)를 보내 우시산국과 거칠산국을 복속시켰고, 파사왕은 재위 23년(102)에 음즙벌국과 실직곡국을 복속시켰다.

우시산국과 거칠산국은 각각 오늘날의 울산과 동래지역으로 비정되고 있어, 신라가 경주에서 태화강을 따라 울산만으로 진출하고 여기에서 다시 동래, 부산 쪽의 남해안으로 나아가 가야사회로 진출했음을 보여준다. 그리고 음즙벌국과 실직곡국은 각각 오늘날 안강과 삼척지역으로 비정되고 있어, 신라가 형산강을 따라 안강을 거쳐 영일만에 이르고 여기에서 다시 삼척 쪽의 동해안으로 나아가 '예 사회'로 진출해 갔음을 보여준다. 신라는 일찍부터 동해안과 남해안을 연결하는 '동남해 연안해로'를 염두에 두고 있었던 것이다.

신라의 '동남해 연안해로' 진출의 상징적 인물은 단연 탈해라 할 수 있다. 탈해는 혁거세, 남해, 유리왕의 뒤를 이어 신라의 4대 왕이 된 인물이다. 박, 석, 김의 3성이 교대로 왕위에 오르는 독특한 왕위계승의 방식이 적용되는 신라 초기에 석씨로서 처음 왕위에 오른 인물이기도 하다. 또한 그는 외부에서 이주해온 일종의 유이민으로서 신라에 정착한 이후에 호공이라는 유력자의 집을 빼앗고 남해왕의 사위가 되어 왕위에까지 오른 독특한 이력의 소유자이기도 하다.

탈해 관련 기사는 『삼국유사』의 탈해왕조와 가락국기, 『삼국사기』 탈해니사금조에 각기 전해온다. 신비로운 설화적 요소를 포함하고 있어 이를 곧바로 역사적 사실로 받아들이기는 어려운 면이 있긴 하지만, 탈해의 이주 과정을 중심으로 주요 화소(話素)만을 뽑아 세 기사를 정리해 보면 다음과 같다.

① 탈해는 완하국(琓夏國) 함달왕(含達王) 부인의 소생→가락국 바닷가에 도착하여 수로왕에 도전함→탈해와 수로왕이 도술경합을 벌임→경합에서 패한 탈해가 신라의 경계로 달아남→가락국의 배가 쫓다가 돌아감.(『삼국유사』 가락국기)

② 탈해는 왜국 동북 1천리에 있는 용성국(龍城國)[正明國 혹은 琓夏國 혹은 花廈國] 출신→가락국 바닷가에 도착함→수로왕이 백성들과 북을 치면서 맞아들이려 하였으나 달아나 신라의 동쪽 하서지촌 아진포에 이름→아진의선이라는 노파가 맞아 양육함→호공의 집을 빼앗음.(『삼국유사』 탈해왕조)

③ 탈해는 왜국의 동북 1천리에 있는 다파나국(多婆那國) 출신→탈해가 금관국 해변에 도착했지만 금관국인이 이상히 여겨 취하지 않음→진한의 아진

포에 이르니 해변의 노파가 맞아 양육함(혁거세 재위 39년)→호공의 집을 빼앗음→남해왕의 사위가 됨→신라의 왕(탈해왕)이 됨.(『삼국사기』 탈해니사금조)

세 기사는 상당한 차이점이 있다. 탈해의 출신지가 완하국, 용성국, 정명국, 화하국. 다파나국 등으로 다양하게 나오거나, 가락국(금관국)과 탈해의 관계가 대립적, 우호적, 혹은 무관심의 세 부류로 각기 달리 나타나기도 한다. 그렇지만 탈해가 바닷길을 따라 이동하여 먼저 금관국 해변에 들렸다가 다음에 신라의 해변에 이른다는 줄거리는 공통적이다. 이 기사들에는 탈해라는 한 개인의 이동과 이주 이야기를 설화적으로 표현하고 있지만, 실제로는 일단의 세력이 신라사회에 집단적으로 이주해온 것으로 간주하여, '탈해집단'을 상정하기도 한다. 더 나아가 '탈해집단'을 신라 6부의 하나인 한기부와 동일시하고, 탈해왕을 한기부(=탈해집단)의 우두머리로 간주하기도 한다.

위의 기사에 나타난 탈해의 동선은 두 방향으로 파악할 수 있다. 하나의 방향은 서쪽에서 남해안을 따라 오다가 금관국을 들린 후에 다시 동해안으로 접어들어 신라의 아진포(경주시 양남면 하서리의 포구로 비정)에 이른 것으로 볼 수 있다. 이는 탈해가 금관국의 바닷가에 먼저 들렸다는 것을 염두에 둔 것이다. 또 하나의 방향은 북방에서 동해안을 따라 내려와 남해에 접어들어 금관국 해안에 먼저 도착했다가 여의치 않자 배를 돌려 신라의 해안인 아진포에 도착한 것으로 볼 수도 있다. 이는 탈해의 출신지가 '왜국 동북 1천리'라 되어 있거나, 용성국이 흉노의 일국을 지칭하는 것으로 보는 것에 따른 것이다.

동선의 방향을 어떻게 파악하든, 중요한 것은 탈해의 이동 경로가 '동남해 연안해로'를 통해 금관국을 거쳐 신라에 최종 정착했다는 점이다. 이는 곧 신라가 '동남해 연안해로'를 통해서 남해안의 가야와 동해안의 '예 사회'로 본격 진출하기 시작한 시점이 탈해왕 때부터였다는 역사적 사실을

경주시 양남면 하서리에 있는 탈해왕탄강유허비

반영하는 것은 아닐까? 과연 그러한지 『삼국사기』 기사를 통해서 이를 확인해 보기로 하자.

『삼국사기』에 의하면 신라가 남해안을 통해 처음 가야로 진출했던 시기는 탈해왕 대부터였던 것으로 나온다. 먼저 탈해왕(재위 57~80)이 거도(居道)를 보내 우시산국과 거칠산국을 복속시켰다. 우시산국과 거칠산국은 오늘날 각각 울산과 동래지역으로 비정되고 있어, 신라가 경주에서 태화강 물길을 따라 울산만에 이르고 여기에서 다시 남해안을 따라 가야로 진출하는 거점을 확보한 셈이 된다. 이를 바탕으로 탈해왕은 낙동강 하구의 포구인 황산진구로 진출하여 가야와 일전을 벌여 승리를 거두기도 하였다.

여기에 신라가 동해안으로 본격 진출한 것도 탈해집단으로 간주되는 한기부와 관련이 있다고 한다면, 신라의 '동남해 연안해로'의 개척과 주도는 탈해왕 혹은 탈해집단에 의해 본격 시작되었다는 것을 인정하지 않을 수 없다. 그리고 '동남해 연안해로'가 이후 신라의 국가발전에서 주요 통로로 기능했다는 점을 염두에 둔다면, 탈해왕 혹은 탈해집단이 신라사에 미친 영향이 작지 않다고 할 것이다. 신라의 동해안 진출과 한기부의 관계에 대해서는 다음 절에서 살펴보기로 하자.

2. 신라의 동해안 진출과 한기부(漢祇部)

신라는 파사왕 23년(102)에 음즙벌국(안강)과 실직곡국(삼척)을 복속하였는데, 그 복속 과정을 통해서 신라의 '동남해 연안해로'에 대한 구상을 이해할 수 있다. 이에 좀 복잡하기는 하지만 『삼국사기』에 전하는 다음의 관련 기사를 분석해 보기로 하자.

> 파사왕 23년(102) 음즙벌국(音汁伐國)이 실직곡국(悉直谷國)과 영토를 다투다가 파사왕에게 와서 중재를 청하였다. 파사왕은 이를 난처히 여겨 연로하고 지식이 많은 금관국 수로왕에게 물었더니 수로가 그 '다툼의 땅'을 음즙벌국에 속하게 하였다. 이에 파사왕은 6부에 명하여 수로에게 향연을 베풀게 하였다. 5부는 최고위의 이찬을 접빈주(接賓主)로 삼아 보냈는데 오직 한기부만이 지위가 낮은 자를 보내었다. 수로가 노하여 그의 수하인 탐하리(耽下里)란 자에게 한기부의 우두머리인 보제(保齊)를 죽이도록 하였다. 보제를 죽인 탐하리는 도망하여 음즙벌국의 우두머리인 타추간(陀鄒干)의 집에 머물렀다. 파사왕은 사람을 보내어 탐하리의 신병을 요구했으나 타추가 보내지 않자 노하여 군사를 일으켜 음즙벌국을 치니 그 우두머리가 무리와 함께 스스로 항복하였다. 그러자 실직(悉直)과 압독(押督)의 두 나라 우두머리도 와서 항복하였다.

이 기사는 음즙벌국(안강)과 실직곡국(삼척)이 소정의 땅을 두고 다툼을 벌인 것에서 시작하여 신라(사로국)와 금관국이 연루되어 분쟁이 커지고, 급기야 제3의 압독국(대구)에까지 파장이 미치는 큰 사건으로 비화되어간 복잡한 과정을 담고 있다. 그 사건의 전개 과정을 알기 쉽게 정리하면 다음과 같다.

① 음즙벌국과 실직곡국은 소정의 땅을 둘러싸고 다툼을 벌이다 신라왕에게 중재를 요청한다.
② 신라왕은 이를 난처히 여겨 금관국왕에게 중재를 넘긴다.
③ 금관국왕은 '다툼의 땅'을 음즙벌국에 귀속시키는 판결을 내린다.
④ 신라의 한기부는 수로왕의 판결에 대하여 불만을 표명한다.
⑤ 수로왕은 한기부의 우두머리를 제거한다.
⑥ 신라는 이를 빌미삼아 음즙벌국을 공격하여 복속시키니, 실직국과 압독국이 신라에 투항해 온다.

여기에서 가장 궁금한 점은, 분쟁 당사국인 음즙벌국과 실직곡국 뿐만 아니라 신라, 금관국, 그리고 압독국에까지 파장을 미치게 한 '다툼의 땅'의 실체는 과연 무엇일까 하는 것이다. '다툼의 땅'이 평범한 땅에 불과하다면 실직곡국과 음즙벌국이 서로 무력을 동원해서라도 자체 해결했을 것인데, 이를 굳이 신라왕에게 중재를 요청하였고 신라도 이를 난처히 여겨 금관국왕에게 재차 의뢰를 하게 된 것으로 보아 평범한 땅은 아니었을 가능성이 크다. 그 '다툼의 땅'은 실직곡국과 음즙벌국 뿐만 아니라 신라 및 금관국 등 주위세력과 긴밀한 연관이 있는 특별한 땅이었음에 틀림없다. 여기에서 문득 떠오르는 것이 교역과 관계된 땅이었지 않을까 하는 것이다. 이와 관련하여 『삼국지』 변진조에 나오는 다음의 기사가 연상된다.

그 나라(변진)에 철이 생산되는데, 한(韓), 예(濊), 왜(倭)의 사람들이 모두 와서 사간다. 시장에서 물건을 매매할 때 모두 철을 쓰는데 마치 중국에서 돈을 쓰는 것과 같이 한다. 낙랑군과 대방군에도 공급하였다.

윗 기사는 변진(가야)에서 생산되는 철을 중심으로 한과 예와 왜 사이에 교역이 크게 일어나고 있던 사정을 잘 전해준다. 가야의 철은 낙랑·대방군에 공급될 정도로 유명했던 모양이다. 당시 철은 그 자체가 중요한 교역품이었을 뿐 아니라 상품 매매의 결재수단으로도 이용되었다는 것을 알 수 있다.

이렇듯 윗 기사가 가야의 철을 소재로 하여 이야기를 전개하고 있긴 하지만, 그 이야기의 행간에서 빠뜨릴 수 없는 또 하나의 골자는 당시에 한과 예와 왜가 서로 활발한 교역을 행하고 있었다는 점이다. '한'은 삼한의 세력집단으로 여기에는 신라와 금관국도 물론 포함된다. 그리고 '예'는 동해안의 세력집단을, '왜'는 바다 건너 일본열도의 세력집단을 지칭한다. 그렇다면 이들이 모여 공동으로 거래를 행하던 거래의 중심지가 있지 않았을까? 그렇다면 '다툼의 땅'이란 한과 예와 왜의 여러 세력집단이 모여 교역품을 거래하는 특별한 장소 혹은 권리를 지칭하는 것으로 보는 것이 타당하다. '다툼의 땅'의 실체를 이렇게 파악하면서 파사왕 23년의 사건을 다시 재구성해 보면 다음과 같은 이야기가 가능하다.

① 음즙벌국과 실직곡국은 한, 예, 왜의 교역 거점 혹은 이에 관한 모종의 권리('다툼의 땅')를 둘러싸고 주도권 다툼을 벌이다가 신라에 중재를 요청하게 된다.
② 신라는 이 문제가 단순한 영토 분쟁이 아니라 주변 여러 세력이 관계하는 국제교역의 주도권이 걸린 문제라 판단하고 단독으로 중재안을 내놓기가 난처하여, 당시 '변진의 철' 생산과 관리의 중심국으로서 교역에서도 중요한 역

할을 담당해온 금관국에게 판단을 미루게 된다.

③ 그런데 금관국은 주저없이 음즙벌국의 손을 들어주었고, 이에 대하여 신라의 한 정파인 한기부가 불만을 드러내자, 그 우두머리를 살해하는 초강수를 두어 자신의 결정을 관철하고자 한다.

④ 이제까지 신중한 입장에 서 있던 신라는 한기부 우두머리 살해 사건을 계기로 즉각 군사 행동으로 옮겨 음즙벌국을 쳐서 복속시키고, 문제의 '다툼의 땅'을 장악하기에 이른다.

⑤ 그러자 실직과 압독 두 나라가 스스로 신라에 복속해 왔다.

사건을 이렇게 재구성하고 보니, 신라와 금관국의 사건에 임하는 태도가 대조적이라는 것을 느낄 수 있다. 처음 신라는 신중했고, 금관국은 성급하였다. 금관국이 선뜻 음즙벌국의 손을 들어주는 결정을 내렸던 것에서 신라를 견제하고자 했던 금관국의 의도가 느껴진다. 음즙벌국은 경주에서 영일만에 이르는 형산강 변의 요로(지금의 안강)에 위치해 있어, 금관국은 음즙벌국을 자기편으로 끌어들일 경우 신라를 견제하기에 최적의 조건이 형성될 것으로 판단했음직 하다. 금관국이 음즙벌국에 '다툼의 땅'을 넘기는 결정을 했고, 이에 반발한 한기부의 우두머리를 살해한 탐하리가 음즙벌국으로 달아나 숨었던 것도 금관국과 음즙벌국 사이의 이러한 이해관계를 잘 보여준다.

그러나 금관국의 이러한 행태는 주변의 세력관계를 의식하지 않은 일방적인 것이었다. 이에 명분을 얻은 신라는 즉각 군사 행동에 나서 음즙벌국을 복속시키고 '다툼의 땅'에 대한 주도권을 장악하였다. 그러자 역학관계의 균형이 깨지면서 갑자기 힘이 신라 쪽으로 쏠리는 현상이 나타났고 마침내 실직과 압독의 두 나라가 스스로 신라에 복속해온 것이다.

그렇다면 한과 예와 왜의 세력집단이 모여 교역을 행하던 특별한 공간, 즉 '다툼의 땅'은 어디에 있었을까? 그 공간은 음즙벌국(안강)과 실직곡국

(삼척) 사이에 있었을 가능성이 큰데, 『삼국사기』에 나오는 사도(沙道)란 곳에 주목해 보기로 하자.

- 아달라왕 9년(162) 사도성에 행차하여 주둔병을 위로하였다.
- 조분왕 4년(233) 5월에 왜병이 동쪽 변경을 침범하였다. 7월에 이찬 우로(于老)가 사도에서 왜인과 싸울 때 바람을 따라 불을 놓아 배를 태우니 적병이 물에 뛰어들어 모두 죽었다.
- 유례왕 9년(292) 6월에 왜병이 사도성을 공격하여 함락시키니 왕이 일길찬 대곡에게 명하여 군사를 거느리고 성을 구원하여 완전히 복구하게 하였다.
- 유례왕 10년(293) 2월 사도성을 개축하고 사벌성의 호민 80여가를 옮기었다.

사도는 오늘날 영덕 일대로 비정되는 곳인데, 이곳에서 신라와 왜병 사이에 충돌이 자주 벌어진 것으로 되어 있다. 신라를 자주 침략한 왜병은 후대의 왜구와 비슷한 존재로 해적의 일종으로 보면 좋을 것 같다. 실제 신라의 실성왕은 408년에 대마도를 '왜병'의 근거지로 지목하고 이에 대한 공격을 제안한 적이 있는데, 이러한 약탈적인 왜병은 당시 신라와 평화적으로 교섭했던 왜 정권과는 구별할 필요가 있고, 그런 의미에서 '왜구'라 칭하는 것이 좋겠다.

왜구는 약탈자적 성격이 강하므로 그들과 자주 전투를 벌인 곳은 그만큼 노략할만한 물자가 풍부한 곳일 가능성이 크다. 그런데 신라는 사도에서 왜구와 두 차례 전투를 벌였던 것으로 나온다. 또한 이곳에 성을 쌓고 주둔군을 배치하여 요새화 하고 국가적 차원에서 자주 점검했을 뿐 아니라 타지역의 여유있는 백성('호민') 80여가를 옮겨 도시화하려는 시도까지 했던 것을 볼 때, 사도가 국가적으로 사수해야 할 특별한 공간으로 간주되

오늘날의 영덕항 전경

고 있었음을 보여준다.

　이러한 까닭으로 사도, 즉 영덕 일대를 예의 '다툼의 땅'으로 비정하고자 한다. 영덕은 음즙벌국(안강)과 실직곡국(삼척)의 중간에 위치하고 있고, 오십천과 바다가 만나면서 고대의 양항(良港)이 자리잡을 만한 여건도 갖추고 있어, 한과 예와 왜의 여러 세력이 모여들어 교역 거점으로 삼기에 적격지로 판단된다.

　결국 102년 '다툼의 땅'을 둘러싼 분쟁은 신라의 승리로 끝났다. 처음 신라가 신중한 처신을 했던데 반해 금관국은 거세게 밀어붙인 행태를 보여주었던 것에서, 이 사건이 터지기 전까지는 주변의 세력관계에서 금관국이 신라보다 우위를 점하고 있었음을 느낄 수가 있다. 그러나 신라는 차분하게 명분을 쌓았고 금관국의 실책을 틈타 과감하게 군사 행동으로 옮김으로써 실리를 챙기고 주변 세력이 신라를 지지하도록 하는데 성공을 거두었던 것으로 보인다. 실직국과 압독국 등 주위의 소국들이 잇따라 신라에 복속한 이유를 충분히 이해할 만하다.

그런데 실직국은 스스로 투항한 지 2년 후인 104년에 신라에 반(叛)하였다. 실직국의 반발은 신라가 '다툼의 땅'을 독점적으로 운영하여 국제교역에서 자국을 소외시킨 것에 대한 불만에서 나온 것으로 여겨진다. 신라는 즉각 군대를 파견하여 이를 평정하고 실직국 사람들을 남쪽으로 강제 이주시키는 조치를 취하였다. 이러한 신라의 과격한 조치는 동해안 '예 사회'의 극심한 반발을 가져오기도 하였다. 『삼국사기』에 의하면 125, 137, 139, 140, 203, 395, 468, 480, 481년에 걸쳐 '말갈의 침략'이 잇따라 발생한 것으로 나오고 있는데, 이것이 신라에 대한 동해안 '예 사회'의 반발을 보여준다. 그러나 신라는 이들의 반발을 제압하면서 동해안에 대한 영향력을 확대해 갔다.

Ⅲ. '동남해 연안해로'의 부상과 '포상팔국의 난'

1. '동남해 연안해로'의 급부상

위에서 자세히 살폈듯이 신라는 탈해집단의 주도로 '동남해 연안해로'를 통해서 남해안과 동해안으로 진출하기 시작하였다. 탈해왕 대에 우시산국(울산)과 거칠산국(동래)를 복속시켜 남해안 진출의 교두보를 확보하였고, 이어 낙동강의 주요 포구인 황산진구에서 처음 가야와 전투를 벌여 승리를 거두었다. 파사왕 23년(102)에는 음즙벌국(안강)과 실직곡국(삼척)이 한과 예와 왜의 교역 거점을 둘러싸고 다투는 틈을 타서 이에 영향력을 행사하려는 금관국을 견제하고 주도권을 장악하였다. 그 계기를 마련한 것도 알고 보면 탈해집단으로 추정되는 한기부였다. 그러고 보면 신라의 초기 '동남해 연안해로'의 개척은 탈해집단이 주도했다고 해도 과언이 아니다.

당시 '동남해 연안해로'는 '변진의 철' 등을 중심으로 한, 예, 왜의 교역이 활성화되어 가고 있었다. 신라는 이러한 '동남해 연안해로'를 통해서 이들 세력에 영향력을 확대해 갔다. '예 사회'가 분포해 있던 동해안을 따라서 북으로 서북한지역 및 연해주지역과 통하고, 남해안을 따라 서쪽으로 가야사회로 통하였으며, 낙동강 하구에 위치한 가야의 영도국인 금관국을 통해서 바다 건너 왜와도 통하였다.

그렇지만 '동남해 연안해로'는 보완적이고 제한적인 역할을 담당하는 것에 그쳐야 하였다. 동아시아 문물교류는 한반도의 서해안과 남해안을 연결하는 '서남해 연안해로'가 중심 통로로 기능하고 있었기 때문이다. 당시 '서남해 연안해로'는 처음엔 대동강유역에서 일어난 고조선이 주도하였고, B.C. 108년에 고조선이 멸망한 후에는 그 직후에 설치된 낙랑군과 3세기 초에 설치된 대방군이 주도하였다. '서남해 연안해로'는 낙동강 하구의 금관국에서 쓰시마와 이키섬을 징검다리 삼아 바다를 건너 곧바로 왜로 통하였기 때문에 경주평야에서 일어난 신라는 이 해로를 통한 문물교류의 흐름에서 소외될 수밖에 없었다.

금관국은 '서남해 연안해로'를 통해서 한반도와 일본열도를 연결시키는 역할을 담당하면서 급성장했고, 가야사회의 맹주국으로 부상하였다. 이를 바탕으로 금관국은 한, 예, 왜 교역의 장으로 성장해가고 있던 '동남해 연안해로'에까지 영향력을 행사하고자 하였다. 그렇지만 이 방면에서는 신라의 강력한 견제를 받아 여의치 않았다. 102년 음즙벌국과 실직곡국 간의 다툼에 성급하게 개입하려다가 오히려 '동남해 연안해로'에 대한 신라의 주도권을 재확인해줄 수밖에 없었던 것은 이러한 정황을 잘 보여준다.

금관국으로서는 '서남해 연안해로'의 요지에 위치하여 동아시아 문물교류에서 중요한 역할을 수행하고 있었기 때문에 상대적으로 덜 중요한 '동남해 연안해로'에 대하여 집착할 필요성이 적었겠지만, '서남해 연안해로'에서 벗어나 있던 신라로서는 '동남해 연안해로'에 집착하지 않을 수 없었을 것이다. 그리하여 신라는 동해안을 통해서 제한적이나마 북방세력과 문물교류를 확대해 가고자 했고, 남해안을 통해서 가야사회로 진출하여 '서남해 연안해로'의 주류 시스템과 연결하려 부단히 시도하였다. 특별한 변수가 나타나지 않는 한 신라와 금관국은 이러한 관계를 당분간 유지해 갈 수밖에 없었다.

그런데 4세기 초에 '서남해 연안해로'에 이상 징후가 나타나면서 상황은 급변한다. '서남해 연안해로'를 주도해오던 낙랑군과 대방군이 압록강 유역과 한강유역에서 각각 급성장한 고구려와 백제의 협공을 견디지 못하고 313년과 314년에 각각 축출되고 말았던 것이다. 그리고 그 이후 고구려와 백제 사이에 대동강유역 등을 둘러싼 치열한 주도권 다툼이 벌어졌다. 문제는 그 과정에서 '서남해 연안해로'가 급경색될 수밖에 없었다는 것이다. 자연히 동아시아 문물교류도 급감할 수밖에 없었고, '서남해 연안해로' 상의 포구국가들도 쇠퇴를 면치 못하였으니, 금관국도 예외가 아니었다.

이렇듯 '서남해 연안해로'가 작동되지 않는 상황이 현실화되자, 이제까지 제한적인 통로에 불과했던 '동남해 연안해로'가 동아시아 문물교류의 새로운 대안 통로로 급부상하였고, 이를 주도해 오던 신라의 역할도 급상승하였다. 신라는 동해안을 통해서 북방의 문물을 받아들여, 남해안을 통해서 가야사회와 왜사회로 보급하는 문물

4세기 전반 신라에 유입된 북방계 유물(동복)

중개지로 떠올랐다. 이와 함께 교역품의 변화도 나타났다. 4세기 전반에 경남 일대와 일본 열도의 고분 부장품 중에서 중국으로부터 수입된 유물이 급감하는 대신에 무구(武具) 등 북방계 물품이 증가하는 추세를 보여주고 있는 것이다.

신라는 북방 문물의 유입 통로로 중요성이 높아진 동해안에 대한 점검에 들어갔다. 『삼국사기』에서 그 몇몇 사례를 뽑아보면 다음과 같다.

- 기림왕 3년(300) 2월에 왕이 비열홀(比列忽)에 행차하여 나이 많은 자와 가난한 자를 친히 위문하고 곡식을 내렸다.
- 내물왕 42년(379) 7월에 북변의 하슬라(何瑟羅)에서 가뭄과 누리가 있어 흉년이 들고 기근이 들자 죄수를 특사하고 1년간 조세를 면제해 주었다.
- 소지왕 3년(481) 2월에 비열성(比列城)에 행차하여 군복을 하사하였다.

이에 의하면 신라는 한 때 반발했던 실직(삼척)에 대한 지배를 확고히 하는 한편, 동해안의 핵심지역인 하슬라(강릉)와 비열홀(안변) 등지를 순행하여 토착세력의 불만을 무마하고 이들에 대한 지배를 강화해 갔던 것을 알 수 있다.

이와 함께 신라는 남해안에 대한 영향력 확대에 나서고 이를 동해안과 연결시킴으로써 '동남해 연안해로'를 새로운 문물교류의 통로로 활성화시키려 하였다. 신라가 남해안으로 영향력을 확대해 가는데, 탈해왕대 복속시킨 우시산국(울산)과 거칠산국(동래)이 여전히 주요 거점으로 활용되었던 것은 물론이다. 이에 덧붙여서 이 시기에는 '서남해 연안해로'의 경색으로 인해 문물 유입이 현저히 줄어들어 어려움에 봉착해 있던 금관국을 신라가 문물교류의 새로운 파트너로 끌어들였다는 점을 놓쳐서는 안되겠다.

2. 신라-금관국의 유착과 '포상팔국의 난'

4세기 전반 '서남해 연안해로'의 경색으로 인해 '동남해 연안해로'가 문물교류의 새로운 대안 통로로 떠올라 각광받게 되자, 신라(사로국)는 금관국을 새로운 파트너로 삼고 '동남해 연안해로'를 통해 동아시아 문물교류를 주도해 갔다. 자연히 금관국은 신라에 의존하지 않을 수 없었지만, '동남해 연안해로'에서 벗어나 있던 가야의 여타 국가들은 문물교류에서 소외되어 강력 발발할 수밖에 없었을 것이다. 이 와중에서 신라와 금관국에 반발하여 일어난 사건이 이른바 '포상팔국의 난'이다.

'포상팔국의 난'은, 관련 기사가 『삼국사기』의 신라본기와 열전, 그리고 『삼국유사』 등 세 군데에서 중복적으로 전할 정도로, 국내외적인 파장이 심대했던 모양이다. 관련 기사는 다음과 같다.

- 가을 7월에 포상팔국(浦上八國)이 가라(加羅)를 침략하려고 꾀하자 가라의 왕자가 와서 구원을 요청하였다. 왕은 태자 우로(于老)와 이벌찬 이음(利音)에게 6부병을 이끌고 가서 구원하도록 명령하였다. 이에 8국의 장군을 격살하고 포로가 되었던 6천인을 빼앗아 돌려주었다.(『삼국사기』 신라본기 나해니사금 14년조)
- 물계자(勿稽子)는 나해니사금 때의 사람이다. 집안은 대대로 미미했으나 사람됨이 활달하고 젊어서 큰 뜻이 있었다. 당시에 포상팔국이 함께 모의하여 아라국(阿羅國)을 치니, 아라의 사신이 와서 구원을 청하였다. 니사금이 왕손 나음으로 하여금 가까운 지방군과 중앙군을 거느리고 가서 구원하게 하니 드디어 팔국의 병사가 패하였다. … 3년 후에 골포(骨浦), 칠포(柒浦), 고사포(古史浦)의 3국 사람들이 와서 갈화성(竭火城)을 공격하자 왕이 군사를 거느리고 나가 구원하니 3국의 군사가 크게 패하였다.(『삼국사기』 열전8 물계자조)

- 제10대 나해왕 즉위 17년에 보라국(保羅國), 고자국(古自國, 지금의 고성), 사물국(史勿國, 지금의 사천) 등 8국이 힘을 합하여 변경을 침략하였다. 왕이 태자 나음과 장수 일벌 등에게 명하여 군사를 거느리고 이를 막게 하니 8국이 모두 항복하였다. … 10년에 골포국(骨浦國, 지금의 합포) 등 3국왕이 각기 군사를 이끌고 와서 갈화(竭火)를 공격하였다.(굴불인 듯 하며, 지금의 울주) 왕이 친히 군사를 이끌고 이를 방어하니 삼국이 모두 패하였다.(『삼국유사』 물계자조)

위의 세 기사는 몇 가지 차이점이 나타난다. 먼저 포상팔국이 공격한 대상국가가 가라국과 아라국으로 달리 나오고 있는데, 가라국과 아라국은 각각 김해와 함안에 있던 가야소국을 지칭한다. 그런데 위의 기사들은 동일한 사건을 전하는 것이므로, 가라국과 아라국은 모두 김해의 '금관국'으로 보는 것이 자연스럽다. 그리고 이 사건이 일어난 시점에 대해서도 여러 가지 견해로 나누어지고 있지만, 4세기 전반으로 보는 설이 타당하다고 생각한다.[17] 이를 염두에 두면서 이 사건의 전개과정을 간략히 정리하면 다음과 같다.

① 4세기 전반의 어느 날, '포상팔국'이 모의하여 금관국을 공격하자, 금관국이 신라에 구원을 요청한다.

---

[17] 『삼국사기』에 의하면 포상팔국이 공격해온 것은 209년이고, 3개국이 갈화성을 공격한 것은 3년 후인 212년으로 되어있다. 그런데 『삼국유사』에 의하면 212년에 포상팔국이 구야국을 공격해 왔고, 그 3년 후인 215년에 3국이 갈화성을 공격한 것으로 되어 있다. 두 사서의 시점 차이는 3년의 차에 불과해 그리 문제될 것은 없다. 더 큰 문제는 두 사서에 나오는 3세기 초의 기년을 조정해야 한다는 견해가 많다는 점이다. 두 사서의 기년을 그대로 받아들여 3세기 초에 일어난 사건으로 보는 견해도 일부 있긴 하지만, 3세기 말~4세기 초로 조정해 보는 견해가 유력하다. 심지어는 6세기 중엽 내지 7세기 초로 내려보는 견해도 있다. 필자는 이중 4세기 전반에 일어난 사건으로 본 다수설이 타당하다고 본다.

② 신라왕은 태자(혹은 왕손) 우로(혹은 나음) 등에게 군사를 이끌고 가서 구원하게 하여 8국의 군대를 패퇴시켰다.
③ 3년 후에 3개 국가가 다시 군사를 동원하여 갈화성(지금의 울산)을 공격하자, 신라왕이 직접 군사를 이끌고 나가 패퇴시켰다.

'포상팔국'이란 '포구 상에 위치한 8개 국가'라는 의미이다. 이중 골포, 칠포, 고사포, 보라국, 고자국, 사물국 등의 실명이 나오고 있는데, 고사포와 고자국은 동일 국가로 간주되므로, 모두 5개 국가의 이름만을 알 수 있다. 이중 현 지명에 비정할 수 있는 국가는 골포국=합포(마산), 고자국=고성, 사물국=사천 등 3개 국가이다. 이들 3개의 국가들은 모두 금관국의 서쪽에 위치한 포구국가들인데, 나머지 5개 국가도 금관국의 서쪽에 있었을 것으로 보인다. 그렇다면 금관국 이서(以西)에 위치한 8개의 포상국가가 금관국에 대하여 반기를 들었다고 할 수 있다.

이들이 금관국에 반기를 든 이유와 배경에 대한 설명은 『삼국사기』나 『삼국유사』에는 전혀 나오지 않지만, 굳이 추론해 보자면 '동남해 연안해로'를 둘러싸고 신라와 금관국이 밀월 관계를 형성하는 것에 대한 반발로 볼 수 있지 않을까 한다. 이를 다음과 같이 부연 설명할 수 있다.

① 신라는 동해안을 통해 북방의 문물을 도입하여 이를 남해안의 금관국을 통해 왜로 공급하는 방식으로 '동남해 연안해로'를 운영한다.
② 금관국 이서에 위치한 포상팔국은, 이제까지 가야의 맹주국으로 받들어 오던 금관국에 배신감을 느껴 반기를 든다.
③ 금관국은 즉각 신라에 구원을 요청하였고, 신라는 군대를 발동하여 이들을 패퇴시킨다.
④ 3년 후에 3개 국가가 다시 군사를 일으켜 이번에는 갈화성을 공격하니, 신라가 이들을 패퇴시킨다.

여기에서 3개 국가가 3년 후에 공격한 곳이 다름 아닌 '갈화성'이었다는 점이 이 사건의 성격을 이해하는데 중요하다. 『삼국유사』에서 밝히고 있듯 갈화성은 오늘날 울산지역에 있던 요새지였다. 이곳은 신라가 탈해왕 때 남해안 가야사회로 진출하는 거점으로 활용하기 위해 복속시켰던 우시산국이 있었던 곳이기도 하다. 그렇다면 갈화성은 신라와 금관국을 이어주는 가장 중요한 거점이었던 곳이다. 따라서 3국이 이곳 갈화성을 공격한 것은 신라와 금관국의 관계를 차단하기 위한 것으로 볼 수밖에 없다.

『삼국사기』에 의하면 포상팔국의 난이 일어나기 8년 전에 금관국은 이미 신라에 사신을 보내 화친을 요청한 적이 있었다. 이는 금관국과 신라의 밀착 관계를 엿보게 하는 기사로서, 포상팔국이 금관국에 반기를 들게 된 배경을 이해하는 단서를 제공한다. 당시 가야의 맹주국인 금관국은 신라에 의존하여 자신의 생존만을 추구하여 가야의 여타 국가들을 소외시켰던 것이고, 이것이 그 이서(以西)에 위치한 포상국가들을 자극시켜 금관국을 무력 공격하게 하는 최악의 사태로 치닫게 했던 것이다.

결국 다음과 같이 요약할 수 있다. 4세기 전반 신라는 '서남해 연안해로'가 경색된 틈을 타고 '동남해 연안해로'를 주도적으로 운용하여 '북방-신라-금관국-왜'로 이어지는 새로운 문물교류체계를 확립하였다. 그리고 그 과정에서 불만을 품고 격렬하게 저항한 '포상팔국의 난'을 무난히 진압하여, 가야사회에 영향력을 확대해 갔다.

『일본서기』의 수인기(垂仁紀)와 중애기(仲哀紀), 그리고 신공기(神功紀)의 초기 기사를 보면, 신라의 풍요로움을 극찬하는 대목이 집중적으로 나온다. 신라 왕자 천일창이 왜에 7가지 진귀한 물품을 바친 것을 시작으로 하여, 신라를 '보물이 많은 나라', '눈부신 금과 은과 비단이 많은 나라', '재물이 많은 보배로운 나라', '미녀의 눈썹과 같은 금·은이 많은 눈부신 나라' 등으로 극찬하고 있다. 이는 4세기 전반기 '동남해 연안해로'를 통해서 북방의 진귀한 물목을 다량 확보하여 공급해주었던 신라에 대한 동경의 심정을 표현한 것으로 생각된다.

Ⅳ. 신라의 '동남해 연안해로' 사수(死守) 노력

1. '동남해 연안해로'의 쇠퇴와 신라의 퇴락

4세기 후반에 접어들면서 그동안 경색되었던 '서남해 연안해로'가 다시 활기를 띠기 시작하였다. 이를 주도한 국가는 백제였고, 주도한 이는 근초고왕이었다.

먼저 백제는 366년 가야의 탁순국을 통해서 바다 건너 왜와 관계를 열고 '서남해 연안해로'를 통한 교류를 본격화해 갔다. 이것이 신라를 조급하게 만들었던 모양이다. 신라는 백제를 견제하기 위해 367년 백제의 배를 약취하여 마치 자국의 배인 것처럼 위장하여 화물을 왜에 제공하려다가 발각되는 어이없는 사건을 일으키기도 하였다. 이 사건은 왜로 하여금 신라를 불신하게 하였고, 백제를 새로운 교역의 상대로 삼게 하는 계기가 되었다.

백제는 369년에 가야의 7국[비자발, 남가라, 탁국, 안라, 다라, 탁순, 가라]을 위협하여 친백제세력으로 포섭하고, 백제에 저항하는 서남해의 중심 포구세력인 침미다례[해남 송지면 군곡리]를 무력으로 제압하여 '서남해 연안해로' 상의 주요 포구를 거점으로 확보하였다. 그리고 371년에는 평양성 전투에서 고구려의 고국원왕을 전사시키는 대승을 거두어 고구려를 제압하였고 372년에는 동진과 국교를 개설함으로써, '동진-백제-가야-왜'로 이어지는 '서남해 연안해로'의 새로운 주도세력으로 부상하였다.

『일본서기』 신공기 후반기의 기사를 보면 이제까지 신라를 극찬하던 논조가 갑자기 반전되어 신라를 공공의 적으로 돌리고 백제와 함께 신라를 무력 공격하는 내용으로 채워지게 된다. 369년의 신라 정토 기사가 그 대표적인 예이다. 반면 백제에 대해서는 예컨대 "백제국은 하늘이 보내주신 것이지 사람에 의한 것이 아니다. 백제왕이 보내온 완호물과 진귀한 물건 등은 이전에 없던 것들이다."라고 하는 등 극찬 일색의 내용으로 장식된다.

『일본서기』의 이러한 분위기 반전은 4세기 후반의 변화된 국제환경이 반영된 것이다. 이 시기에 신라가 주도하던 '동남아 연안해로'의 기능은 현저히 축소되어 갔던 반면에, 백제는 '서남해 연안해로'를 통해 중국 선진문물을 다량 확보하여 왜 등에 공급하는 역할을 인상적으로 수행해 가기 시작했던 것이다. 결국 동아시아의 중심 해로인 '서남해 연안해로'가 회복됨에 따라 보완적 해로에 불과한 '동남해 연안해로'는 쇠퇴할 수밖에 없었고, 그간 '동남해 연안해로'를 주도해온 신라의 퇴락은 어쩔 수 없는 일이었다.

신라는 왜와 가야로부터도 버림받고 고립무원의 외로운 처지로 전락하였고, 자연히 백제에 의해 제압당하여 재기를 노리고 있던 고구려에 접근하여 활로를 모색하게 된다. 신라의 내물왕은 381년에 고구려의 주선으로 전진(前秦)에 사신 위두(衛頭)를 파견하여 국제무대에 데뷔하였는가 하면, 392년에는 실성(實聖)을 고구려에 질자로 보내 양국의 우호관계를 강화하였다.

그러나 신라의 고구려 접근은 점차 고구려에 대한 종속 관계로 변해 갔다. 400년에 백제와 왜의 공격을 받은 신라가 고구려에 원군을 요청하자, 고구려 광개토왕은 4만의 군대를 파견하여 백제와 왜의 군대를 몰아낸 후에 일부의 군대를 신라와 가야에 주둔시켜 영향력을 행사하였다. 401년에 내물왕이 죽자 자국에 질자로 와있던 실성을 귀국시켜 왕위에 오르도록 영향력을 행사하는 등 신라에 대한 내정 간섭까지 하기에 이르렀다.

실성왕은 고구려의 영향력에서 벗어나야 할 필요성을 느끼고, 외교관계의 다각화를 시도하였다. 먼저 402년에 내물왕의 아들 미사흔을 왜에 인질로 파견하여 왜와의 관계 개선에 나섰다. 그러나 외교관계의 다각화를 실현하기는 아직은 역부족이었다. 왜와의 관계 개선을 이루지도 못하였고 고구려의 압력이 가중되는 상황에 처할 수밖에 없었다. 결국 고구려의 압력에 굴복하여 412년에 내물왕의 또 다른 아들 복호를 고구려에 질자로 보낼 수밖에 없었다.

실성왕이 내물왕의 두 아들 미사흔과 복호를 각각 왜와 고구려에 질자로 보낸 것은 외교의 목적에서만이 아니었다. 자신을 고구려에 질자로 보낸 내물왕의 세력을 견제하고자 하는 목적도 있었다. 마침내 실성왕은 내물왕의 장남인 눌지마저 고구려에 질자로 보내 제거하려 하였다. 그러나 고구려는 실성왕에 대해 의구심을 품고 있던 터에 이를 역이용하여 실성을 제거하고 눌지를 귀국시켜 왕위에 오르게 하였다. 신라는 왕위의 승계마저 고구려에 의해 좌지우지되는 보호국으로 전락하고 말았다. 이제 고구려의 종속에서 벗어나 독립적 국가를 회복하는 일이 신라에게 주어진 최대의 과제가 되었다. 눌지왕은 동해안을 사수하는 것에서 그 돌파구를 찾았다.

2. 신라의 동해안 진출 및 사수(死守) 노력

신라의 눌지왕은 고구려의 종속에서 벗어나기 위해 고구려에 질자로 가 있던 동생 복호를 탈출시킬 것을 강구하였고, 충성스런 신하 김제상[18]은 그 뜻을 받들어 복호를 탈출 시키는데 성공하였다. 그 탈출 루트가 바로 동해안 해로였다. 앞서 신라와 고구려 사이에 진행되었던 일련의 교섭 역시 동해안을 통해서 이루어졌을 가능성이 크다. 복호(보해)[19]가 탈출한 과정은

---

18 제상은 『삼국사기』에서는 박씨로, 『삼국유사』에서는 김씨로 성씨가 달리 나오고 있는데, 여기서는 편의상 김제상이라 부른다.
19 『삼국사기』에서는 '복호'로, 『삼국유사』에서는 '보해'로 칭하고 있는데, 여기에

다음과 같이 『삼국유사』에 자세히 전한다.[20]

> 제상이 (눌지)왕으로부터 명을 받고 바로 변복하고 북해(北海)의 길을 통하여 고구려에 들어갔다. 보해(복호)가 있는 곳에 가서 함께 도망할 날짜를 약속하고 먼저 5월 15일에 고성(高城)의 수구(水口)에 와서 기다렸다. 기일이 가까워지자 보해가 병을 칭하고서 수일 동안 조회에 나가지 않다가 밤중에 도망해 나와 고성 해변에 이르렀다. 고구려왕이 이것을 알고 수십인을 시켜 뒤쫓아 고성에 이르렀으나 보해가 고구려에 있을 때 항상 상종하던 사람들에게 은혜를 베풀었으므로 그 군사들이 불쌍히 여겨 모두 화살촉을 빼고 쏘았다. 그래서 드디어 살아 돌아왔다.(『삼국유사』내물왕김제상조)

눌지왕은 즉위 후에 고구려와 왜에 질자로 가있는 동생들의 송환을 김제상에게 부탁했고, 제상은 왕명을 받들어 우선 복호의 고구려 탈출 작전을 실행에 옮겼다. 김제상은 '북해의 길'을 통해서 고구려에 잠입하여, 고성 수구를 통해서 탈출에 성공하였다. 고성 수구란 오늘날 강원도 고성에 있던 포구를 의미하는 것으로, 김제상의 고구려 잠입과 탈출은 곧 동해안 해로를 통해서 이루어진 것을 알 수 있다.

그런데 김제상에 의한 복호 탈출작전은 고구려의 의사에 반하여 감행된 것이었다. 따라서 이것이 그간 신라와 고구려 사이에 불안하게 유지해왔던 평화관계의 파경을 가져올지도 모를 일이었다. 과연 두 나라 사이의 첫 충돌이 눌지왕 대에 동해안에서 일어났다. 450년 동해안 실직(삼척)에서 사

서는 '복호'로 통칭한다.
20 『삼국사기』에는 제상이 고구려왕을 설득하여 복호의 귀국을 허락받은 것처럼 되어 있지만, 위에 인용한 『삼국유사』에는 제상이 기지를 발휘해 복호와 함께 탈출한 것으로 되어 있어, 차이를 보이고 있다. 『삼국유사』의 내용이 실상에 가깝다고 여겨진다.

냥하고 있던 고구려의 변장을 하슬라(강릉)의 성주가 살해한 사건이 터진 것이다. 고구려왕은 신라에 사신을 보내 이에 강력 항의하여 보복 침략을 거론하기까지 하였고, 신라는 이에 사죄하였다.

여기에서 먼저 주목해야할 것은 고구려 변장이 실직에까지 사냥 차 왔다는 것이다. 고대사회에서 사냥이란 단순한 유희를 넘어서 정세를 탐문하는 성격을 띠는 것이므로, 그의 출행은 동해안의 정세를 탐색하려는 목적이 있었다고 보아야겠다. 또한 하슬라 성주가 고구려 변장을 살해한 사건에 대하여 고구려왕이 강력 항의하고 신라왕이 사죄했다는 점도 주목해야할 대목이다. 이는 하슬라 성주가 이미 신라의 지배 하에 있었음을 고구려와 신라 양측에서 기정사실로 간주하고 있었다는 것을 의미하는 것이다. 그간 신라가 추진해온 동해안 진출과 편제의 노력이 상당한 성과를 거두고 있었던 것이다.

그렇지만 한편으로 그럴수록 동해안에 대한 고구려의 관심은 고조되어 갔고, 동해안에서 양국의 충돌 가능성은 더 높아질 수밖에 없었다. 실제 동해안에서 양국이 충돌한 기사를 『삼국사기』에서 심심치 않게 찾아볼 수 있다.

- 자비왕 11년(468) 봄에 고구려가 말갈과 함께 북변 실직성을 침략하였다. 9월에 하슬라 사람 15세 이상을 징발하여 니하에 성을 쌓았다.
- 소지왕 3년(481) 2월에 고구려가 말갈과 함께 북변에 침입하여 호명 등 일곱 성을 취하고 미질부로 진군하므로, 아군은 백제·가야의 구원병과 함께 길을 나누어 막았다. 적이 패해 물러가므로 추격하여 니하 서쪽에서 파하여 천여 급을 참수하였다.

고구려는 동해안 '예 사회'의 일원인 말갈과 함께 동해안에 대한 침략을 잇따라 감행해 왔다. 468년에는 실직성(삼척)을 침략했고, 481년에는 미질부(흥해)에까지 침입하였다. 이에 대하여 신라는 하슬라(강릉) 사람들을 동원하여 인근 요충지인 니하에 성을 쌓아 방비했고, 백제·가야와 공조하여 니하에서 고구려군을 격파하기도 하였다.

신라가 니하에 성을 쌓는데 하슬라 사람들을 동원했다는 것은 강릉지역에 대한 신라의 지배가 상당히 안정적으로 이루어지고 있었음을 보여준다. 고구려도 나름 신라의 동해안 지배체제를 무너뜨리기 위해 '예 사회'의 일원인 말갈까지 동원하여 침략을 감행했으나 성공을 거두지는 못하였다. 신라는 동해안지역을 서서히 장악하고 이를 성공적으로 사수해 가고 있었다. 그렇지만 그 동해안의 불안정성은 여전히 가시지 않은 채 남아 있었다.

V. 신라의 '동남해 연안해로' 장악과 이사부

1. 신라의 동해안 진출과 우산국 정벌

신라의 동해안 진출은 지증왕 대에 본격화된다. 6세기 시작과 함께 왕위에 오른 지증왕은 503년 새롭고 획기적인 국가발전의 비전을 제시한다. '덕업일신'(德業日新, '덕업으로 날로 새롭게 한다')을 내치(內治)의 비전으로 삼고, '망라사방'(網羅四方, '사방으로 진출하여 망라한다')을 외치의 비전으로 삼았다. 그리고 '덕업일신'에서 '신'자를 따고, '망라사방'에서 '라'자를 따서 국호를 '신라'로 정하고, 그 국호 '신라'에 국가발전의 비전을 담아냈다.

지증왕은 '망라사방'의 외치 비전을 동해안에서 처음 실행에 옮겼다. 504년 동해안 방면에 대대적인 축성을 실시하여 고구려의 침략에 대비하는 한편, 505년에는 실직주를 설치하고 이사부를 그 군주로 파견함으로써 동해안 진출에 적극 나서게 하였다. 이 시기의 '주(州)'는 중앙의 최고 정예 군단인 정(停)을 주둔시킨 군사적 거점을 의미했고, 주의 군주(軍主)는 정군단을 총지휘하는 군사령관에 해당하였다.

실직(삼척)은 이미 1세기에 신라가 복속시켰던 곳으로, 450년에 고구려의 변장이 사냥 차 왔다가 하슬라 성주에게 피살당해 고구려와 신라 사이에 긴장감을 조성한 곳이기도 하다. 그만큼 실직은 전략적 가치도 높은 곳으로 신라가 일찍부터 중시하였다. 지증왕이 505년 이곳에 최초의 주('실직주')를 설치하고 이사부를 군주로 삼아 파견했던 것은 실직의 이러한 전략적 가치를 평가하여 동해안 진출의 첫 군사 거점으로 삼은 것이었다.

이후 실직주는 512년에 하슬라주(강릉)로 옮겨졌고 이사부가 하슬라주 군주로 다시 임명되었다. 그리고 이사부는 곧바로 우산국을 공격하여 복속시켰다. 신라의 우산국 복속은 동해안의 중심 섬인 울릉도를 점령하여 동해의 제해권을 장악하는 계기가 되었다는 점에서 중대한 의미를 갖는다. 『삼국사기』는 이사부의 우산국 복속 과정을 다음과 같이 소개하고 있다.

> 지증왕 13년(512) 6월에 우산국이 항복하여 해마다 토산물을 조공으로 바쳤다. 우산국은 명주(강릉)의 정동 쪽에 있는 섬으로서 혹은 울릉도라 한다. 사방이 100리로 지형이 험한 것을 믿고 복속하려 하지 않았다. 이찬 이사부가 하슬라주 군주가 되어 말하기를 "우산국 사람들은 어리석고 사나워서 위협으로 복속시키기 어려우니 계략으로 항복시키는 것이 좋겠다."하고, 나무사자를 많이 만들어 전선에 나누어 싣고서 우산국 해안에 이르렀다. 속여서 이르기를 "너희가 만약 항복하지 않으면 이 맹수들을 풀어 모두 밟아 죽이겠다." 하니, 우산국 사람들이 바로 항복하였다.

이에 의하면 우산국은 해마다 바치던 공물을 바치지 않았고, 이것이 이사부 정벌의 직접 원인이 되었다고 한다. 고대사회에서 공물의 진상은 곧 복속을 의미했고, 이를 거부하는 것은 적대하겠다는 의사표시로 간주되곤 하였다. 이사부가 우산국 정벌을 감행한 것은 동해안의 최대 해양세력인 우산국의 적대행위를 종식시키고 여전히 불안정한 동해안의 '예 사회'를 통제함으로써, 육상과 해양을 망라하는 동해안의 교통로를 장악하기 위해서였다. 물론 고구려의 동해안 진출 의지를 차단하려는 의도도 작용했을 것이다.

동해안에서 우산국이 차지하는 중요성은 굳이 강조할 필요 없이 지대하다. 『삼국사기』는 우산국 사람들이 매우 우매했던 것으로 묘사하고 있는데, 이는 정복자 신라의 생각일 뿐일 수 있다. 우산국의 실상은 어땠을까? 믿을만한 문헌자료가 전무한 상황에서 울릉도에 전해오는 다음의 설화는 당시 우산국의 중요성과 함께 우산국 사람들의 실체를 짐작하는데 도움이 될 수 있다.

우산국이 왕성했던 시절은 우해왕이 다스릴 때였다. 왕은 기운이 장사요 신체도 건장하여 바다를 마치 육지처럼 주름잡고 다녔다. 우산국은 작은 나라지만 근처의 어느 나라보다 바다에서는 힘이 셌다. 당시 왜구는 우산국을 가끔 노략질 하였는데, 그 근거지는 주로 대마도였다. 우해왕은 군사를 거느리고 대마도로 가서 대마도의 수장을 만나 담판을 하였고, 그 수장은 앞으로 우산국을 침범하지 않겠다고 맹세하였다. 우해왕은 대마도를 떠나올 때 그 수장의 셋째 딸인 풍미녀를 데려와서 왕후로 삼았다.

우해왕은 풍미녀를 왕후로 삼은 뒤 선정을 베풀지 않았을 뿐 아니라 사치를 좋아하였다. 풍미녀가 하는 말이면 무엇이건 들어주려 하였다. 우산국에서 구하지 못할 보물을 풍미녀가 갖고 싶어 하면, 우해왕은 신라에 사람을 보내어 노략질 해오도록 하였다. 신하 중에서 부당한 일이라고 항의하는 자가 있으면 당장에 목을 베거나 바다에 처 넣었다.

백성들은 우해왕을 두려워하게 되었고 풍미녀의 사치는 도를 더해갔다. 민심이 땅에 떨어졌다. 신라가 쳐들어오리라는 소문이 있다는 보고를 하는 신하는 바다에 던져졌다. 왕의 마음을 불안하게 하는 자는 모두 죽였다. 이를 본 신하들은 왕을 가까이 하지 않으려 하였다. 풍미녀가 왕후가 된 지 몇 년 만에 우산국은 망하였다.(울릉문화원, 『울릉문화』2, 1997)

이 글은 비록 설화이기는 하지만 이야기가 매우 구체적이어서 상당한 역사성도 내포하고 있다고 생각한다. 우산국의 우해왕이 동해의 제해권을 장악하여 대마도까지 제압했다는 내용이 인상적이다. 우산국은 '어느 나라보다 바다에서 힘이 셌고', 우해왕은 '바다를 육지처럼 주름잡고 다녔다'고 한다. 그는 대마도 수장과 담판 짓고 그 수장의 딸 풍미녀와 혼인을 하여 해양세력 간의 연합을 시도하기까지 했다는 것이다. 풍미녀의 사치와 이를 맹목적으로 충족시켜 주려 했던 우해왕의 실정이 우산국 멸망의 원인이 되었다는 설정도 상당한 개연성을 내포한다.

이렇듯 바다의 강자 우산국이 신라의 공격에 쉽게 굴복하려 하지 않았다는 것은 당연한 일이다. 『삼국사기』에서 이사부가 나무사자의 속임수를 동원해서야 우산국을 겨우 굴복시킬 수 있었다고 한 대목도 이를 반영한다. 그런데 우산국이 신라와 최후 결전을 벌였다는 흥미롭고도 생생한 이야기가 울릉도에 설화로 전해오고 있다.

골개 포구에 사자바위라는 바위가 있고, 그 옆에 사자굴이 있으며, 사자바위를 굽어보는 투구처럼 생긴 투구바위가 있다. 또 국수를 널어놓은 것 같이 보이는 국수바위가 있고, 국수바위에서 태하로 가는 도중에 나팔봉이 있다. 여기 있는 사자바위, 투구바위, 나팔봉은 모두 우산국의 최후를 전해주는 바위이고 지명이라고 한다.

우산국의 우해왕은 대마도에서 풍미녀를 데리고 와서 왕후의 자리에 앉히고부터는 나라 일을 돌보지 않고 풍미녀의 마음에 맞게 사치하는 데만 정신을 팔았다. 딸을 낳아 별님이라 이름 지어서는 왕후와 딸의 사치를 위해서 사는 왕이 되어버렸다. 왕후와 딸의 사치를 위해서 산라에까지 가서 노략질을 해오도록 하였다. 노략질을 당한 신라 백성들은 우산국을 토벌해 달라고 신라왕에게 호소하였다.

신라왕은 강릉의 벼슬아치 이사부로 하여금 군사를 이끌고 우산국을 쳐서 노략질을 하지 못하도록 하라는 명령을 내렸다. 이사부는 모든 준비를 하고 우산국으로 왔다. 하루는 어디선가 나는 나팔 소리가 우해왕에게 들렸다. 바다를 바라보니 바다에는 갈매기떼 모양의 돛단배가 우산국을 향하여 오고 있었다. 신라의 군사를 이끈 이사부의 군대였다. (중략)

우해왕의 배가 맨 앞에 섰다. 우산국의 군사는 바다에서는 물거미처럼 자유자재로 다니면서 싸웠다. 신라의 군사는 우산국에 상륙도 못하고 쫓겨갔다. (중략) 이사부는 소문을 내어 우산국을 칠 묘한 꾀를 널리 모았다. 그리고 다시 군사를 이끌고 우산국을 쳐들어 왔다.

한편 우산국에서도 신라 군사가 쫓겨갔으나 다시 쳐올 것을 예측하고 군사훈련을 게을리 하지 않았다. 신라군의 배에는 이상야릇하게 덮어씌운 물건들이 실려 있었다, 이것이 무엇을 하는 것인가를 아는 사람은 대장들밖에 없었다. (중략)

이상한 물건으로 덮었던 것은 사자였다. "항복하지 않으면 이 사자들을 풀어 놓겠다" 하고 일제히 사자를 보였다. 신라군의 배에 탄 사자의 입에서 일제히 불이 두어 길씩 튀어나왔다. 우산국의 군사는 사기가 죽었다. (중략) 우산국 측은 큰 백기를 투구바위에 올렸다. 나팔봉에서는 항복하는 나팔을 불었다. (중략)

이사부는 이렇게 우해왕의 항복을 받았다. 우해왕은 앞으로 우산국의 칭호와 왕의 칭호를 쓰지 않을 것, 울릉도는 신라의 땅으로 강릉군수의 지배를 받을 것, 노략질을 하지 않을 것, 오징어를 조공으로 바칠 것 등을 약속하였다. 이사부는 신라의 큰 공로자가 되었고, 위대한 장군이 되었다. 우산국은 망했고 우해는 가난한 어부가 되었다. 신라의 군사들은 제각기 울릉도의 향나무며

울릉도의 사자바위, 투구바위

돌들을 기념품으로 가져갔다.
이사부는 사자 한 마리를 바닷가에 던졌다. 알고 보니 나무로 만든 사자였다. 그 사자 입에서 불이 튀어나오게 꾸몄던 것이다. 우산국 사람들은 그 꾀에 속아 항복한 것을 분하게 여겼지만 때는 늦었다. 그 때 두고간 사자가 굳어진 것이 이금의 골개 앞의 사자바위라는 전설이 있다. 투구바위, 나팔봉 등의 이름도 이 때 생긴 것이라 한다.(제보자 : 최태식, 울릉도 통구미, 1971)

이 설화는 해양세력 우산국의 위력을 더욱 실감있게 전해주고 있다. 이사부의 나무사자가 불을 뿜었다는 등의 흥미로운 이야기들이 덧붙여 있다. 설화에 나오는 골개는 울릉도 남서부의 오늘날 남양동과 그에 인접한 남서동을 지칭하는데, 우산국의 성읍이 자리 잡았던 곳으로 추정되고 있다. 이곳에서는 신라고분이 다수 확인되기도 하였다. 그런 곳에 사자바위, 투구바위, 나팔봉 등의 이름이 우산국의 멸망과 결부하여 전한다는 것은 흥미로운 일이 아닐 수 없다.

어쨌든 신라는 505년에 군사기지인 실직주를 삼척에 처음 설치했고, 이를 강릉의 하슬라주로 옮겨갔으며, 이어 동해 울릉도의 우산국을 정복함으로써 해양과 육상을 섭렵하는 동해안에 대한 주도권을 장악하게 되었다. 신라의 동해안 진출과 장악은 지증왕이 기획한 '망라사방'의 비전에 따라 이사부가 군사작전을 성공적으로 실행하여 얻은 성과였다. 이 과정에서 신라는 동해안에 대한 고구려의 위협을 저지시켰고, 왜구의 동해안 노략을 근절시켰다. 그 결과 동해안 방면에서 고구려 및 말갈과의 충돌 기사가 496년을 끝으로 보이지 않게 되었고, 동해안에서 극성을 부리던 왜구의 해양 침략 기사 역시 소지왕 22년(500)을 끝으로 전혀 보이지 않게 되었다.

2. 신라의 남해안 진출과 가야 병탄

신라는 이사부를 앞세워 동해안의 '예 사회' 뿐만 아니라 동해의 중심 해양세력인 우산국까지 제압하여 육상과 해양을 포괄하는 동해안에 대한 주도권을 성공적으로 장악할 수 있었다. 이는 일찍이 2세기 초에 음즙벌국(안강)과 실직곡국(삼척) 간의 분쟁을 틈타 탈해집단(한기부)이 주도하여 시작했던 동해안 진출의 선례를 전범으로 삼아, 6세기 초에 이르러 결실을 맺은 것이다.

신라는 '동해안 진출'과 '남해안을 통한 가야 진출'을 연결시켜 '동남해 연안해로'를 확보하고 이를 장악해 갔다. 2세기 초에 신라가 음즙벌국과 실직곡국을 복속시켜 처음 동해안 진출에 시동을 걸었을 때 가야의 금관국이 개입했던 것도 그렇고, 탈해가 금관국 해안에 먼저 들러 수로왕과 다툰 다음에 신라 해안에 이르러 정착하였다는 탈해설화도 '동남해 연안해로'가 전제되어 있다. 6세기에 이르러서도 마찬가지였다. 이사부가 동해안 진출뿐만 아니라 가야 진출까지 총괄했던 것 역시 신라에게 동해안과 남해안은 별개가 아니라 '동남해 연안해로'로 이어지는 양축으로 인식되었던 것을 보여준다.

이사부는 가야 진출을 실행에 옮길 때, 탈해왕 대의 선례를 중요한 역사적 전범으로 삼았다. 일찍이 탈해왕 대에 거도(居道)로 하여금 태화강의 물길을 따라 울산만으로 진출하여 우시산국(울산)과 거칠산국(동래)을 복속시키고 이를 남해안 진출의 거점으로 삼았을 뿐 아니라 낙동강의 황산진구에까지 진출하여 가야와 일전을 벌이기도 했던 것이 그 선례이다. 이러한 사정이 『삼국사기』 거도 열전에 다음과 같이 전한다.

> 지증왕 대에 이사부는 지방의 장관이 되어 거도의 꾀를 답습하여 마희(馬戲)로써 가야를 속여 취하였다.

이사부가 지증왕 대에 지방의 장관이 되었다는 것은 아마도 실직주 군주 혹은 하슬라주 군주에 취임했던 것을 말함이리라. 그렇다면 이사부는 동해안 진출과 함께 남해안의 가야 진출까지 주도했던 셈이 된다. 마희란 일종의 말놀이를 말한다. 이사부는 마희를 벌여 상대 가야인의 긴장을 해소시켜 놓고 가야를 전격 공격하여 취하는 작전을 폈던 것인데, 이는 멀리 탈해왕 대에 거도가 우시산국와 거칠산국을 복속시킬 때 썼던 작전을 따랐다는 것이다. 우시산국과 거칠산국이 신라가 가야로 진출하는 교두보였다는 점을 염두에 두면, 거도의 마희를 답습했다는 것은 곧 이사부가 가야 진출을 결행하면서 거도의 선행 업적을 전범으로 삼았음을 보여주는 것이다.

한편 『일본서기』에 의하면, 이사부(伊叱夫禮智干岐)가 529년(법흥왕 16)에 금관, 배벌, 안다, 위타 등 가야의 4개 촌을 공략하고, 그 주민들을 데리고 신라로 돌아갔다는 기사도 보인다. 그런데 그 3년 후인 532년에 금관국이 신라에 투항해 왔으니, 이사부의 가야 4개 촌 공략이 금관국 투항의 배경이 되었다고 할 수 있다. 이사부가 공략했다는 가야 4개 촌은 낙동강 서안의 금관가야 근처에 위치한 것으로 추정되고 있다.

이후 신라는 진흥왕 대에 가야의 여러 나라들을 완전 통합하여 신라 영역으로 편제하였다. 가야와의 최후 결전은 진흥왕 23년(562)에 있었다. 이때 대가야가 반기를 들자 이사부가 사다함과 함께 대가야 토벌을 주도했다 한다. 동해안의 주도권을 장악한 이사부가 남해안을 통해 가야 병탄의 마지막 방점을 찍었다 하니, 이사부야말로 신라의 '동남해 연안해로' 주도권을 완성시킨 장본인이라 해도 과언이 아니다.

3. 신라를 변화시킨 가야 해양문화의 힘

연안해로를 통해 동아시아 여러 나라들 사이에 인적·물적 교류가 활발히 진행되고 있던 그 시대에 가야사회는 항상 중요한 위치를 점하였다. 특히 낙동강 하구의 김해평야에 위치한 금관가야는 동아시아 문물교류의 허브 역할을 담당하였다.

남해안 일대에 들어서 있던 가야의 많은 도시국가들은 마치 그리스의 폴리스를 연상시키듯 서로 선의의 경쟁을 벌이며 다양한 선진 문화를 수용하였다. 왜국(倭國)으로 통하는 관문에 위치하고 있어 왜와 연결해주는 문화적 가교 역할까지 충실히 수행하고 있었다. 따라서 이러한 활발한 문화교류의 현장에 살고 있던 가야인들 사이에는 자연히 선진 문물과 새로운 보편 이념이 널리 퍼져갔다.

반면 한반도 동남쪽 모퉁이에 위치한 신라는 동아시아의 중심 해로인 '서남해 연안해로'에서 벗어나 있어 국제 해양교역체계에서 소외된 채로 '골품제'로 상징되는 폐쇄적인 사회체제를 유지하는 경향이 농후하였다. 신라의 주된 관심사는 주로 정치적인 결집력을 키워서 주변의 세력집단을 군사적으로 복속시키는데 집중되고 있었다.

그런데 역사의 결과는 정치적 결집력을 추구한 신라가 문화의 개방성과 다양성, 그리고 보편성을 추구한 가야를 압도하여 통합하는 것으로 돌아갔다. 일단 결집된 정치 군사적 힘의 논리가 문화의 다양성을 압도한 것이었다. 그러나 문화의 힘은 다음 단계에 조용히, 그렇지만 끈질기게 발휘되곤 하는데, 가야의 문화 역시 신라사회를 조용히 변화시켜 신라의 지배 문화로 자리잡아 갔다.

　6세기에 접어들면서 신라는 대팽창의 시대를 맞는다. 특히 법흥~진흥왕 대의 영토 확장 정책은 괄목할만한 것이었다. 동해안을 따라 원산만 지역에까지 진출하고, 가야의 여러 나라를 완전 복속시켰는가 하면, 한강하류에까지 진출하는 쾌거를 일구어 냈다. 흔히 신라가 통일의 위업을 달성하게 된 원동력을 한강하류의 확보에서 찾고자 하는 것이 일반적이지만, 가야 제국의 통합 역시 그에 못지않은, 아니 오히려 더 강력한 동력으로 작용했음을 간과해서는 안된다. 특히 법흥왕 19년(532)에 김해의 금관가야를 통합한 것은 신라에게 동아시아 해양 문화교류의 네트워크에 본격 동참할 수 있는 계기를 마련해 주었다는 점에서 크게 주목해야할 일이다.

　낙동강 하구에 위치한 김해지역은 중국과 한반도, 그리고 일본열도의 다양한 문물이 집산하는 해양교류의 중요 거점에 해당되는 곳이므로, 일찍이 주변 국가들은 이 지역의 장악을 호시탐탐 노려오던 터였다. 그런데 이런 김해의 금관가야를 신라가 점령했던 것이고, 더 나아가 금관가야의 왕실 구성원들[김유신 가문]까지 완전 흡수하였다. 이는 이후에 해양 주도권의 방향을 신라에게 유리한 쪽으로 전환시키는 일대 분수령이 되었다. 즉 신라는 이를 계기로 진흥왕 대에 여타의 가야 제국에 대한 통합을 마무리 짓고, 한강하류지역에까지 진출하여 중국과 직접 통하는 또 하나의 해양 교두보를 확보할 수 있었다. 말하자면 신라의 가야통합은 신라를 개방사회로 이끌어낸 기폭제가 되었다.

　개방적이고 다양한 문화에 익숙해져 있던 가야사회는 보편적 가치를 추구하는 많은 지성들을 배출하였다. 신라에 통합된 후에, 이들은 신라에 수혈되어 신라사회의 체질을 근저에서부터 변화시켰다. 이른바 '젊은 피'였다. 김유신과 강수, 그리고 우륵 등이 그들이었다.

　금관가야 왕실의 후예 김유신 가문은 신라사회에 편입된 후에 주로 대외 정복활동에 참여하여 혁혁한 전공을 세우면서 신라 신귀족의 대열에 합류하였다. 그렇지만 그 과정에서 신라의 보수 귀족들의 견제 역시 만만치 않았으며, 이를 극복하기 위한 김유신가의 노력은 눈물겨운 바가 있었다. 예를 들어 김유신의 부친인 서현이 상대 가문의 결사적인 반대를 무릅쓰고 신라 왕족 숙흘공의 딸 만명과의 결합을 결행했던 것이라든가, 유신이 자신의 누이동생 문희를 역시 신라 왕족의 일원인 김춘추와 맺어주기 위해 노력한 자취들이 이를 반영한다.

김유신 가문과 김춘추 가문의 결합은 가야의 '젊은 피'를 신라사회의 깊은 곳에 침투시켜 신라사회를 변화시키는 계기를 마련하였다. 개방적이고 다양한 문화를 추구하고 보편적 가치를 지향하는 사회로 변화시키는 결정적 계기가 되었던 것이다. 김유신 가문의 개방적 성향을 지지했던 김춘추는 그 스스로가 고구려와 왜와 당 등에 외유하면서 다양한 문화를 접하고 개방 개혁의 마인드를 더욱 견고히 하였다. 이 과정에서 김유신과 김춘추의 환상적인 역할 분담은 보수적인 구귀족을 퇴출시키고 신라사회의 체질을 성공적으로 변화시키는 원동력이 되었다. 이들은 동아시아가 하나의 문화권으로 묶여가던 격동의 시대에 새로운 보편적 정치이념으로 떠오른 위민(爲民)의 이념을 제시하고 실천함으로써, 신라를 결국 통일의 길로 이끌었던 것이다.

강수는 학술 분야에서 신라를 변화시킨 '젊은 피'였다. 강수는 어렸을 적 그의 부친으로부터 하고 싶은 학문 분야에 대한 질의를 받고서, 세상 밖의 가르침을 전하는 불도(佛道)보다는 세상 안의 이치를 가르치는 유도(儒道)를 배우고 싶다고 답변한 바 있다. 이는 당시의 가야인들이 어려서부터 원하는 바에 따라 불교나 유교의 가르침을 가학(家學)으로 익혔던 것이 일반적이었음을 보여주는 것이다. 따라서 강수가 통일전쟁의 과정에서 구구절절 상대방의 의표를 찌르는 문체로 외교문서를 작성하여 삼국 통일의 윤활유가 되었던 것은 다양성과 보편성을 추구한 가야문화의 저력을 보여주는 것이라 할 것이다.

우륵은 예술문화의 분야에서 신라를 변화시킨 '젊은 피'였다. 그는 편벽된 신라의 예술문화를 보다 보편적인 방향으로 승화시킨 선진 문화의 전도사였다. 진흥왕이 가야 통합을 완료한 후에 가야의 악사(樂師) 우륵을 충주의 국원경(國原京)에 안주하게 하고, 신라인 세 사람을 보내 그의 음악을 전수 받도록 한 것은 이러한 우륵의 보편적 예술 세계를 인정했기 때문이다. 그리하여 우륵의 음악은 신라 문화계의 거센 반발에도 불구하고 신라의 대악(大樂)으로 자리잡았다.

김유신과 강수와 우륵은 수많은 가야계 지성들 중에서 사서에 특필된 몇 안되는 저명한 사례에 불과하다. 따라서 '신라는 무력으로 가야를 통합했지만, 가야는 그 문화로서 신라를 변화시키고 지배했다'는 주장이 결코 허설(虛說)이 아닐 것이다.

그렇다면 이처럼 개방적이고도 보편적인 가치를 추구하던 지성들이 가야사회에 충만해 있었던 배경은 어디에서 찾아볼 수 있을까? 그것은 바로 가야의 해양문화와 깊은 관련이 있을 것임에 틀림없다. 해양문화란 개방성과 다양성과 보편성을 그 특성으로 하기 때문이다.

4장 통일기 '동아시아 대전'의 발발과 해전

Ⅰ. 신라의 연안해로 장악과 시련

1. 신라의 한강하류 진출과 연안해로 장악

신라의 '동남해 연안해로' 진출은 지증왕 대에 본격 개시되었고 법흥왕 대를 거쳐 진흥왕 대에 완성되었다. 먼저 동해안 방면의 진출은 이사부가 주도했고, 그 성과는 군사기지인 주(州)의 설치와 이동으로 나타났다. 지증왕은 505년에 실직주(삼척)를 설치하여 동해안 진출의 첫 군사 거점으로 삼았다. 그리고 이후 북진의 성과를 바탕으로 512년에 실직주를 하슬라주(강릉)로 옮겼고, 마침내 동해의 해양 거점인 우산국을 복속시키기에 이르렀다. 진흥왕 대에 이르러서는 556년에 하슬라주를 다시 비열홀주(안변)로 옮겨 동해안 진출의 성과를 일단락 지었다.

남해안을 통한 가야 진출은 동해안 진출과 보조를 맞추며 추진되었다. 역시 이사부가 주도하였다. 이사부는 지증왕 대 가야 진출을 처음 시작했고, 법흥왕 대엔 가야 4촌을 공략하기도 하였다. 532년 금관국의 투항은 이사부의 가야 진출의 성과가 이끌어낸 결과였다. 진흥왕 대인 562년에 신라에 대적하던 대가야를 제압하여 가야 병탄을 마무리 한 것도 이사부였다.

진흥왕은 '동남해 연안해로'를 장악한 성과에 만족하지 않고, 동아시아 문물교류의 핵심 통로로 기능해온 '서남해 연안해로'로 관심을 돌리기 시작하였다. '서남해 연안해로'에 대한 관심은 그 해로의 중심 거점인 한강하

옥천의 관산성

류 방면으로 진출하는 것에 집중되었다. 신라의 한강하류 진출과 장악의 과정은 크게 4단계로 진행되었다.

먼저 백제와 공동 작전을 펴서 고구려를 공략하는 단계이다.(1단계) 백제와 신라는 551년 동시에 고구려를 공격하였다. 백제는 앞서 475년에 고구려에게 빼앗겼던 한강하류를 회복하였고, 신라는 죽령을 넘어 강원 내륙지역을 공략 하여 철령 이남의 10군을 점령하였다.

다음에 군사 거점을 설치하여 한강하류 방면으로의 진출을 노리는 단계이다.(2단계) 신라는 553년 오늘날 이천지역에 중앙의 최정예부대를 주둔시켜 남천주(南川州)를 설치하였다. 이는 누가 보든 한강하류로 진출하기 위한 군사거점을 설치한 것이 분명해 보였다. 당연히 백제는 남천주의 철수를 요구했고, 신라는 이를 거절하였다. 결국 554년 백제 성왕은 직접 군대를 거느리고 남천주에 대한 공략에 나섰고, 신라는 이에 맞섰다. 양국 군대는 관산성(충북 옥천)에서 치열한 전투를 벌였다. 이 전투에서 성왕은 신라

북한산신라진흥왕순수비

군에게 생포되어 죽음을 맞았으니, 고구려의 남하 위협에 맞서 433년에 신라와 백제가 맺었던 나제동맹이 120여년 만에 파탄나는 순간이었다. 관산성 전투에 참전한 신라군의 총사령관은 김유신의 할아버지인 무력이었다. '동남해 연안해로' 진출을 주도하던 이사부 시대가 한강하류 진출 과정에서 김유신가문의 시대로 교대되어 감을 느끼게 하는 대목이다.

   그리고 한강하류 지역을 군사적으로 장악하는 단계이다.(3단계) 신라는 557년 남천주를 북한산주(서울 강북)로 옮겨 한강하류에 대한 군사적 장악을 완료하였다. 이로써 신라는 '서남해 연안해로'의 중심 거점인 한강하류를 접수하게 되었고, 이를 이미 장악한 '동남해 연안해로'와 연결하여 한반도의 연안해로 전체를 석권하기에 이르렀다.

   마지막으로 한강하류의 지배를 안정화 하는 단계이다.(4단계) 신라는 이미 동해안을 따라 안변에까지 진출하여 이곳에 비열홀주라는 군사적 거점을 두었고, 한강하류에 진출하여 이곳에 북한산주라는 군사기지를 설치하였다. 그런데 신라와 고구려는 568년에 문득 현상 유지를 약조하는 일종의

'상호불가침협약'을 체결하였다. 고구려는 신라가 확보한 모든 영토를 공인해주고, 신라는 더 이상 고구려를 무력 침략하지 않는다는 것을 보증하는 내용이었다. 이 해에 신라는 최전방의 군사기지인 비열홀주(안변)와 북한산주를 후방인 달홀주(고성)와 남천주(이천)로 각각 옮김으로써 더 이상 고구려를 침략하지 않겠다는 의지를 보증하였다. 그리고 이와 동시에 진흥왕은 여러 신하들을 거느리고 한강하류와 동해안의 안변지역을 직접 방문하여 이곳이 신라의 영토임을 선언하고 이를 확인하는 순수비 3개를 북한산과 황초령 및 마운령에 세우는 의식을 거행하였다. 이로써 신라는 '동남해 연안해로'와 '서남해 연안해로'를 모두 장악하고 고구려로부터 이를 공인받는 절차를 마무리 지었던 것이다.

2. 신라의 시련과 연안해로의 총체적 경색

6세기에 신라가 '동남해 연안해로'와 '서남해 연안해로'를 장악할 수 있었던 것은 고구려의 국력 쇠퇴를 틈타고 백제를 배신하면서 이룩한 것이었다. 당시 고구려는 안장-안원-평원왕으로 이어지면서 내분에 휩싸이고 국력이 크게 퇴락하고 있었고, 백제는 무령-성왕으로 이어지면서 국가 중흥의 기운이 일어나고 있었다.

고구려가 568년에 신라와 '상호불가침협약'을 체결할 수밖에 없었던 것은 내분에 직면한 상황에서 일단 신라의 거센 기세를 피해가려는 전략이 숨어 있었다. 한강하류를 탈취당한 백제가 즉각적으로 신라에 반격을 가하지 못한 것은 성왕의 전사라는 큰 충격을 추스를 시간이 필요했기 때문이었다. 따라서 '동남해 연안해로'와 '서남해 연안해로'를 망라하는 신라의 연안해로 장악 국면은, 상황의 변화에 따라서 언제든 고구려와 백제의 도전에 직면할 수밖에 없는 한시성과 불안정성을 내포하고 있었다.

진흥왕은 강력한 왕권을 바탕으로 성취한 대외의 성과를 잘 유지해 갔다. 그러나 진흥왕이 타계하기 불과 4년 전인 572년에 태자 동륜이 뜻하지 않게 요절하면서 정국에 어두운 그림자가 드리워지기 시작하였다. 준비되지 않은 차남 사륜이 진흥왕의 뒤를 이어 왕위에 올랐으나(진지왕), 그는 귀족들의 도발에 제대로 대처하지 못하고 결국 재위 4년에 퇴출되고 말았다. 그리고 요절한 태자 동륜의 어린 아들이 왕위에 올랐으니, 이가 진평왕이다.

백제는 진지왕 이후 왕권이 무너진 틈을 놓치지 않고 신라에 대한 적극 공세를 펼쳤다. 고구려는 진평왕 대인 603년 북한산성을 공격하여 '상호불가침협약'을 파기하였다. 이에 진평왕은 즉각 남천주를 북한산주로 환치시켜 고구려의 침략에 적극 대처하는 한편, 608년에 유학파 고승 원광으로 하여금 수나라에 원병을 요청하는 걸사표를 짓도록 명하였다. 618년 수·당이 교체되자 625년에 당에 사신을 보내 고구려가 당에 이르는 길을 차단하는 것을 비난하면서 도움을 요청하기도 하였다. 고구려의 방해로 '서남해 연안해로'가 차단되고 있던 상황을 호소한 것이다. 거기에 631년에 칠숙과 석품 등이 모반을 일으키는 등 신라 국내의 정정도 여전히 불안한 상황이 계속되었다.

신라의 시련은 632년 진평왕 사후 첫 여성왕으로 등극한 선덕여왕 대에 총체적 내우외환의 상황으로 증폭되었다. 고구려와 백제의 침략이 더욱 격렬해졌다. 특히 642년의 상황은 심각하였다. 백제는 7월 신라 서쪽 경계의 40여성을 함락시켰고, 8월에는 신라의 최고 방어 요새인 대야성을 함락시켰다. 최대의 위기상황에 처한 신라는 곧 김춘추를 고구려에 보내 원병을 요청했으나 고구려의 집권자가 된 연개소문은 신라가 탈취해간 고구려의 옛 영토를 반환할 것을 강요하며 오히려 김춘추를 억류하였다.

643년에는[21] 백제와 고구려가 공모하여 '서남해 연안해로'의 길목에 위

---

20 당항성 공격 계획의 시점에 대해, 『삼국사기』의 신라본기에는 선덕왕 11년(642)

서해안 바닷길의 길목에 위치한 경기도 화성시의 당항성

치한 당항성(화성군 남양면)을 공격하여 당으로 통하는 길을 차단하려고자 하였다. 이에 신라는 곧바로 당에 사신을 파견하여 구원을 요청했으나 당 태종은 '여자가 왕위에 있어 주위의 국가로부터 무시당한다'고 조롱하며 단호히 거절하였다. 647년엔 고구려에서 구사일생 살아 돌아온 김춘추를 왜에 보내 구원을 요청해 보았지만 왜는 전통적인 맹방인 백제를 의식하여 김춘추의 요청을 거절하였다.

최악의 위기상황으로 내몰린 신라를 그나마 지켜낸 것은 김유신이었다. 선덕여왕은 김유신을 대장군으로 임명했고, 그는 백제의 공격을 근근이 막아내고 있었다. 그 와중에 647년에는 상대등 비담(毗曇) 등이 난을 일으켰다. '여자가 왕위에 있어 정치가 어지럽다'는 것이 난을 일으킨 명분이었다. 반란군은 명활산성을 근거로 삼아 선덕여왕이 머무는 월성을 공격해

8월조에, 백제본기에는 의자왕 3년(643) 11월조에, 그리고 고구려본기에는 보장왕 2년(643) 9월조에 나와 있다. 643년으로 보는 것이 자연스럽다.

왔다. 김유신 등이 분투하여 난은 겨우 진압되었지만, 그 와중에 선덕여왕도 세상을 떴다. 끝을 알 수 없는 신라의 시련은 계속되었고, 꽉 막혀버린 연안해로는 다시 열릴 기약이 없었다.

Ⅱ. '동아시아 대전'의 발발과 '황해 횡단해로'의 개통

1. '동아시아 대전'의 발발

647년 비담의 난은 신라 정치권의 판세를 뒤바꾸어 놓았다. 난이 진압됨으로써 난에 연루되었던 구귀족세력은 몰락했고, 그 와중에서 선덕여왕도 세상을 떴다. 비담의 난 진압을 주도한 김유신과 그의 매제인 김춘추는 선덕의 사촌 여동생을 후임 왕(진덕여왕)으로 추대하고, 전권을 장악하여 신귀족세력으로 떠올랐다.

648년 김춘추는 당으로 가서 당 태종을 만나, 고구려와 백제의 침략을 고발하고 구원을 청하였다. 당 태종은 김춘추를 극진히 예우하였고, 그의 요청을 수용하여 나당군사동맹도 체결하였다. 이는 이전 643년에 신라가 당에 사신을 보내 구원을 요청했을 때 신라왕이 여인임을 조롱하면서 거부했던 태종의 태도와는 상반된 반응이었다. 그간의 상황을 들여다보면 당 태종의 태도 변화가 이해되는 면도 있다.

당 태종은 644년에 백제와 고구려에 상리현장(相里玄奬)을 보내 신라의 침공을 만류하였다. 이에 대해 백제는 당에 사죄의 글을 올렸던데 반해 고구려는 집권자 연개소문이 나서서 단호히 거절하여 당 태종의 자존심을 상하게 하였다. 당은 마침내 645년에 고구려 원정을 단행하였다. 그러나 실패하였다. 이 때 신라는 3만의 군대를 보내 당을 도왔다. 이후 당은 647

년과 648년에도 고구려를 원정하였으나 번번이 실패하였다. 김춘추가 당 태종을 찾은 것은 고구려의 원정에 잇따라 실패한 직후였으니, 당 태종이 김춘추를 성대히 예우하며 그의 요구를 기꺼이 수용한 이유를 이해할 만 하다.

김춘추가 당을 찾은 것은 일종의 모험이었다. 당 태종의 의중을 짐작하기 어려웠을 뿐만 아니라, '서남해 연안해로'를 차단하여 엄중 경계하고 있던 고구려군에게 발각될 위험을 감수해야 하였다. 과연 그는 돌아오는 길에 해상에서 고구려의 순라병에 발각되어 목숨을 잃을 뻔한 순간을 맞기도 하였다. 부하인 온군해(溫君解)에게 자신의 옷을 입혀 순라병을 유인하게 하고서, 자신은 조그만 배에 몸을 싣고 가까스로 탈출하여 본국으로 돌아올 수 있었다.

이처럼 우여곡절 끝에 어렵게 체결되었음에도 불구하고 나당군사동맹은 오랫동안 작동되지 못하였다. 동맹 체결의 당사자인 당 태종이 649년에 사상을 떠났기 때문이기도 했지만, 더 큰 이유가 있었다. 당은 고구려를 먼저 공격할 것을, 신라는 백제를 먼저 공격할 것을 주장하였고, 두 나라는 입장 차이를 조율하지 못하고 세월을 허송하고 있었다. 당시의 사정을 좀 더 주의깊게 살펴보면 양국의 입장 차이는 어쩔 수 없는 면도 있었다. 고구려가 연안해로를 차단하여 당의 군사이동이 불가능한 상황에서 당과 신라가 연합하여 백제를 먼저 공격할 수는 없는 노릇이었다. 결국 당은 신라에게 배후에서 군량 지원을 부담시키면서 당분간 고구려 공격에 몰두할 수밖에 없었다. 655, 658, 659, 660년에 대규모 고구려 공격에 나섰지만 모두 실패하였다. 그 사이 고구려와 백제는 655년에 신라를 협공하여 신라 북쪽 경계의 30여성을 탈취하기도 하였다.

나당군사동맹이 작동되지 않는 사이 신라-당, 고구려-백제의 관계는 더욱 밀착되었고 양진영의 대립은 더욱 격화되어 갔다. 그럴수록 왜의 고심은 깊어졌다. 전통적으로 백제와 맹방관계를 유지해오던 왜가 당과의 관계 개선에도 관심을 가지기 시작하였다. 왜는 6차(630년, 653년, 654년, 659년, 665년, 669년)에 걸쳐 당에 사신을 파견하였다. 5차와 6차 견당사는 나당연합군과의 전쟁을 치른 이후에 이를 수습하기 위해서 파견한 것이므로 논외로 치더라도, 앞의 4차례 견당사 파견은 백제와의 관계를 유지하면서도 당과의 관계를 개선하려는 왜의 고심을 반영한다.

각국은 고심하는 왜를 자기편으로 끌어들이려는 노력을 기울였다. 647년 이후에 신라와 고구려와 백제는 앞 다투어 왜에 사신을 파견하였다. 특히 왜에 대한 신라의 정성은 지극하였다. 647년에 김춘추를 파견했을 뿐 아니라, 649년에는 종자 37인을 딸려서 사찬 김다수(金多遂)를 인질로 보내기도 했으며, 이후에도 거의 매년 사신을 파견한 것으로 되어 있다. 이에 왜의 견당사가 신라의 배편으로 신라도(新羅道)를 통해 당을 왕래하기도 하였다. 당시 왜는 당과의 관계 개선을 위해서는 신라를 통해야 한다는 것을 인지하고 있었음에 틀림없다. 여기에 당 고종은 654년 왜의 3차 견당사 편에 국서를 전달하여 신라가 구원을 요청하면 도와줄 것을 권유하여 신라와 왜의 관계 개선에 힘을 실어주었다. 신라와 왜의 관계는 점차 개선되어 가는 듯 하였다.

그러나 656년부터 왜의 태도는 고구려와 백제로 서서히 기울어져 갔고, 신라와의 관계는 자연히 소원해졌다. 아마도 655년 고구려와 백제가 신라를 공격하여 북계 30여성을 탈취한 사건과 655년 이후에 당의 계속된 고구려 공격이 실패로 돌아간 것 등이 왜를 고구려와 백제로 기울게 한 요인이 되었을 것으로 보인다. 657년에 신라는 왜가 자국의 사신에 딸려 당에 사신을 파견할 것을 요청했을 때 거절하였다. 이는 왜가 이미 고구려와 백제 편으로 기울었다고 판단했기 때문이었을 것이다. 그러나 양국 관계가 아직 완전한 파탄에 이르지는 않았다. 이듬해 7월에 왜의 승려 지통(智通)과 지달(智達)이 신라 배편으로 당에 건너가 구법활동을 전개하기도 하였다. 양국 사이에 정치외교적 관계는 소원해졌으나 종교적 관계는 근근이 유지되고 있었던 사정을 반영하는 것으로 보인다. 왜는 아직도 당과 신라에 대한 미련을 완전히 버리지 못하고 있었던 것이다.

그러나 당-신라와 왜의 관계가 완전 파탄되기까지는 그리 오래 걸리지 않았다. 659년 왜의 4차 견당사가 당에 도착하자, 당은 이듬해 백제원정이 끝날 때까지 이들을 유폐시켰다. 『일본서기』에 의하면 당은 659년에 파견된 왜의 견당사에게 칙서를 내려 "국가(=당)는 내년에 반드시 해동(=백제)에 쳐들어 갈 것이다. 그대들 왜의 객인은 동(=왜국)으로 돌아갈 수 없다"라고 통지하였다. 당은 왜가 이미 고구려-백제 편으로 확실히 기운 것으로 판단하여 백제원정의 비밀을 유지하기 위해서 이런 조치를 취했던 것으로 보인다.

신라-당, 고구려-백제-왜의 대립과 갈등은 더욱 심화되어 갔고, 동아시아 연안해로의 경색 국면은 여전히 해결책을 찾지 못하고 공전되고 있었다. 이제 양진영이 충돌하는 '동아시아 대전'의 발발은 피할 수 없는 상황이 되었다.

2. 소정방의 황해 횡단작전과 백제 사비성의 함락

당 고종은 갑자기 마음을 바꾸어 백제를 먼저 치기로 하고, 660년 3월 10일 소정방을 신구도행군대총관(神丘道行軍大摠管)으로 삼고 황해를 횡단하도록 명하였다. 당의 입장에서 볼 때, 고구려에 의해서 연안해로가 차단될 것이 분명한 상황에서 신라군과 합류하여 백제를 먼저 공격하기 위해서는 새로운 해로의 개척이 불가피했던 것이고, '황해 횡단해로'가 그 대안 해로로 선택되었던 것이다. 이렇듯 당이 '황해 횡단해로'를 통한 군사적 모험을 전격적으로 감행하게 된 것은, 거듭된 고구려 원정 실패를 만회하고자 하는 조급함도 작용했겠지만, 기본적으로는 그간 조선술과 항해술의 진보가 그 배경이 되었을 것이다.

소정방의 13만 대군이 황해를 횡단해오고 김유신의 신라군이 진격해오자 백제 조정은 절박한 위기 상황을 감지하고 황급히 그 타개책을 논의하였지만 결론이 나지 않았다. 결국 의자왕은 죄를 얻어 장흥지역으로 유배가 있던 흥수(興首)에게 사람을 보내 조언을 요청하였다. 흥수는 당 수군이 상륙하는 것을 저지하고 신라 육군이 탄현(炭峴, 대전의 동쪽)을 넘지 못하도록 차단할 것을 건의하였다. 이미 4년 전(656)에 의자왕의 실정을 간언하다 옥에 갇혀있던 충신 성충(成忠)도 죽음에 임박하여 그와 같은 내용의 상서를 올렸다. 당 수군의 상륙을 저지하고, 신라 육군을 탄현에서 차단하라는 것이었다.

  그러나 백제는 갑론을박하다 시기를 놓쳤다. 당군은 그 일부가 이미 금강의 좌안(左岸)인 미자진(지금의 군산)에 상륙하여 금강 남안의 육로를 따라 사비성을 향해 진군하였고, 당의 수군은 밀물의 흐름을 따라 금강을 거슬러 올라갔다. 수군과 육군이 연계한 당군의 수륙병진작전이 이미 시작된 것이다. 김유신이 이끈 5만의 신라군도 7월 9일에 탄현을 넘어 황산벌(논산시 연산면 일대)로 들어섰다. 신라군은 황산벌에서 백제 계백의 5천 결사대에 막혀 지체되는 바람에 당군과 약속한 군기(7월 10일)를 지키지는 못했지만 이틀 늦은 7월 12일에 당군과 합류하여 마침내 나당연합군이 결성되었다.

  나당연합군의 수륙병진작전은 대단한 위력을 발휘하였다. 나당연합군은 사비성을 공격한 지 불과 하루 만인 7월 13일에 왕자 태(泰)와 융(隆)이 지키던 사비성을 함락시켰다. 5일 후인 7월 18일에는 웅진성으로 달아났던 의자왕과 태자 효(孝)가 함께 나와 항복하였다. 이로써 백제는 개국 678년 만에 패망하고 말았다. 만약 백제가 적극적인 해전을 구사하여 당 수군의 상륙을 저지하는 작전을 적극 구사했더라면 이처럼 허망하게 무너지지는 않았을 것이다. 성충과 흥수의 간언을 따르지 못한 것이 못내 아쉽게 느껴지는 대목이다.

Ⅲ. '동아시아 대전'의 전개와 해전(海戰)

1. 백촌강 해전과 주류성 함락

660년의 사비성 함락은 백제에게 치명적인 타격이었지만, 전국 각처의 산성을 중심으로 부흥세력이 일어나고 있었기 때문에 아직은 부흥의 희망이 있었다.

왕족 복신은 661년 6월에 일본에 가있던 왕자 풍장을 모셔와 의자왕을 이은 백제의 신왕(新王)으로 추대하고, 주류성(부안의 우금산성)에 신도(新都)를 꾸렸다. 이로써 주류성은 백제 부흥운동의 중심으로 떠올랐고, 백제

주류성으로 비정되는 부안의 우금산성 전경–개암사 뒷산

부흥세력은 더욱 조직적으로 움직였다. 왜는 300여년 맹방의 관계를 유지해오던 백제가 무너지면 자국 역시 무사하지 못하리라는 공포가 엄습했던지, 국력을 기울여 지원군을 파견하였다. 663년 8월 왜의 2차 지원군 27,000여명을 태운 전함이 주류성 앞바다에 당도하였다. 주류성의 사기는 충천했고, 백제 부흥군의 저항은 더욱 격렬해졌다.

이에 당은 백제 부흥군의 저항을 제압하기 위하여 손인사로 하여금 군사 7천을 이끌고 산동반도를 출발하여, 덕적도를 거쳐 웅진부성으로 향하게 하였다. 이는 660년 소정방이 수군을 이끌고 황해를 횡단해왔던 그 해로의 코스와 정확히 일치한다.

전력의 보강이 이루어진 나당연합군은 주류성을 '적의 소굴'로 지목하고, '악의 근원'으로 간주하여, 마침내 663년 8월 하순, 주류성에 대한 총공격에 나섰다. 역시 수륙병진작전이었다. 당의 장수 손인사와 유인원, 그리고 신라 문무왕은 육군을 이끌고 주류성을 향해 진군하였고, 당의 장수 유인궤와 두상, 그리고 투항한 백제의 태자 부여륭은 수군과 군량선을 이끌고 웅진강(금강)에서 백촌강(동진강)으로 향하였다. 당의 함대는 백촌강 입구에서 왜 수군과 맞닥뜨려 일대 해전이 벌어졌다. 이른바 백촌강 해전이다. 『신당서』는 백촌강 해전에 대하여, "당 수군이 4번 싸워 모두 이기고 400척의 왜선을 불태웠으며 연기와 불길이 하늘을 덮고 바닷물이 붉게 물들었다"고 쓰고 있다. 『일본서기』에서는 백제와 왜가 기상 조건을 돌보지 않고 서둘러 선공을 가하다가 당 수군의 견고한 수비벽을 뚫지 못하고 자멸한 것으로 기록하고 있다.

백촌강 해전은, 백제와 왜가 660년 소정방의 미자진 상륙을 저지하지 못하여 허망하게 무너졌던 전철을 되풀이 하지 않기 위해 적극적인 해전으로 맞섰던 것을 보여준다. 그러나 기상 상황을 무시한 무리한 해양작전을 폈던 탓에 참패를 면치 못하고, 당 수군의 상륙을 허용할 수밖에 없었다. 그리고 육군과 수군이 합류한 나당연합군은 마침내 주류성을 함락시

백촌강 해전이 벌어진 동진강 하구 바다의 전경

컸다.

주류성의 함락은 백제 부흥세력의 구심체가 상실됨을 의미하였다. 부여 풍은 주류성을 탈출하여 고구려로 달아났고, 왕자 부여충승(扶餘忠勝)과 충지(忠志) 등은 무리를 거느리고 나와 항복하였다. 여타의 성들도 앞 다투어 투항하면서 백제 부흥세력은 무너져갔다. 흑치상지(黑齒常之)와 사타상여(沙吒相如)는 주류성의 함락과 함께 나당연합군에 투항했고, 임존성을 근거로 마지막까지 항거하던 지수신(遲受信)마저 나당 연합군의 공세를 감당하지 못하고 성을 버리고 달아나 고구려로 망명하였다. 이로써 660년에 사비성이 함락된 이후 3년을 끌어온 백제 부흥군의 항쟁은 종지부를 찍게 되었다.

『일본서기』에 의하면, 주류성이 함락되자 백제인들은 "주류성이 항복하였으니 일을 어찌할 수 없다. 백제의 이름은 오늘로 끊어졌다"고 한탄하면서 왜국으로의 망명길에 올랐다고 한다. 주류성의 함락은 백제의 희망을 완전히 끊어놓았던 것이다. 백제와 왜가 보다 세심한 해양작전을 펼쳐서 당 수군에 일대 타격을 가했더라면 주류성이 이처럼 쉽게 항복하지는 않았을 것이고, 백제의 운명은 좀 더 연장되지 않았을까 하는 아쉬움이 역시 느껴지는 대목이다.

2. 신라, 당 수군의 상륙작전을 저지하다

나당연합군은 660년의 사비성 공격과 663년의 주류성 공격에서 수군과 육군을 병용하는 수륙병진작전을 구사하였는데, 두 작전의 공통점은 해전이 대단한 위력을 발휘했다는 점이다. 668년 고구려 멸망후에 본격화된 나당전쟁에서도 해전의 위력은 유감없이 발휘되었다.

신라는 이러한 해전의 위력을 인지했던 듯, 일찍부터 당 수군의 동향을 예의주시했던 것으로 나타난다. 671년 설인귀의 서신에 대한 신라 측 답서를 보면, 신라가 당 수군의 동향에 대해 얼마나 주의를 기울이고 있었는지가 잘 나타난다. 몇몇 관련 구절들을 예로 들어보자.

- 당이 병선을 띄우고 장사에게 명하여 크게 선병(船兵=수군)을 발하니 … 동서로 호응하고 수륙으로 함께 나가 … 백제를 평정하였다.(660년의 상황)
- 당이 전함을 수리하는 것은 겉으로는 왜국을 정벌한다고 하지만 실제로는 신라를 치고자 하는 것이라고 생각하여 백성들이 놀라고 두려워하였다.(668년의 상황)
- 당의 누선(樓船)이 창해를 덮고 뱃머리와 뱃꼬리가 강 입구에 연접하였으며, 저 웅진에 정박하여 이 신라를 치고자 하였다.(670년의 상황)

여기에서 문무왕은 660년에 백제를 평정할 때 당 수군의 위력이 대단했던 기억을 떠올리고 있으며, 668년에 당이 전함을 수리한 일을 심각한 위협으로 간주했던 상황을 설명하고 있다. 그리고 670년에 당의 대규모 함대가 바다를 건너와 웅진에 정박하여 신라를 치고자 했던 일을 지적하면서 따지고 있다. 이는 신라가 당 수군의 위력을 절감하고 있었던 사정을 보여준다. 신라는 당과 전쟁을 치르면서도 당 수군의 항해와 상륙을 저지하기 위해 해전을 선제적으로 적극 구사하였다.

해전 승리에 대한 신라인의 염원은 설화를 통해서도 전해지고 있다.『삼국유사』문호왕법민조에 의하면, 당이 669년과 671년 두 차례에 대군을 일으켜 배를 타고 해로로 진격해 오는 것을 고승 명랑이 문두루비법을 써서 모두 침몰시켰다고 한다. 이는 당시 신라인들이 불력(佛力)을 통해서 당 수군을 퇴치하고자 했던 간절한 염원을 설화로써 담아냈다고 할 수 있다. 신라는 실제로 해양방어에 주력하였다. 670년 이후에 본격화된 나당전쟁의 전황을 몇 개의 사안으로 나누어 해전의 양상을 살펴보기로 하자.

먼저 다음은 당군이 주둔해 있던 백제 고지를 신라가 공략해간 과정을,『삼국사기』에 의거해서 정리한 것이다.

- 670년 7월, 63성을 공취하여 백성들을 내지로 옮김. 7성을 취하고 2천명을 목벰. 12성을 취하고 적병 7천인을 목벰.
- 671년 정월, 웅진 남쪽까지 진출함. 당 구원군을 저지하기 위해 대아찬 진공(眞功) 등을 보내 옹포(甕浦)를 지키게 함.
- 6월, 장군 죽지 등이 가림성의 벼를 짓밟고, 당군과 석성에서 싸워 5,300명을 목베고 백제 장군 2명과 당의 의과(果毅) 6명을 생포함.
- 7월 26일에 설인귀가「당총관설인귀서(唐摠管薛仁貴書)」를 보내 신라의 백제 고지 공격을 비난하자, 신라는 이에 대한 답신으로「문무왕보서(文武王報書)」를 보내 공박함. 소부리주(所夫里州)를 설치하고 아찬 진왕을 도독으로 삼음.

신라는 670년부터 백제 고지를 공략하기 시작하면서 이곳에 주둔해 있던 당군과의 무력충돌을 회피하지 않았다. 670년 7월에는 백제 고지의 총 82성을 취하고 9천명을 목베는 대승을 거두었다. 671년 정월에는 옹포라는 포구를 지켰고, 6월에는 가림성의 벼를 짓밟고 당과의 대규모 전투를 벌여 대승을 거둠으로써 신라가 백제 고지에 대한 주도권을 장악하게 되었다. 7월에 신라가 사비성을 소부리주로 편제하고 도독을 파견한 것은 백제 고지에 대한 주도권 장악의 완결판이라 할 것이다.

　여기에서 주목할 것이 있다. 그것은 671년 정월 신라가 당 구원군 상륙을 저지하기 위해 옹포에 군대를 보냈다는 것과 6월에 가림성의 벼를 짓밟았다는 것이다. 이는 당 수송선의 상륙을 저지함으로써 백제에 주둔하고 있던 당군에 대한 군수물자의 조달을 차단하기 위한 조치였던 것으로 판단된다. 군수물자의 조달은 전쟁에서 필수적인 것이고, 군수물자 조달에서 수군의 역할은 가히 절대적이라 할 것이므로, 신라는 당 수군의 상륙 저지에 총력을 기울였던 것으로 보인다. 이런 견지에서 신라가 옹포에 군대를 파견한 조치는 군수물자를 실은 함대의 상륙을 저지하기 위한 것으로 이해할 수 있다. 또한 가림성의 벼를 짓밟은 조치는 군량의 현지 조달을 불가능하게 하기 위한 청야(淸野) 작전의 일환으로 볼 것이다. 이러한 조치는 당군의 군수물자 부족사태를 가져왔을 것이다.

　이에 당은 9월부터 추가 군사를 발하였다. 당군은 육로와 해로를 통해 백제 고지에 주둔해 있던 신라군을 향해 진군해 왔다. 다음은 『삼국사기』에 나타난 상황이다.

- 671년 9월 당의 장군 고간 등이 번병 4만을 거느리고 평양에 이르러 도랑을 파고 성루를 높이 쌓고서 대방을 침범함.
- 10월 6일 당천(當千) 등이 당의 운송선 70여척을 습격하여 낭장 겸이대후(鉗耳大侯)와 사졸 백여인을 사로잡았는데, 물에 빠져죽은 자가 셀 수

없었음.

　671년 9월 당은 고간으로 하여금 4만의 군대를 이끌고 육로를 통해 평양을 거쳐 황해도 지역으로 진격해 들어가게 하는 한편, 곧이어 해로를 통해 수십척의 운송선을 상륙시키려 하였다. 전형적인 수륙병진작전을 전개했던 것이다. 그러나 당천 등이 이끈 신라의 수군은 당 수군이 이미 상륙할 것을 예상하고 대비하고 있다가 이를 패퇴시켰으며, 이로 인해 군수물자의 조달에 차질이 생긴 고간의 육군은 제대로 싸움 한번 해보지 못하고 철수했던 것으로 보인다. 해전의 위력은 여기에서도 다시 확인된다.

　이후 당은 주로 육로를 통해 백제 고지를 집요하게 공격해 왔고, 신라는 고구려 유민과 연대하여 황해도 지역에서 당군과 전투를 벌여 일진일퇴의 공방을 벌였다. 그 과정에서 신라는 672년 8월에 패퇴하는 고간군을 추격하던 중에 반격을 받아 석문(오늘날 황해도 사리원)에서 크게 패하는 불상사가 일어나기도 하였다.

　석문 전투의 패배 이후에 신라는 당에 사죄사를 보내 당의 전의를 누그러뜨리는 한편 지구전에 대비하여 백제유민으로 구성된 백금서당(白衿誓幢)의 군단을 창설하고 대대적인 축성사업을 시행하여 육상전에 대비하였다. 그리고 당 수군의 상륙을 저지하기 위해 서해에 대한 방비에도 힘을 쏟았다. 673년 9월에 대아찬 철천(徹川) 등으로 하여금 1백 척의 병선을 거느리고 서해를 지키게 한 것이 그것이다. 이후 신라는 육상전에서 잇따라 대승을 거두었다. 이는 신라가 육군을 보강하는 한편 서해를 철저히 방비하여 당 수송선의 상륙을 저지하면서 군량과 무기의 보급을 차단한 작전이 주효하여, 당 육군이 제대로 힘을 발휘할 수 없었던 까닭이었다.

　신라가 고구려의 부흥세력을 적극 받아들이고 백제의 고지를 점령하여 굳건히 지켜가자, 이에 대노한 당 고종은 674년에 이르러 문무왕의 관작을 박탈하고 당에 머물러 있던 왕의 아우 김인문을 신라왕으로 삼아 귀국하게 하고, 유인궤(劉仁軌)를 계림도행군대총관(鷄林道行軍大摠管)으로 삼아 신라를 치게 하였다. 이후 전황은 잠시 당에게 유리한 방향으로 흘러갔다.

675년 2월에 유인궤가 이끈 당군은 칠중성(七重城) 전투에서 신라군을 대파했고, 말갈족 출신의 안동진무대사(安東鎭撫大使) 이근행(李謹行)이 이끈 당·말갈연합군은 신라군을 강타하고 매초성(買肖城)을 점령하였다. 칠중성은 임진강 남안의 파주시 적성면 중성산(적성면 구읍리)에, 매초성은 임진강의 지류인 한탄강 남안의 연천군 청산면의 성재산에 각각 위치한 산성으로, 신라의 임진강 방어선에서 핵심을 이루는 관방처였다. 이런 두 성이 잇따라 당에게 함락당하였으니, 신라의 위기감은 적지 않았을 것이다. 이에 문무왕은 다시금 사죄사를 보내어 사태를 진정시켰고, 전황은 잠시 소강상태에 접어들었다. 유인궤는 당으로 돌아갔으나 이근행은 매초성에 그대로 머물러 신라 경략의 중심 거점으로 삼았다.

3. 천성해전과 기벌포해전

잠잠하던 당의 공격은 675년 9월에 다시 시작되었다. 설인귀가 대군을 이끌고 천성(泉城)을 공격해 온 것이다. 천성 전투에서 신라는 장수 문훈(文訓) 등이 대적하여 대승을 거두었다. 당군 1,400급을 베고, 병선 40척과 전마(戰馬) 1,000필을 획득했으며, 적장 설인귀는 도주하였다고 한다.

천성은 임진강과 한강이 합류하는 지점에 위치한 오두산성(지금의 파주시 탄현면 성동리의 통일전망대)으로 비정할 수 있다. 먼저 『삼국사기』 백제의 도미열전에 나오는 천성도(泉城島)가 천성의 위치를 가늠하는데 참고가 된다.[22] 이에 의하면 천성도는 백제의 북쪽 경계에 있는 섬이고, 천성은 천성도와

---

22 도미열전의 내용은 대개 이러하다. 백제 개루왕(개로왕으로 보는 견해도 있음)은 도미의 눈알을 뽑고서 도미를 배에 태워 보내고 그의 부인을 차지하려 하였다. 도미부인은 탈출하여 배를 타고 천성도에 이르러 그 남편을 만나게 되었다.

오두산성(천성)에서 내려다본 한강과 임진강의 합류점

대응하는 포구의 성이었다고 할 수 있다. 그런데 파주시 탄현면 일대의 옛 지명이 천정구현(泉井口縣)이기도 하였으니, 현재로서 천성을 파주시의 오두산성(현 통일전망대)으로 비정하는 것이 가장 무난하다.

설인귀의 군대는 수군이었다. 신라 측이 병선 40척을 빼앗았다는 것으로 알 수 있다. 설인귀가 통수한 함대의 규모는 도주한 병선을 포함하여 40척을 훨씬 상회했을 것이고, 병선에 탑승·탑재한 병사와 전마의 수도 1,400명과 1,000필보다 훨씬 많았을 것이다. 이 대규모 당 수군 선단의 진군 해로는 '산동반도 출항→황해 횡단→교동도와 강화도의 북안 통과→천성 상륙'의 노정을 거쳤을 것으로 추정된다. 설인귀는 천성에 상륙할 것을 시도했고, 신라군은 이를 필사적으로 저지하려 하였다. 따라서 천성 전투는 '천성 해전'이라 부르는 것이 자연스럽다.

설인귀 함대가 천성 상륙을 시도했던 것은 임진강 변의 매초성에 주둔하고 있던 이근행의 20만 대군과 합류하여 신라 정복을 위한 대규모 합동 작전을 펴기 위함이었다. 이점에서 천성을 임진강과 한강의 합류 지점에 위치한 파주시 탄현면의 오두산성으로 비정하는 것이 타당하다는 것을 다시 한번 확인할 수 있다. 그러나 신라는 천성 해전에서 대승을 거두어 설인

천성과 칠중성과 매초성

귀 수군의 상륙을 저지시켰다. 그리고 그 여세를 몰아 같은 달 29일에 매초성을 공격하여 20만 대군을 격파하는 대승을 거두었다. 전마 30,380필을 획득하고 기타 병기도 그 만큼 획득하였다.

천성 해전과 매초성 전투는 해전과 육전이 별개가 아닌 한 묶음임을 다시 한번 확인시켜 준다. 천성 해전의 승리는 설인귀의 수군과 이근행의 육군이 합류하여 구사하려 했던 수륙병진작전을 좌절시킨 일대 사건이었다. 이는 4년 전인 671년에 당의 낭장 겸이대후와 고간이 각각 수군과 육군을 거느리고 시도하다가 실패했던 수륙병진작전의 확대판을 연상시킬 정도로 닮은 꼴이다.

매초성 전투의 승리에 대한 평가는 자못 요란하다. 당으로 하여금 신라 정복의 야욕을 포기하게 만든 결정적 전환점이 되었다는 점에서, 그에 대한 평가가 아무리 요란해도 지나치지 않다고 생각한다. 그러나 매초성 전투의 배경이 되었던 천성 해전에 대한 관심이 거의 없다는 점은 심히 아쉬

매초성 전투 기록화

운 대목이다. 천성 해전은 지원군과 군수물자를 애타게 기다리고 있던 매초성의 당 주둔군으로 하여금 전의를 상실하게 하여 대참패의 길로 이끌었다는 점에서 매초성 전투 못지않게 평가할 필요가 있다. 이와 함께 천성 해전의 영웅 문훈 역시 오랜 무명의 인물에서 불러내어 역사를 전환시킨 일대 해양영웅으로 기억하는 것이 마땅하다.

천성 해전과 매초성 전투 이후에 나당전쟁은 소규모 육상 국지전 양상으로 전개되었다. 말갈병과 거란병을 앞세운 당군의 거센 반격에 직면하여 여러 차례 패하기도 하였지만, 신라는 군사적 우세를 이어갔다. 그러다 676년 11월에 기벌포 앞 바다에서 마지막 대규모 해전으로 폭발하였다. 『삼국사기』는 기벌포 해전을 다음과 같이 전하고 있다.

> 사찬 시득(施得)이 병선을 이끌고 소부리주 기벌포에서 설인귀와 싸워 처음엔 패함. 그러나 이후 크고 작은 전투 22회를 거듭하여 드디어 이기고 적의 머리 4,000여급을 벰.

천성 해전에서 참패한 설인귀가 1년 3개월 만에 다시 수군을 이끌고 이번에는 기벌포 공략에 나섰던 것이다. 오늘날 금강 입구 북안의 장항으로 비정되는 기벌포는, 신라가 소부리주로 편제하고 도독을 파견하여 지배하고 있던 사비성을 공략하기에 적격인 지점이었다. 이처럼 설인귀가 금강 하구의 기벌포까지 진출한 것은 이제까지 주로 경기북부의 임진강유역에서 변죽을 울려오던 당군의 행보와는 구별되는 과감한 작전이었다. 아마도 설인귀가 앞서 천성 해전의 참패를 만회하고 재기하기 위해 초강수를 둔 것으로 보인다.

이번에도 신라는 적극적으로 해전을 구사하여 당 수군의 기벌포 상륙을 저지하였다. 기벌포 해전의 초반 전세는 당군이 우세했지만, 20여 차례의 전투를 치르면서 신라의 승리로 귀결되었다. 기벌포 해전에서조차 참패한 설인귀는 더 이상 재기하지 못하고 불명예 퇴진하여 역사의 뒷무대로 사라지고 말았다. 이 점에서 기벌포 해전의 영웅 시득 장군을 특별하게 기억할 필요가 있다.

그간 해전이 보여준 위력은 대단하였다. 660년 소정방의 수군은 미자진에 무혈 상륙함으로써 사비성을 함락시키고 백제의 항복을 이끌어냈다. 663년 나당연합군은 백촌강 해전에서 승리를 거두고 주류성을 함락시킴으로써 백제 소생의 희망을 끊어버렸다. 675년 신라는 천성 해전에서 당 수군을 패퇴시켜 매초성 전투의 대승이 가능하였다. 676년 신라는 기벌포 해전에서 승리를 거둠으로써 나당전쟁에 종지부를 찍을 수 있었다. 해전의 승리가 전쟁의 결정적 승부수로 작용했던 것을 알 수 있다.

『삼국사기』에서는 기벌포 해전의 승리에 대해서 대서특필하고 있는 반면, 중국 측 사서에서는 침묵을 지키고 있어 대조를 이룬다. 중국 측 사서에서 침묵하고 있는 것은, 당이 소국으로 간주해오던 신라와의 결정적 전투에서 패배한 것에 대해 '숨기고 싶은 과거'로 치부하고자 한 때문은 아닐까? 결국 기벌포 해전의 패배가 당에게 얼마나 뼈아픈 충격으로 받아들

여겼는가를 역설적으로 보여준다고 할 것이다.

Ⅳ. 신라의 해양방어의식과 신앙

1. 명랑의 문두루비법

나당전쟁을 시작하면서 신라는 해양방어에 총력을 기울였다. 『삼국유사』에 전하는 명랑의 문두루비법 이야기는 불력(佛力)으로 황해를 횡단해 오는 당의 선단을 침몰시켰다는 다소 황당하지만 통쾌한 설화로서, 신라인이 불력에 의지해 해양방어의식을 고취하려 한 하나의 사례로 주목할 필요가 있다. 그 설화의 내용을 간추려 보면 대략 다음과 같다.

- 신라가 백제 고지에 대해 영향력을 확대해 가자, 669년 당은 설방으로 하여금 50만 대군을 이끌고 신라를 치게 하니, 당에 있던 의상이 670년 귀국하여 이 소식을 신라에 알림. 문무왕은 용궁에 들어가 문두루비법을 얻어왔다고 하는 명랑을 불러 당 수군 퇴치의 방법을 물었고, 명랑은 낭산 남쪽 신유림(神遊林)에 사천왕사를 짓고 비법을 쓰면 가능하다고 함. 사태가 급박하여 사찰을 건립할 겨를이 없자 명랑의 건의에 따라 임시로 채색 비단으로 절을 만들고 풀로 5방신장을 꾸려 놓고 명랑을 우두머리로 하는 유가명승 12명이 문두루비법을 부렸더니, 바다에 풍랑이 일어 당의 함대가 모두 침몰함. 나중에 절을 완성하여 사천왕사라 부름.
- 671년 당은 다시 조헌으로 하여금 5만 군사를 이끌고 신라를 치게 하니, 신라는 다시 문두루비법을 써서 당 수군을 침몰시킴.
- 당 고종은 대군이 연이어 침몰한 것을 수상히 여겨 신라에 사신을 파견하여 알아보도록 함. 신라는 문두루비법의 원천 사찰인 사천왕사의 존재를

숨기고 당 사신에게 뇌물을 주면서 급조한 별도의 사찰로 안내하여 당의 덕을 기리기 위해 만든 '망덕요산(望德遙山)의 절'이라 설명하고 위기를 모면함. 후일 망덕요산의 절은 망덕사(望德寺)라 불림.

이 설화 중에는 「정주 사람이 달려와서 "당군이 수없이 우리나라 국경까지 와서 바다 위에서 순회하고 있다"고 급보했다」고 한 것과 같이 상당히 리얼한 이야기도 포함되어 있다. 정주는 오늘날 임진강 하구 북안의 풍덕에 해당하는 곳으로, 정주 앞 바다에 당군이 출현했다고 한다면 황해를 횡단하거나 서해연안을 따라서 경기만 해역에 당 수군이 내도한 실제 상황을 반영하는 것으로 상정해 볼 수도 있다. 그렇지만 이 설화 중에 나오는 설방과 조헌의 신라 정벌에 대해서는 다른 사서에서는 전혀 찾아볼 수 없는 바로서, 역사적 사실로서보다는 역시 당의 대규모 해양공격에 대하여 문두루비법이라는 불심을 통해 이를 극복하고자 했던 당시 신라인의 염원과 분위기를 전하는 설화로 이해하는 것이 더 좋을 성 싶다.

660년에 소정방의 13만 대군이, 663년에 손인사의 7천 군대가 황해를 무사히 횡단하여 각각 사비성 함락과 주류성 함락에 결정적 역할을 했다는 것은 앞에서 살펴본 바이지만, 그럼에도 당시 해난 사고가 빈번히 일어나고 있었다는 것을 염두에 둘 때, 대규모 군단의 항해는 역시 극히 위험한 일로 간주되고 있었다. 그럼에도 항해의 성공 여부는 전쟁의 승부에 결정적인 영향을 미칠 수밖에 없었고, 그런 만큼 대규모 선단의 황해 횡단작전은 위험하지만 시도할만한 군사적 모험으로 간주되기도 하였다.

이처럼 항해는 그 성공 여부가 전쟁 승패의 관건이 되면서도 한편으로 불확실성이 엄존하는 위험한 행위였다. 이러한 항해의 특성상 항해의 모험에 참여하는 사람들은 초자연적인 신앙의 힘에 크게 의존하기 마련이었다. 이는 항해의 불확실성을 신앙의 힘으로 보전 받으려는 '심리적 보험'의 의미에 가깝다. 전근대시기에 다채로운 해양신앙이 발달했던 것은 이와 같은 맥락에서 이해할 수 있다.

항해인들이 다양한 해양신앙에 의존하여 항해의 성공을 염원하였다고 한다면, 당 수군의 공격에 직면한 신라인들은 그와 반대로 당 수군의 항해가 실패하기를 염원하는 '역해양신앙'이 필요하였다. 명랑의 문두루비법은 신라인에게 이러한 '역해양신앙'의 유력한 대안으로 받아들여졌을 것이다.

문두루는 산스크르트어 '문드라(Mundra)'를 음역한 말로서, '신의 인증'을 의미하는 '신인(神印)'이라는 한자어로 의역되기도 한다. 이는 신을 향해 뭔가를 염원하는, 주술적 요소가 중시되는 불교의 한 유파인 밀교(密敎)에 속하는 종교의식으로 볼 수 있다. 『불설관정경(佛說灌頂經)』에 소개된 문두루법에 의하면, 이는 먼저 자신이 부처와 다름없다는 생각을 가지고 불제자와 보살을 생각하면서 오방대신(五方大神)을 써넣은 둥근 나무를 내세워 '문두루'로 삼으면 어떠한 악귀도 굴복시킬 수 있다는 것이다.

문두루비법을 구사한 명랑은 신라 신인종(神印宗)의 개조로 알려진 법사였다. 『삼국유사』에 의하면 그는 중국에 건너가 도를 배우고 돌아오던 중에 바다용의 요청에 따라 용궁에 들어가서 비법과 용왕의 황금 보시를 받고 돌아와 금광사를 창건했다는 신비스런 설화의 주인공으로 그려지고 있다. 용왕으로부터 보시를 받을 정도로 바다에 대한 영향력이 막강한 인물로 기대를 한몸에 받고 있었던 그였으니, 그가 용왕으로부터 받아온 문두루비법의 영험이야말로 당 수군의 퇴치를 염원하는 신라인에게 강력한 신앙의 메시지로 간주되었을 것이다. 명랑은 과연 『불설관정경(佛說灌頂經)』에 나오는 바대로 급히 채색비단으로 사천왕사를 꾸미고 여기에 오방신장을 설치하여 12명의 유가명승을 동원하여 문두루비법을 부렸으며, 그 결과 대규모 당 수군이 두 차례에 걸쳐 침몰했다는 것이다. 사천왕이란 원래 사방을 주관하는 사방신장을 의미하는 인도적 개념으로서, 여기에 중앙을 더한 중국적 오방신장의 개념과 결합되어, '사천왕사에 오방신장'을 설치한다는 명랑식 문두루비법의 개념으로 탄생된 것으로 보인다.

여기에 주목되는 것은 명랑이 사천왕사의 건립처로 신유림이라는 곳을 지목했다는 것이다. 신유림이란 '신들이 노니는 숲'이라는 의미로, 계림(鷄林), 천경림(天鏡林), 문잉림(文仍林) 등과 함께 신라의 대표적인 신성림(神聖林)의 하나로 알려진 곳이다. 이로 인해 신유림에 사천왕사를 세움으로써 신라의 전통적 신성의 힘이 더해져서 문두루비법의 영험이 더욱 고조될 것이라는 기대와 믿음이 더욱 극대화되었을 것임은 물론이다.

이러한 명랑의 문두루비법은, 신라인에게 당 침략의 두려움을 누그러뜨려주고 해양방어의 자신감을 심어주는 해양신앙의 '심리적 보험'으로 기능했을 것이다. 그리하여 신라인들은 자신감을 가지고 해양방어에 적극 나설 수 있게 되었고, 앞에서 살펴보았듯이 실제로 당 수군과의 대결에서 연이은 해전의 승리를 성취하면서 그 사기는 더욱 충천하였다. 반면 당은 해전에서 연패를 거듭하자 이것이 모두 신라의 문두루비법의 영험 때문이라는 소문에 직면하게 되었고, 이로 인해 점점 자신감을 상실하고 초조해지면서 그 원인으로 간주되는 문두루비법을 분쇄하려는 시도를 했음직하다. 당이 사신을 보내 문두루비법의 사찰인 사천왕사에 대한 감찰에 나섰다는 것이 그 증좌이다.

경주 사천왕사 발굴 현장

경주 망덕사지

결국 신라는 당 사신에게 사천왕사를 은폐하고 망덕사를 내세워 '당의 덕을 기린다'는 메시지만을 전달하였으니, 이는 나당전쟁의 과정에서 문무왕이 네 차례에 걸쳐 사죄사를 보내어 전쟁을 할 수밖에 없는 사정을 개진함과 함께 당에 불충을 저지른 것에 대해 사죄하는 양면의 전략을 구사했던 것을 연상케 한다. 신라는 이처럼 '실전'과 함께 신앙을 통한 '심리전'을 병행하면서 해전에서 승리를 이끌어냈고, 마침내 나당전쟁의 최후 승리자가 되었던 것이다. 이런 의미에서 근래에 발굴 중에 있는 경주 낭산 아래의 사천왕사와 그 인근에 있는 망덕사지는, 나당전쟁 중에 신라가 구사한 해양 심리전을 상징적으로 보여주는 유적으로 새로운 의미부여를 해봄직하다.

2. 대왕암과 감은사와 만파식적

7세기에 삼국 사이에서 격렬하게 전개되어간 통일전쟁은, 급기야 당과 왜까지 참전함으로써 일약 '동아시아대전'의 양상을 띠면서 확산되었다. 그리고 그 결과 신라가 삼국을 통일하였다. 그러나 그 과정에서 신라는 왜와 당을 적으로 돌려야 하는 전쟁의 후유증에 시달렸다. 앞에서 살폈듯이 신라는 당과 연합하여 백제를 지원한 왜군을 663년 백촌강 해전에서 격파했고, 이후 당과도 치열한 전쟁을 벌여 676년 기벌포 해전의 승리를 끝으로 당군을 무력으로 축출했기 때문이다. 신라는 비록 통일을 달성했지만 신라와 당과 일본의 삼국 관계로 압축된 동아시아 국제관계에서 외로운 처지로 전락할 수밖에 없었다.

동맹국인 백제의 멸망에 충격을 받은 왜는 670년에 국호를 일본으로 개명하여 심기일전하여 신라에 적대의식을 노골적으로 드러냈다. 당은 자국을 무력으로 축출한 신라와의 관계를 단절해 버렸다. 문무왕이 당과 전쟁을 수행하면서도 네 차례나 사절단을 당에 보내 사죄를 올렸던 것은, 어떻게든 당과의 대립 관계를 개선해 보려는 고육지책이었지만 효과가 없었다. 당은 676년부터 신라와의 외교관계를 단절해버렸고, 남쪽의 일본은 신라에 대한 해양 침략을 호시탐탐 노리는 위태로운 고립무원의 상황이 호전되지 않고 오히려 악화되어 가고 있었다.

당은 678년 9월에 신라를 재침공하려는 계획도 세웠지만 토번과의 전쟁에 발목이 잡혀 실행에 옮길 만한 여유가 없어 다행이었다. 따라서 신라에게 당장 시급한 것은 일본의 해양 침략 가능성에 대비하는 일이었다. 문무왕은 동남방의 해양방어에 총력을 기울이지 않으면 안되었다. 대왕암과 감은사와 만파식적과 결부되어 전하는 일련의 설화는 신라인이 신앙을 통해 일본에 대한 해양방어의식을 결집하려 했던 흥미로운 사례이다.

『삼국사기』에 의하면 문무왕이 돌아가자 그의 유언에 따라 동해 입구의 큰 바위에 장사지내고 이를 대왕암이라 불렀다 한다. 여기에 왕이 용이 되었다는 '속설'에 대한 간단한 언급도 덧붙였다. 그런데 『삼국유사』에는 '속설'과 관련한 이야기가 좀 더 자세하게 전한다. 문무왕은 평소 지의법사에게 죽어서 나라를 지키는 동해 바다의 용이 되겠다는 생각을 개진했고, 지의법사는 짐승의 응보인 용이 되려는 것을 만류하였다. 그러나 왕이 마음을 바꾸지 않아 결국 동해의 대왕암에 장사지냈다는 것이다. 이에 덧붙여 문무왕이 왜병을 진압하기 위해서 동해변에 절을 짓기 시작했으나 완성하지 못한 것을 그 아들 신문왕이 682년에 완성하여 감은사(感恩寺)라 칭하게 되었다는 이야기, 용이 된 부왕이 절에 들어와 돌아다니도록 감은사의 금당 계단 아래에 동쪽을 향해 구멍을 하나 뚫어두었다는 이야기 등도 전한다.

감포 앞 바다에 있는 유명한 대왕암(바위섬)은 문무왕의 해중릉으로 알려져 있고, 대왕암을 향해 동해바다로 흐르는 대종천(大宗川) 하구의 북변에 감은사터가 지금까지 남아서, 사기와 유사 등에 전하는 역사와 설화의 증빙이 되어주고 있다. 동해변에 절을 세우려 했던 것이나 임종을 맞아 스스로 짐승의 응보를 감수하면서까지 동해의 용이 되고자 했던 것 등은 모두 문무왕이 일본의 해양침략을 막아내야 한다는 의지를 종교적 염원을 담아 강조한 것이라 할 수 있다. 이는 또한 후왕인 신문왕에게 일본에 대한 해양방어의 경각심을 경고하기 위함이기도 하였다.

신문왕은 문무왕의 경고를 충실히 따라 대일본 해양방어를 위한 국민적 역량 모으기에 나섰다. 그는 즉위하자마자 유언에 따라 문무왕을 화장하여 동해 대왕암에 장사지내고, 그 이듬 해(682)에는 공사 중이던 절 건설을 마무리 지어 부왕의 은혜를 기린다는 의미로 감은사라 칭하였다. 그리고 683년에는 동해의 용이 된 문무왕과 천신이 된 김유신이 만파식적(萬波息笛)이라는 보물을 신문왕에게 내렸다는 설화를 꾸며서 유포함으로써, 문무왕과 김유신의 권위를 빌어 국왕의 정통성을 선양함과 동시에 신라인의 해양방어의식을 고취하고자 하였다. 『삼국유사』에 전하는 그 설화의 내용은 대략 이러하다.

신문왕은 어느 날 바다를 지키는 해관(海官)으로부터 동해의 작은 산이 감은사를 향해 다가오고 있다는 보고를 받는다. 일관이 점을 쳐서 문무왕과 김유신이 덕을 합하여 대왕에게 큰 보물을 내릴 조짐이라 풀이한다. 왕이 동해의

감포의 대왕암

감은사지 원경

이견대(利見臺)에 행차하여 동해에 떠있는 산을 바라보고 사자를 보내어 살피게 한다. 사자는 산 위에 한 줄기의 대나무가 있는데 낮에는 둘이 되고 밤에는 합하여 하나가 되는 신비한 현상이 일어남을 보고한다.

이튿날 대나무가 하나로 합쳐지면서 천지가 진동하고 비바람이 일어 어두컴컴해지더니 7일간이나 계속된다. 바람이 자고 물결이 평온해 지기를 기다려 왕이 그 산에 들어가니 어떤 용이 나타나 검은 옥대(玉帶)를 바치면서, 자신은 바다의 큰 용이 된 문무왕과 천신이 된 김유신이 보냈다고 한다. 그리고 대나무를 베어서 피리를 만들면 소리로써 천하를 다스릴 수 있을 것이라고 일러준다. 그리하여 신문왕은 그것으로 피리를 만들어 '만파식적(萬波息笛)'이라 명명했는데, 나중 효소왕 대에 이적(異跡)을 일으키자 이를 '만만파파식적'이라 개칭한다.

만파식적이란 '만개의 파도를 다스리는 피리'란 뜻으로서, 포괄적으로는 '신라의 모든 난관을 극복할 수 있도록 도와주는 피리'로 이해할 수도 있겠고, 좀 한정시키면 '해양 침략의 근심거리를 퇴치해줄 피리'로 볼 수도 있겠다. 위의 설화로써 판단컨대 처음에는 후자의 의미로 시작했던 것이 점차 전자의 의미로 확대되면서 이름도 '만만파파식적'이라는 보다 포괄적인 명칭으로 바뀐 것으로 보인다. 그렇다면 만파식적이란 신문왕이 신라인의 해양방어의식을 결집하기 위해 의도적으로 부각시킨 신물신앙(神物信仰)의 산물로 볼 수 있다. 여기에는 삼국통일의 두 영웅인 문무왕과 김유신을 각각 '바다의 큰 용'과 '천신'으로 기리고 그들의 권위를 총합하는 의미가 내포되어 있다.

이러한 만파식적의 설화는 감은사 금당 계단 아래의 동쪽에 구멍 하나를 뚫어 동해의 용이 된 부왕이 절에 들어와서 돌아다닐 수 있게 배려하였다는 것과도 긴밀하게 연관되어 있다. 결국 신문왕은 감은사와 대왕암을 하나로 연결시키고 이를 다시 이견대의 만파식적 설화와 융합시킴으로써 불교신앙과 용신신앙, 그리고 신물신앙의 제신앙을 아울렀던 것이다. 이는 신앙을 통해 호국 이념을 극대화하고 신라인의 대일본 해양방어의식을 고취시키려는 노력의 일환으로 볼 것이다.

이러한 신문왕의 대일본 해양방어의식의 고취 노력은 이후 석굴암과 골굴암으로까지 확대되어 갔던 것으로 보인다. 감은사의 앞을 지나 동해의

이견대

대왕암으로 흘러가는 대종천은, 그 한 줄기는 토함산에서 발원하고 한 줄기는 함월산에서 발원하고 있는데, 두 발원처에 각각 석굴암과 골굴암이라는 석굴사원을 축조했다는 것은 심장한 의미를 지닌다 할 것이다. 이는 대종천을 통해서 석굴암과 골굴암의 석굴사원을 용신신앙 및 신물신앙과 결부되어 있는 감은사와 연결시킴으로써, 불력(佛力)을 통해 해양방어의 이념을 더욱 극대화시키고 신라인의 의지를 이끌어내기 위해 집대성한 주도면밀한 기획의 산물로 볼 것이다.

해양방어의 주요 대상은 역시 일본이었다. 이후 성덕왕은 재위 21년 (722)에 왕경의 남부에 관문성을 축조함으로써 대일본 해양 방어체제를 실

골굴암 전경

질적으로도 더욱 강화하였다. 그럼에도 불구하고 일본은 당분간 신라에 대한 침략을 그치지 않았으니, 성덕왕 30년의 침략 사실이 이를 반영한다. 그런데 일본의 신라 침략은 점차 정치·군사적 이유에서보다는 장기간에 걸친 교역의 단절로 인해 추락한 경제적 욕구를 복원·충족하려는 이유에서 나오는 경우가 더 많아졌다. 그리하여 해양을 사이에 두고 조성되어온 양국 간의 군사적 긴장 관계는 조만간 동아시아의 국가 간에 정치·경제적 교류관계가 복원되면서 서서히 해소되는 국면으로 접어들었다.

5장 통일신라시대 동아시아 해양무역의 발전

Ⅰ. 해로의 다각화·확대와 해양무역의 발전

1. 동아시아 해로의 다각화와 '해양 실크로드'

7세기에 들어 삼국(고구려·백제·신라) 간의 분쟁이 격화되고 한반도의 연안해로가 경색되어 동아시아 문물교류의 불통 사태가 장기화되어 감에 따라 동아시아의 여러 나라들은 심각한 고통을 겪어야 했고, 급기야 당과 왜가 개입하여 삼국의 상쟁은 '동아시아 대전'으로 확전되었다. 그 과정에서 당의 장수 소정방은 660년에 13만 대군을 이끌고 황해 횡단작전을 성공적으로 수행하였는데, 이는 이제까지 연안해로에 주로 의존하던 동아시아 해양교통로를 황해 횡단해로로 확대시키는 중대 계기가 되었다. 소정방은 백제를 멸망시킨 후 황해 횡단해로를 통해서 당으로 귀환하였고, 663년에는 당의 손인사가 7천의 지원군을 이끌고 역시 소정방의 황해 횡단해로를 통해서 금강하구에 당도하였으며, 670년 이후 나당전쟁의 과정에서도 당의 수군은 수시로 황해 횡단해로를 통해서 내왕하였다. 이로써 황해 횡단해로는 일상적 해로로 자리잡아갔다.

신라가 삼국을 통일한 이후에는 연안해로를 경색시킨 한반도의 분쟁 상황이 사라졌고 이렇듯 황해 횡단해로까지 개척되었으니, 동아시아 문물교류는 즉각 봇물 터지듯 거침없이 진행될 것처럼 보였다. 그러나 그렇게 되기까지는 상당한 시일을 기다려야 하였다. 676년에 나당전쟁이 종식되고 당군이 한반도에서 총퇴각함으로써 동아시아에 평화는 찾아왔지만, 신라와 당 사이는 전쟁의 후유증으로 인해 단교상태가 당분간 계속되었다.

신라와 당의 관계가 회복되기 시작한 것은 8세기에 접어든 성덕왕 때부터였다. 698년 발해의 건국이 당과 신라의 관계 개선을 앞당겼다. 당은 급성장하고 있던 발해를 견제할 필요성을 느껴 그 배후에 있는 신라를 인정해 줄 수밖에 없었다. 이후 신라와 당은 왕성한 교류를 이어갔다.『삼국사기』에 의하면 성덕왕 재위 35년간(702~737)에 나당 외교관계 기사가 46회나 나오고, 당에 파견한 외교사절도 조공(朝貢), 하정(賀正), 사은(謝恩), 숙위(宿衛) 등 다양한 유형으로 나타나고 있어, 당시 양국 간 교류가 얼마나 활성화되었는가를 짐작할 수 있다.

신라와 일본은 처음 정치군사적 측면에서는 불편한 관계를 완전히 불식시키지 못하면서도, 경제적인 측면에서는 서로를 필요로 하는 미묘한 관계를 연출하였다. 먼저 정치군사적 측면에서 갈등과 대립의 분위기가 당분간 이어졌다. 문무왕의 뒤를 이은 신라의 왕들은 해양 방어에 대한 경각심을 부추기고 방어체제를 구축하는데 심혈을 기울였다. 예를 들어 신문왕은 대왕암과 이현대와 감은사, 그리고 만파식적의 설화를 엮어 일본에

경주 관문성(울산박물관)

대한 해양 방어의 경각심을 고조시켰고, 성덕왕은 722년에 왕경의 남부에 관문성을 축조함으로써 해양 방어체제를 강화하였다. 일본 역시 내부에서 신라 침략이라는 강공책을 논의하기도 하였다.

그러면서도 경제적 측면에서는 양국은 공히 서로를 필요로 하였다. 일본은 신라를 통해 적대적인 관계에 있던 당과 신라의 선진 물품을 공급받고자 하였고, 신라는 당의 물품을 일본에 중계 보급하거나 자국의 물품을 직접 공급하는 일종의 시장으로 활용하고자 하였다. 양국은 점차 경제적 욕구를 둘러싼 이해의 폭을 넓혀 가면서, 정치외교적인 타협을 도모하고 경제적 교류를 확대하여 갔다.

이렇듯 8세기 이후 해빙무드가 조성되면서 동아시아 3국(신라, 당, 일본)은 문물교류를 확대해 갔다. 이는 해로의 다각화와 확대가 이루어졌기 때문에 가능하였다. 오랫동안 경색되었던 연안해로가 다시 열렸고, 전쟁 과정에서 새로 개척된 다양한 황해 횡단 및 사단해로가 활성화되면서 동아시아 해로의 다각화가 이루어졌다. 그리고 이 동아시아 해로는 다시 '남해로'와 연결되면서 비약적으로 확대되었다.

'남해로'란 「중국 광주(廣州)-동남아시아-뱅골만-인도의 남단-아라비아해-홍해-지중해」로 이어지는 광대한 해양에서 동서의 문물교류가 이루어지던 해로를 말한다. 이 '남해로'는 「지중해-페르시아-중앙아시아-돈황(敦煌)-장안(長安)-대운하-양주(揚州)」로 이어지는 육상의 '실크로드'와 연결되면서 세계의 해륙(海陸) 순환교통로의 태반을 구성하였으니, 또 다른 태반을 구성하는 '육상 실크로드'에 대응하여 흔히 '해양 실크로드'[23]라 칭하곤 한다.

---

23 실제 실크는 주로 '육상 실크로드'를 통해서 유통되었고, '해양 실크로드'는 실크보다는 도자기와 향료의 이동로로 주로 이용되었다는 점을 감안하여, '도자로' 혹은 '향료로'라 칭하자는 견해도 있고, 다시 '도자로'는 세라믹로드(Ceramic Road) 혹은 차이나로드(China Road)라 불려지기도 한다.

동아시아 해로는 8세기에 접어들면서 다각화되었고 활성화되었으며, 한편으로 '해양 실크로드'와 통하면서 세계와 연결되었다. 거기에 8세기 중반에 당에서 안사(安史)의 난이 일어나 '육상 실크로드'의 관문인 안서도호부 등이 대혼란에 빠지고 육로가 경색되자, '해양 실크로드'는 동서문화 교류의 통로로 더욱 각광받게 되었다. 자연히 동아시아 해로도 더욱 활기를 띠었다.

바로 이 즈음에 중국 동남해의 양주(揚州)와 광주(廣州) 등지에는 페르시아인(波斯人)과 아라비아인(大食人), 그리고 인도인 등이 '해양 실크로드'를 통해 내왕하면서 동서 문물교류를 주도하고 있었다. 그들은 국가별로 '번방(蕃坊)'이라 칭하는 특수거류지를 형성하여 집단적으로 거주하였으며, 그들 중에서 '도번장(都蕃長)'을 뽑아 자치하였다. 이에 중국 왕조는 현종 개원 2년(714)에 광주에 일종의 관세청이라 할 시박사(市舶司)를 설치하여 증대되어 가는 대외무역업무를 관장하게 하였다.

그들은 신라와 일본에까지 진출하기도 하였다. 중세 아랍 문헌에 나오는 신라에 대한 기록이나 처용이 울산의 개운포에 이르렀다는 설화, 그리고 경주 괘릉(원성왕릉)에 있는 서역인 석상 등을 통해서 아라비아인들이 신라에 당도했던 사실을 확인할 수 있다. 또한 『일본서기』에 사이메이천황(齊明天皇) 5년 4월에 토화라국(吐火羅國, 이란 동북부와 아프가니스탄 중류지방)의 남녀 각 2명과 사위(舍衛, 인도 갠지즈강 중류지방)의 여자 1명이 탄 배가 휴가(日向) 지방에 표착했다는 기사가 있는 것으로 보아, 페르시아인과 인도인 등이 일본에도 이르렀음을 알 수 있다.

그러나 그들이 신라와 일본에까지 이른 것은 간헐적인 것에 불과했고, 대개는 양주를 한계로 하여 그 이상 북상하지 않는 것이 일반적이었다. 양주 이북의 중국 동해안변과 신라, 일본에까지 국제교역을 연장시키는 일은 주로 신라인들이 담당하였다. 당시 재당신라인들은 중국 동해안과 대운하 및 회하 연안에 그들의 자치구인 신라방(新羅坊) 혹은 신라촌(新羅村)

을 형성하고 양주 등지에 출입하면서 국제교역에도 참여하였고, 더 나아가 동아시아의 여러 해로를 통해서 중국 동해안변과 신라와 일본에까지 중개하는 일을 수행하고 있었다. 곧 그들은 '해양 실크로드'의 동쪽 끝(동단)을 중국 동남해안에서 신라와 일본에까지 확대시키는 일에 앞장서고 있었다.

경주 괘릉의 서역인 석상

중국 연운항의 신라촌 유적지

2. 8세기 공무역체제의 성립과 운영

신라와 당과 일본의 동아시아 3국은 7세기에 전개된 '동아시아 대전'의 과정에서 간극이 벌어졌지만, 8세기에 접어들어 이를 봉합하면서 문물교역을 본격 추진하였다. 이 시기 무역의 방식은 국가 권력이 적극적으로 개입하는 공무역이 주를 이루었다. 세 나라의 왕권이 제각기 무역을 통제할 수 있을 정도로 강력했기 때문이었다.

당의 경우 7~8세기는 '정관(貞觀)의 치(治)'와 '개원(開元)의 치(治)'라 불리는 태종~현종 연간의 강력한 황권통치의 시대였고, 신라 역시 강력한 전제왕권이 작동하는 중대(中代)의 시대가 전개되었다. 일본의 경우도 646년에 대화개신(大化改新)을 단행한 이후 천황중심의 정치운영체제가 8세기대까지 이어졌다.

이처럼 강력한 왕권이 작동하던 8세기에는, 동아시아 삼국은 공통적으로 국가 간의 사적인 무역 거래를 금지하고 국가가 통제하고 주도하는 공무역체제를 유지해 갔다. 예컨대 당 전기에 편찬된 법률서 『당률소의(唐律疏議)』는 국경 지역에서 외국인과 사사로이 교역하는 것을 금하고, 외국인이 국경을 넘어와 교역하면 내국인이 국경을 넘어 교역한 죄와 동일하게 처벌하는 것으로 규정하였다. 당의 율령을 받아들였던 신라나 일본의 경우도 이와 마찬가지였을 것이다.

이 시기 신라에서 공무역을 수행한 주역은 공식 사절단이었다. 신라가 당에 파견한 견당사(遣唐使)와 일본에 파견한 견일본사(遣日本使)는 본연의 외교활동은 물론 경제적 문물교류의 활동을 병행하였다. 신라는 이러한 사절단을 통해서 양국의 물자를 확보하고 이를 다시 양국에 제공하는 공무역 중개자의 역할을 수행하기도 하였다.

먼저 당과의 공무역은 견당사(遣唐使)가 주도하였다. 견당사들은 대체로 네 가지의 방식으로 공무역을 수행하였다. 첫째, 공물(貢物)과 회사품(回

賜品)을 통한 방식이다. 견당사가 가지고 간 공물을 국경 지역에서 검열하여 물품의 종류와 수량을 자세히 적어 외교의 의전을 담당하는 홍려시(鴻臚寺)에 보고하면 홍려시가 그 가격을 산정하여 회사품의 물량을 정하여 귀국 시에 견당사에게 주었다. 둘째, 관시(官市)를 이용하는 방식이다. 중국 조정이 견당사들의 편의를 위해 그들이 머무는 객관 안에 개설해 주는 관시를 이용하여 물자를 확보하였다. 셋째, 호시(互市)를 이용하는 방식이다. 호시란 견당사가 가져온 물품을 당나라 조정이 고가로 다량 구입해 주는 것을 말한다. 다섯째, 비공식적인 방식이다. 견당사들이 당물(唐物)이나 중국에 모여든 아라비아와 페르시아 등의 물자들을 비공식적으로 구입기도 하였다.

공물과 회사품을 교환하는 첫 번째 방식이 신라와 당 사이에서 이루어진 가장 일반적인 공무역 형태였다. 그렇지만 견당사들은 위의 다양한 방식을 구사하여 큰 이문을 내면서 가져간 물건을 팔고 가능한 한 많은 물자를 당으로부터 확보하고자 하였다. 이렇게 하여 견당사가 신라에 가져온 외래품들은 신라 귀족사회에 인기리에 팔려 나갔고, 그 일부는 역시 공무역을 통해 일본에까지 재수출되었다.

신라와 일본 사이에서도 공무역이 지배하였다. 일본측 사서인 『속일본후기(續日本後紀)』에 의하면, 752년 신라 왕자 김태렴(金泰廉)의 일본 파견 기사를 전하고 있는데, 이는 양국이 정치적 타협을 통해 경제적 교류를 확대해간 공무역의 실상을 생생하게 보여준다. 김태렴 일행의 일정을 재구성해 보면 다음과 같다.

김태렴은 752년 윤3월 22일에 700여 명의 대규모 사절단을 거느리고 7척의 배에 나눠 타고 츠쿠시[筑紫, 오늘날의 博多]에 입항하였다. 일본 조정은 김태렴 일행의 도착 사실을 여러 왕릉에 고하는 등 큰 관심을 보였다. 다자이후[太宰府]에서 입국 절차를 밟은 김태렴 일행은 내해(內海)를 항해하여 나니와

헤이조궁 전경

[難波, 지금의 오사카]에 이르렀고, 여기에서 370여명만을 거느리고 헤이조쿄[平城京, 지금의 나라]에 입경하였다. 6월 14일에 코토쿠천황[孝謙天皇]을 알현하고 의례적인 대화를 나눈 다음, 22일에 다이안지[大安寺]와 도다이지[東大寺]에 들러 예불을 올렸다. 7월 24일 다시 나니와로 돌아와 귀국길에 올랐다.

김태렴 일행은 도착하여 떠날 때까지 약 4개월 동안 일본에 체류하였다. 사절의 규모는 700여명이었는데 이중 370여명이 왕성인 헤이조쿄에 들어갔다. 김태렴은 일본에 입국한 지 2개월 20여일만에 코토쿠천황을 알현했고, 그 이후 1개월 10일간을 더 헤이조쿄에 머물렀다.

우선 사절단의 규모가 의외로 크고 체류기간이 상당히 길었다는 것이 인상적이다. 단순한 외교사절단이라기보다는 경제사절단을 겸했을 가능성이 물씬 느껴지는 대목이다. 김태렴 일행은 다자이후에 남은 팀(230명)과 헤이조쿄에 들어간 팀(370명)으로 나누어 다자이후와 헤이조쿄에서 각각 무언가의 조직적인 통상업무를 수행했을 가능성이 크다. 이와 관련하여 김태렴과 코토쿠천황이 나눈 의례적 대화를 들여다 보자.

6월 14일에 김태렴은 코토쿠천황을 알현하여 우러러 '아뢰고[上奏]', 천황은 태렴에게 조지(詔旨)를 '내리는[下詔]' 식으로 대화를 이어갔다. '상주(上奏)'와 '하조(下詔)'의 대화 형식은 전형적인 군신관계의 모습을 보여준다. 대화의 내용을 보면 양자의 관계는 더 나간다. 태렴은 신라의 국왕이 직접 조공을 바쳐야 했으나 불가피하게 자신이 대신 오게 된 사정을 변명하고 있고, 천황은 신라 국왕의 정성을 가상히 여긴다는 식으로 응답하고 있다. 마치 제후국의 사신을 대하는 듯한 논조로 일관하고 있다. 심각한 외교적 저자세를 보여준다. 그렇다면 당시 일본과 신라의 관계가 이렇듯 상하관계에 있었는가? 그렇지는 않았다. 당시에 당 왕조에서 공인한 외국 사신의 서열은 '신라-발해-일본'의 순으로 매겨져 있었다. 신라의 국가적 위상이 일본보다 우위에 있었던 것이다. 따라서 김태렴과 천황이 나눈 대화의 형식과 내용은 실제적인 관계를 반영하는 것이라기보다는 매우 의례적인 것이었다고 해야겠다. 즉 일본 측의 사전 요구를 신라 측이 수용하여 펼친 의례적 퍼포먼스로 보는 것이 타당하다.

그렇다면 이렇듯 태렴이 의례적으로나마 일본에 저자세를 취한 이유는 무엇일까? 먼저 일본을 끌어들여 발해를 견제해야할 필요에서 저자세를 취할 수밖에 없었다는 견해가 있다. 당시 발해는 일본과 제휴하여 신라를 정벌하려 시도했고 일본도 이에 동조하는 태도를 보이곤 하였다. 따라서 신라가 일본을 자기편으로 끌어들여 발해를 견제할 필요에서 그랬다는 견해도 일리는 있다. 그렇지만 대규모 사절단을 거느리고 장기간 체류했다는 것을 염두에 둘 때, 아무래도 정치외교적 필요에서보다는 경제통상적 필요에서 의도적으로 저자세를 취했다고 보는 것이 더 타당할 것 같다. 고려의 팔관회에서 외국 사절단과 상인들이 고려 국왕에게 제후국의 사신처럼 처신을 했던 유사한 사례를 찾아볼 수 있는데, 그들이 그렇게 처신했던 것은 역시 경제통상적 목적 때문이었다.

김태렴이 외교적 저자세를 취한 이유가 경제통상적 목적 때문이었을 가능성을 뒷받침해주는 증거물이 있다. '매신라물해(買新羅物解)'라는 문서가 그것이다. '매신라물해'는 일본인이 신라의 교역품을 구매하기 위해 작성한 일종의 주문서였다. 그 문서에는 구입하고자 하는 물품의 목록, 물품의 가치에 맞춰 지불할 견제품의 종류[綿·絹·糸·絁]와 분량, 작성 연월일, 그리고 제출자의 성명 등을 기록하였다. 현전하는 30여건의 '매신라물해'는 김태렴 일행이 헤이죠쿄에 머물렀던 752년 6월 중순에서 7월 상순 사이에 작성된 것들이어서, 김태렴이 가져온 물품을 사기 위해서 작성한 문서였을 가능성이 매우 크다. 결국 김태렴 일행은 일본의 요청에 따라 코토쿠천황에게 제후국의 신하로 처신하는 의례적 저자세를 취해주고 대신 일본에서의 교역활동을 허용 받았다고 할 것이다.

'매신라물해'의 기재 내용을 보면, 구매 신청은 왕족이나 귀족, 그리고 5위 이상의 고위 관인층에 한정되었다. 그들이 신청한 물품은 크게 향료, 약재, 안료, 염료, 금속제품, 생활용품과 집기류, 그리고 기타로 분류할 수 있고, 총 260여건을 넘는다. 한 사람이 신청한 구매 물품의 수는 적게는 3종에서 많게는 47종에 달한다. 이미 많은 '매신라물해'의 문서가 소실되었으리라는 것을 가정한다면, 당시 신라 사절단이 가져간 물품의 종류와 양은 훨씬 더 방대했을 것이다.

신라의 교역품이 기록된 '매신라물해'

'매신라물해'의 문서에 기록된 물품들을 보면, 신라와 당의 산물뿐만 아니라 해양 실크로드를 통해 당에 들어온 아라비아, 페르시아, 인도, 동남아시아 등지의 다양한 산물들도 포함되어 있다. 신라가 이렇듯 다양한 종류와 방대한 양의 수출 물품들을 마련하는 일은 대일 외교업무를 관장한 왜전(倭典)이라는 관청이 총괄했던 것으로 보인다. 왜전은 사절단 파견에 앞서 일본에 수출할 물품을 제출해 줄 것을 공지하고, 신라 귀족들은 이에 응해서 상품이 될 만한 물품을 왜전에 위탁하였다. 견당사가 당으로부터 구매해온 다양한 박래품도 여기에 추가되었다.

한편 일본에서는 대장성(大藏省) 관리가 신라 사절단이 가져온 물품에 대한 거래를 주관하였다. 구매를 원하는 자들은 구매신청서인 '매신라물해'를 미리 작성하여 대장성 관리에게 제출하였고, 대장성 관리는 이에 의거하여 매매를 중재하였다. 이렇듯 국가기관이 매매 과정에 개입한 이유는, 구매자가 너무 많이 몰려 물품의 분배를 조율할 필요가 있었고, 물품의 가격이 폭등하는 것을 방지할 필요가 있었기 때문이었다.

이렇듯 752년 김태렴의 일본 방문 기록과 '매신라물해'의 문서는 당시 신라와 일본 사이에서 이루어진 공무역의 독특한 모습을 구체적으로 보여주는 소중한 사례로서, 동아시아 공무역의 관행을 이해하는데도 좋은 시사점을 주고 있다.

3. 9세기 공무역의 후퇴와 사무역의 활성화

8세기에 성행했던 동아시아의 공무역은 이를 통제·관리할 수 있는 강력한 왕권의 뒷받침이 있었기에 가능하였다. 그러나 8세기 후반을 넘어서면서 동아시아 3국에서 왕권의 약화 현상이 거의 동시에 나타났고, 자연히 공무역도 쇠퇴의 국면에 접어들었다.

먼저 중국의 경우를 보면, 755년에 일어난 절도사 안록산(安祿山)의 난을 기점으로 하여 당 황제의 권위에 도전하는 절도사들의 발호가 전국에서 줄을 이어 일어났다. 여기에 농업생산력의 발달에 따라 기존의 균전제

(均田制)가 붕괴되고 상업 유통경제가 발달하면서, 지방에 대한 당 왕조의 통제력은 급속히 약화되어 갔다.

신라에서도 8세기 후반부터 귀족들의 반란이 빈번하게 일어나기 시작하였다. 그리고 780년에는 반란의 와중에서 혜공왕이 시해되는 충격적인 사건이 터지면서 '중대'의 전제왕권시대는 종언을 고하고 '하대'의 귀족연립시대로 이행하였다. 이후 왕위쟁탈전이 일어나고 농민에 대한 착취와 흉년까지 겹치면서 심각한 민심 이반 현상이 나타났고, 이에 따라 지방세력의 탈왕권화가 빠른 속도로 진행되었다.

일본 역시 8세기 후반부터 비슷한 변화의 양상이 나타났다. 먼저 황실 외척세력인 후지와라씨(藤原氏)의 득세로 천황의 친정체제가 약화되었고, 9세기에 이르러서는 후지와라씨가 주도하는 섭관정치(攝關政治)로 경사되어 갔다. 이와 함께 지방에서도 기왕의 반전제(班田制)가 붕괴되고 장원제(莊園制)에 기반 한 독자적인 호족세력이 일어나 무사(武士) 계급으로 발전해 갔다.

이렇듯 8세기 후반에 이르면 동아시아 삼국은 황권(왕권)이 약화되고 율령체제가 붕괴되는 조짐이 거의 동시에 나타났다. 그리고 이에 따라 공무역이 후퇴하고 이를 대신하여 사무역이 대두하는 무역 형태의 교대 현상이 뚜렷해졌다.

먼저 중국에서 8세기 중반 이후에 사무역이 빠른 속도로 확산되어갔다. 당 왕조는 점차 이러한 추세를 직접 통제할 수 없게 되었고, 급기야 지방의 절도사에게 무역에 대한 관리를 위임하기도 하였다. 765년에 당 조정이 이정기에게 신라와 발해에 대한 해운 관리의 책임을 위임했던 것이 그 좋은 예이다.

이정기(李正己)는 고구려 유민 출신으로 평로치청(平盧淄青) 절도사 후희일(侯希逸)을 몰아내고 스스로 번수(藩帥)에 오른 인물이었다. 당 조정은 그에게 절도사의 지위를 추인해 주었을 뿐 아니라 신라와 발해에 대한 해운 관리의 임무까지 위임하였다. 이정기는 이후 산동반도를 중심으로 해운의 요지들을 점령하면서 강력한 지방세력으로 성장하였다. 그리고 반당(反唐)의 기치를 내세우며 819년까지 3대에 걸쳐 약 50여년 동안 산동반도 '소왕국'의 절대지배자로 군림하였다. 이러한 이정기 일가의 급성장은 당시 산동반도 연안에서 해운과 무역을 통해 성장해 가고 있던 사무역 종사자들의 경제적 지원이 있었기에 가능하였다.

마침 그 즈음은 육상 실크로드는 절도사의 난으로 경색되고, 그 대신 해양 실크로드가 활기를 띠어가는 추세였다. 자연히 사상(私商)들은 해양을 통해 동남아, 인도, 아라비아 등지와 무역을 전개하였고, 사무역은 급성장하였다. 산동반도를 중심으로 활동하던 재당신라인들도 이러한 추세에 편승하여 당과 신라와 일본을 연결하는 동아시아 해양무역을 주도해가면서 사무역 분야에서 영향력을 확대해 갔다. 8세기 후반에 고구려 유민 출신의 이정기 일가가 산동반도에서 위력을 떨칠 수 있었던 것도 실은 산동반도를 중심으로 성장한 재당신라인의 경제적 기반과 지원에 힘입은 바가 컸다.

9세기 들어 동아시아 3국의 공무역체제가 무너져가자, 3국을 넘나들며 사적인 무역활동을 전개하던 신라 상인들의 움직임은 더욱 활기를 띠게 되었다. 이제까지 공부역체제의 제약 속에서 진귀한 박래품(舶來品)에 대한 욕구에 목말라 있던 일본인들에게 무역품을 가득 싣고 수시로 찾아오는 신라 상선(商船)은 그야말로 흠모의 대상이었다.

당시 일본인들은 신라 상인들이 가져온 물품을 경쟁적으로 구매하였고, 이로 인해 심각한 사회 문제가 야기되기도 하였다. 지위의 고하를 막론하고 신라 상인이 가져온 물건을 경쟁적으로 구매하여 사치가 극에 달하고 가산을 탕진하는 경우까지 허다하게 일어났다. 중앙의 최고 관서인 태정관(太政官)은 당시 일본의 관문항구인 츠쿠시[筑紫]에서 출입국 업무를 총괄하던 다자이후[大宰府]에 공문을 발송하여 공정가격이 지켜질 수 있도록 관리감독을 철저히 할 것을 지시하기도 하였다.

당시 일본의 관리들 중에는 이러한 폐단에 대해 심각한 위기감을 느끼고 극단적인 조치를 취할 것을 주장한 이도 있었다. 다자이후의 관리였던 후지와라 마모루[藤原衛]는 842년 8월 15일에 조정에 상주문(上奏文)을 올려 신라국 사람들의 입국을 일체 금지시킬 것을 건의하였다. 그렇지만 태정관(太政官)은 이에 대하여 신라 상인들의 민간 교역은 허용하되 교역이 끝나면 곧바로 돌아가도록 하라는 미온적인 조치에 그쳤다. 신라 상인들의 입국 자체를 금지할 경우 조정에 필요한 진귀한 진상품의 조달이 어려울 뿐 아니라 일본 귀족들의 박래품에 대한 욕구를 원천 봉쇄하는 결과가 초래되는 것을 우려했기 때문이었다.

사무역으로 인한 사회 문제는 일본에서 뿐만 아니라 신라에서도 일어났다. 흥덕왕(興德王)은 834에 내린 교서에서, 백성들이 외래품을 경쟁적으로 구매하여 사치가 극에 달하고 상하(上下)와 존비(尊卑)의 신분 질서가 무너지고 있음을 경고하고, 옛 제도에 따라 신분질서를 바로잡겠다는 의지를 밝혔다. 『삼국사기』의 잡지(雜志)에 전하는 바에 의하면 신라는 신분에 따라 의복, 수레, 그릇, 가옥 등의 사용을 차별적으로 규정하고 있었는데, 사무역의 성행으로 진귀한 외래품들이 유입되면서 이런 신분적 차별 규정을 혼란에 빠뜨리고 신분제의 문란을 야기시켰던 것이다. 이러한 신분제 문란 현상은 신라와 마찬가지로 신분적 차별을 규정하고 있던 일본의 경우에서도 일어나고 있었다. 일본에서 신라 상인의 입국 자체를 금지하자는 과격한 주장이 나왔던 것도 알고 보면 이러한 위기감에서 연유한 바가 컸다고 해야겠다.

이렇듯 사무역이 급속히 확산되면서, 신라와 일본에서 외래 사치품이 범람하여 법제에 규정된 엄격한 신분질서의 틀마저 위협하는 지경에까지 이르렀다. 그런데 당시 동아시아 사회에 지대한 사회변동의 파장을 몰고 왔던 사무역의 주요 담당자는 바로 당과 신라와 일본에 흩어져 살고 있던 신라 상인들이었고, 그 한 가운데에 장보고(張保皐)란 인물이 있었다는 것을 주목할 필요가 있다.

Ⅱ. 장보고의 동아시아 해양무역 주도

1. 장보고에 대한 평가와 기록들

장보고는 8세기 말에 당으로 건너가 군인으로 무역인으로 큰 성공을 거둔 후 828년에 신라에 귀국하여 완도에 청해진을 설치하고 동아시아 해양무역을 주도했던 인물이다. 장보고는 승려나 문인과 같은 당시 동아시아 최고 지성들과 폭넓게 교유했고, 그들은 그에게 열렬히 환호하였다.

먼저 당의 저명한 시인 두목(杜牧, 803~852)과의 교유를 들 수 있다. 두목은 그의 문집 『번천문집(樊川文集)』에 입록한 「장보고·정년전」에서 장보고에 대한 우호적 심정을 극진히 표명하고 있다. 장보고가 30세의 나이로 10년 연하의 정년과 당으로 건너온 일, 무예에 출중했던 점, 귀국하여 청해진을 건설하고 해적을 소탕했던 일, 재당시절에 원수지간이 되었던 정년이 청해진에 찾아오자 기꺼이 받아들여 중용했던 일, 신라 중앙의 반역 사건을 평정하고 새로운 왕을 세웠던 일 등을 소개하고 있다. 특히 장보고와 정년의 관계를 안록산 난 직후의 곽분양(郭汾陽)과 이임회(李臨淮)의 관계에 비유하면서, 장보고를 '인의지심(仁義之心)'이 충만하고 명견(明見)을 가진 인물'로 평가하였다.

뿐만 아니라 그는 '나라에 한 사람이 있으면 그 나라는 망하지 않는다'는 어(語)의 잠언을 인용하면서 장보고가 바로 그런 사람이라고 극찬하고 있다. 그는 또한 장보고가 중앙의 왕위쟁탈전에 관여한 사건에 대해 언급하면서, 배반자를 평정한 사건으로 이해하고 우호적으로 평가하고 있다.

장보고가 귀국한 후에도 두목은 장보고에 대해 지속적인 관심과 애정을 보내고 있었던 것이다. 이러한 두목의 장보고에 대한 평가와 관심은 곧 장보고가 당시 당의 지식인들 사이에 얼마나 우호적인 인물로 비쳐지고 있었던가를 단적으로 보여준다.

다음에 일본의 도당(渡唐) 유학승 엔닌[圓仁, 794~864]과의 교유이다. 엔닌은 838년 7월 2일에 당에 도착했고, 847년 9월 2일에 당을 떠났으니, 그의 당 유학생활은 9년 2개월이었다. 그는 일기 형식으로 유학생활의 행적을 자세히 기록하였다. 『입당구법순례행기』가 그것이다.

실은 장보고와 엔닌이 서로 직접 만날 기회는 없었다. 장보고가 828년에 신라에 귀국하여 청해진을 건설하고 동아시아 해양무역을 영위하다가 841년에 암살당했기 때문이다. 그럼에도 엔닌은 『입당구법순례행기』에 남긴, 장보고에게 보낸 편지에서 생면부지의 장보고가 자신의 유학생활을 배후에서 도와준 사실에 크게 감사하면서 한번이라도 그를 친견했으면 하는 소망을 밝혔다. 또한 장보고가 매물사로 당에 파견한 청해진 병마사 최훈을 통해서 보낸 편지에서도 청해진을 방문하여 장보고 대사를 직접 만나 감사의 마음을 표하고 싶다는 심정을 밝히기도 하였다.

그러나 엔닌이 귀국길에 오르기 6년 전에 장보고는 암살당하여 끝내 만남이 이루어지지 못하였다. 아쉬움을 품고 귀국한 엔닌은 일본 천태종의 3대 좌주에 올랐고, 천태종의 종찰인 엔랴쿠지[延曆寺]가 있는 헤이에산 북쪽 계곡에 소박한 적산궁(赤山宮)을 세워 적산의 신라명신을 임시로 봉안하였다. 그리고 엔닌이 입적한 지 24년 후에 그의 제자들이 유지에 따라 적산선원(赤山禪院)을 엔랴쿠지의 정식 별원으로 세워 이곳에 적산명신(赤山明神) 신라신을 봉안하였다.

적산명신 신라신은 장보고를 지칭할 가능성이 크다. 엔닌은 당 유학 초기 약 8개월 간을 장보고가 세운 적산의 법화원(산동반도 석도진 소재)에 머무르면서 필요한 모든 편의를 제공받았다. 그리고 이것이 모두 장보고가 베

엔랴쿠지의 적산궁

푼 은덕임을 알고서 수차례 편지를 보내 감사의 마음과 함께 직접 장보고를 친견하고 싶은 마음을 전한 바 있었다. 그러나 끝내 장보고를 만나지 못했으니, 그가 귀국 후에 적산명신 신라신을 봉제한 것은 이미 죽어 신이 된 장보고에 대한 사모의 정을 표현하고자 한 것이 아니었을까 한다.

지금도 일본인들이 적산명신 신라신을 재물의 신으로 모시고 있는데, 이는 장보고를 당대 최고의 부자로 여겼던 것과 상통한다. 그렇다면 엔닌은 감사와 사은의 심정으로 장보고를 적산명신 신라신이라는 신격으로 승화했던 셈이 된다. 엔닌은 『입당구법순례행기』에서 장보고의 이름을 '보배롭고 높은 존재'라는 특별한 의미의 표현인 '張寶高'라고 표기하여 그에 대한 존숭의 마음을 드러냈다.

장보고가 승려의 도당유학을 지원한 것은 엔닌만이 아니었을 것이다. 그는 당시 신라 선승들의 도당유학도 적극 지원했을 가능성이 있다. 장보고와 그들과의 구체적인 관계에 대해서는 알려진 바가 없지만, 그들이 대부분 장보고의 청해진 활약 시기(828~841)에 서남해지역을 통해 당에 건너

가거나 돌아오는 경우가 많았다는 것은 장보고의 후원 하에 이루어졌을 가능성을 시사한다. 몇 가지 예를 들어보자.

먼저 보조체징(普照體澄)은 837년 당에서 돌아와 장흥 보림사에서 가지산문(迦智山門)을 일으켰으며, 혜철(慧哲)은 814년에 당에 건너갔다가 839년 2월에 돌아와 곡성의 태안사에서 동리산문(桐裏山門)을 열었다. 그리고 홍척(洪陟)은 당에 건너갔다가 826년에 임피를 통해 귀국해 남원의 실상사에서 실상산문을 열었으며, 현욱(玄昱)은 824년에 당에 건너갔다가 837년 9월에 나주 회진포를 통해 돌아와 창원 봉림사에서 봉림산문(鳳林山門)을 열었다. 또한 도윤은 825년에 당에 건너갔다가 847년에 귀국하여 한 때는 화순 쌍봉사에 자리를 잡았다가 후에 강원도 영월로 옮겨 사자산문(獅子山門)을 열었다. 그리고 성주산문(聖住山門)의 개산조(開山祖) 무염(無染)은 822년에 중국에 건너갔는데, 그의 비「重修無染寺院記」가 장보고의 중국 활동 근거지였던 산동성 문등현 곤륜산 아래에서 발견되어, 장보고의 지원을 받았을 가능성을 시사해주고 있다.

장보고시대에 도당유학을 하고서 서남해지역을 통해서 귀국한 이들 선종 승려들은 장보고의 경제적 도움을 받았을 가능성이 크다. 다만 그들은 '불립문자(不立文字)'를 추구하는 선승이기 때문에 저서를 내지 않아 장보고에 대한 기록을 남기지는 않았지만, 신라사회에 돌아와 장보고에 대한 우호적인 여론을 조성해 주었을 것이다.

장보고를 극찬한 것은 개인적인 차원에서만 이루어진 것이 아니었다. 동아시아 삼국의 정사 역시 하나같이 장보고를 높이 평가하였다.

먼저 송나라 때 국가 차원에서 편찬한 중국의 정사 『신당서』는 많은 지면을 할애하여 장보고를 대서특필하였다. 먼저 『신당서』의 동이열전 신라전은 장보고에 대한 두목의 평가를 거의 그대로 전재하고 있다. 특히 장보고가 원수지간이었던 정년을 중용했던 것을, 춘추시대 진나라의 대부 기해가 원수 사이였던 해호를 천거했던 것, 그리고 당나라의 장수 곽분양이 역시 원수지간이었던 이임회를 중용했던 것과 견주면서 장보고를 동이의 최고 인물로 내세우는데 주저하지 않았다. 당나라 인물도 아닌 신라인에 대하여 이처럼 많은 지면을 할애하고 극찬에 가까운 평가를 내렸다는 것 자체가 매우 이례적인 일이다.

더욱이 『신당서』의 편찬에 참여한 사신(史臣) 송기(宋祁)는 장보고 기사의 말미에 다음과 같은 사찬(史贊)을 붙여 극찬하였다. "아! 서로 간에 원망과 해독을 끼치지 않고 나라의 우환을 먼저 생각한 것은 진(晉)의 기해란 사람이 있었고, 당에는 곽분양과 장보고가 있었으니, 누가 동이(東夷)에 사람이 없다고 할 것인가!"

고려시대 김부식이 편찬한 우리나라 최초의 현전 정사인 『삼국사기』에서도 장보고에 대한 호평을 이어갔다. 김부식은 「장보고·정년 열전」의 말미에 붙인 자신의 사론(史論)에서 두목과 송기가 장보고에 대해 내린 극찬에 가까운 평가를 소개하면서 자신도 같은 생각임을 표명하였다. 뿐만 아니라 「김유신 열전」에 붙인 사론에서는, 김유신의 경우 자료가 풍부하여 모든 사람들이 잘 알고 칭송하고 있는 것에 반해 을지문덕과 장보고의 경우는 중국의 서적에 의존하여 겨우 그 편린을 살필 수 있는 상황임을 지적하면서, 이들에 대하여 다음과 같이 논평을 내렸다. "비록 을지문덕이 지략(智略)이 있고 장보고가 의용(義勇)이 있음에도 중국의 서적이 아니었다면 사라져서 전해질 수 없었을 것이다."

김부식은 장보고를 '의롭고 용기있는 자'로 평가하였다. 우리나라의 정사에서도 장보고에 대한 호평은 예외가 아니었다는 것을 보여준다.

일본의 정사 『속일본후기』에서도 장보고에 평가는 매우 호의적이었다. 『속일본후기』는 장보고가 암살된 지 30년도 채 안된 869년에 편찬되었기 때문인지 장보고에 대한 구체적이고 생생한 기사를 세 군데에서 다루고 있다. 모두 장보고가 무역선단을 일본에 파견하여 대규모 무역을 하고 있던 정황을 소개하는 내용이다. 특히 주목되는 것은 장보고 이름을, 엔닌의

『입당구법순례행기』에서처럼 보배 보(寶)와 높을 고(高)를 써서 '張寶高'라 표기하고 있다는 점이다. 이는 보호할 보(保)와 언덕 고(皐)를 써서 '張保皐'라 표기한 중국과 우리나라의 사서의 표기와 대비된다. 이러한 장보고 이름의 한자 표기는, 당시 일본사회에서 장보고를 '보배롭고 높은 존재'로 특별하게 인식하고 있었던 것을 보여준다.

장보고는 대규모 국제 해양무역을 통해 동아시아 최고의 거상으로 성장했고, 그 과정에서 당나라의 두목이나 일본의 고승 엔닌(圓仁)과 같은 동아시아 지성인들을 지원하고 원만한 관계를 유지하여 그들의 찬사를 받고 있었다. 그는 돈만 아는 졸부가 아닌, 돈을 쓸 줄 아는 통 큰 무역인의 전범(典範)으로 국제사회에 각인되고 있었던 것이다.

당시의 이러한 호평은 역사서에까지 이어졌다. 한 인물이 동아시아 3국의 정사에 모두 이름을 올리는 것만도 극히 이례적인데, 이처럼 극찬에 가까운 평가를 받은 사례는 유례를 찾기 어려울 것이다. 장보고의 특별한 활동상에 대한 국제사회의 우호적 평가가 당대에서 뿐만 아니라 후대에까지 이어졌음을 보여준다. 이제 기록의 편린을 더듬어 해양무역인으로 대성한 장보고의 특별한 삶과 활동 내력을 재구성해 보기로 하자.

2. 재당신라인 장보고의 입신

장보고의 유년시절에 대한 정보는 거의 없다. 다만 장보고가 완도에 청해진을 설치한 점, 장보고의 고향 후배인 정년(鄭年)이 바닷물 속 잠수에 매우 능숙했다는 이야기, 중국에서 기아에 허덕이던 정년이 "고향에서 죽는게 낫다"고 하면서 청해진의 장보고를 찾았던 사연, 그리고 후에 문성왕이 장보고의 딸을 차비(次妃)로 맞아들이려 할 때 조정 대신들이 장보고가 해도인(海島人)임을 지적하면서 반대했던 일 등으로 미루어 볼 때, 그의 출신지는 일단 완도로 비정할 수 있다.

장보고의 원래 이름은 궁복(弓福) 혹은 궁파(弓巴)로 알려져 있다. 혹자는 궁복이란 이름을 '궁보'로 간주하여 '활쏘기를 좋아한 자' 혹은 '활을 잘 쏜 자'란 의미로 풀기도 한다. 이는 '먹보', '심술보' 등류의 '-보' 접미사의 용법으로 푼 것으로서 그럴 듯하다. 그가 당에 건너가 서주(徐州) 무령군(武寧軍) 군중소장(軍中小將)의 군직(軍職)에 올랐던 것이나 무예의 달인으로 알려져 있었던 것 등은 이러한 그의 이름 풀이를 더욱 그럴 듯하게 보이게 한다.

청년으로 성장한 장보고는 10세가량 어린 동향(同鄕)의 후배 정년(鄭年)과 함께 풍운의 꿈을 안고서 당으로 건너가서 30세가량에 서주 무령군의 군중소장으로 승진하였다. 그런데 당에서 무령군이라는 군단명이 805년에 처음 칭해졌다고 하니, 805년의 해는 재당 시절 장보고의 행적을 추적하는데 중요한 기준이 될 수 있다. 장보고가 무령군의 소장직에 오른 시기는 아무리 빨라도 805년 이전으로 올라갈 수는 없겠고, 그가 당에 건너간 시기는 일단 805년 전후였을 것으로 추정해 볼 수 있다. 그런데 그가 신라에 귀국한 시점이 828년이므로, 당에 머문 기간은 9세기 초의 20~30년으로 압축된다.

그렇다면 당에 머무는 동안 장보고는 무슨 일을 했을까? 이 기간은 그의 인생을 결정지은 가장 중요한 시기였음에도 불구하고 재당 시절 그의 행적에 대해서는 알려진 바가 별로 없다. 따라서 그가 무령군 소장직에 있었다는 사실을, 재당 시절 행적을 추적하는 가장 중요한 단서로 삼을 수밖에 없다.

당시 무령군의 주요 임무는 당 조정에 반기를 든 평로치청(平盧淄靑)의 번수(藩帥) 이사도(李師道)가 이끄는 평로군을 토평하는데 있었다. 그런데 이사도의 평로군은 결국 819년에 완전 평정되었다. 장보고는 무령군의 일원으로 평로군 진압전에 참전하여 그 전공을 인정받아 소장의 군직에까지 승진했던 것으로 보인다. 그런데 이 참전의 경험은 장보고로 하여금 새로운 인생의 구상을 하게 하는 전기가 되었던 것 같다. 여기에서 진압의 대상이었던 평로치청의 번수 이사도세력에 대해 간략히 스케치하면서 장보고의 성장 과정을 추론해 보기로 하자.

평로치청의 번진세력이 반당의 기치를 내걸고 대두하게 된 것은 765년에 고구려유민 출신인 이정기(李正己)가 당 조정으로부터 임명받은 평로치청절도사 후희일(侯希逸)을 무력으로 몰아내고 스스로 번수가 되면서부터였다. 이후 819년 완전 진압될 때까지「이정기(李正己, 765~781)-이납(李納, ~792년)-이사고(李師古, ~806년)-이사도(李師道, ~819년)」로 이어지는 50여년 동안 산동반도에 군림하면서 하나의 '소왕국'을 이루었다. 이사도 집권기에 산동반도의 번진세력은 15개 주를 영유하고 10만의 대군을 거느리는 최대의 번진으로 성장하였고, 급기야 당 왕조에 대하여 반란을 일으켰다.

이정기 일가가 이처럼 짧은 기간 동안에 당 왕조를 위협하는 막강한 세력으로 성장할 수 있었던 것은, 당 왕조로부터 발해와 신라와의 해양교역[海運]을 관장하는 '해운압신라발해양변사(海運押新羅渤海兩邊使)'의 업무를 위임받아 막대한 재부를 축적할 수 있었기 때문이었다. 여기에 산동반도를 중심으로 널리 해운의 요충지에 집단 거주하면서 상당한 경제력을 발휘하고 있던 재당신라인들의 적극적인 후원도 이정기 일가가 급부상할 수 있는 배경이 되었을 것이다.

일본의 당 유학승 엔닌(圓仁)은 그의 일기『입당구법순례행기(入唐求法巡禮行記)』에서 중국 동해안 변에 재당신라인들의 집단 거주지가 광범위하게 분포하고 있었음을 소개하였다. 그들은 선박제조 및 수리업, 해운업, 목탄제조 및 유통업, 칼 제조업, 소금생산업 등 다양한 생업에 종사하면서 막강한 경제력과 조직망을 갖추고 있었다. 그들은 이국 땅에서 일군 땀의 결실들을 정치적으로 보호받고자 하여 고구려 유민 출신인 이정기 일가의 권력기반과 유착관계를 맺고 있었던 것으로 보인다.

그런데 이사도의 반란세력은 대당제국의 대대적인 공세 앞에서 결국 최후를 맞았다. 이 과정에서 무령군 소장으로 진압전에 참여했던 장보고의 심사는 복잡다단했을 것이다. 한편으로는 동족이 이룬 정권을 무너뜨린다는 자책이 앞섰을 것이고, 또 한편으로는 이사도 세력의 반당행위로 인해 재당신라인사회가 통째로 당 조정의 위협세력으로 낙인찍혀 버릴 수도 있겠다는 우려를 하기도 했을 것이다. 그러면서 그는 점차 재당신라인들의 저력을 발견하고 그 가능성을 확신하게 되었다. 이사도세력이 그들을 정치적으로 이용하는 것에 대해 비판적 인식을 갖게 되었고, 그 대안으로 재당신라인들의 경제적 권익을 극대화시킬 방안을 모색해 갔을 것이다. 819년에 이사도세력이 완전 진압되자, 장보고는 무령군 소장직에서 물러나 828년 귀국할 때까지 10년 가까운 세월 동안 재당신라인사회로 들어가 모종의 '새로운 사업'을 시작했던 것으로 보인다.

그렇다면 '새로운 사업'이란 무엇이었을까? 그 단서를 당대(唐代)의 두목이 『번천문집(樊川文集)』의 「장보고·정년전」에서 밝힌 장보고와 정년의 어긋난 인생행로에서 찾아보기로 하자.

장보고와 정년은 동향의 선후배로서 그가 처음 고향 땅을 떠나 멀리 당나라 땅에 건너온 것은 그들의 의기투합한 공통의 꿈이 있었다. 군인으로 성공하려는 꿈이었다. 당시 당나라에는 절도사 반란세력을 토벌하기 위해 모군(募軍)의 열풍이 일고 있었고, 그들은 이에 응하여 군인으로 성공하기 위해 당으로 건너갔던 것이다. 실제 두목은 두 사람에 대해서 "모두 싸움을 잘하여 본국에서나 서주(徐州)에서 능히 적대할 자가 없었다"고 적고 있다. 과연 그들은 같이 서주 무령군에 입대하여 나란히 군중소장의 지위에까지 올랐다.

그런데 이사도세력을 진압하는 과정에서 장보고와 정년의 인생행로는 서서히 엇갈리게 되었다. 장보고는 이사도세력이 진압된 뒤에 스스로 군직에서 물러나 새로운 사업에 뛰어들었던 반면에 정년은 계속해서 군인의 길을 고집했을 가능성이 크다. 이러한 인생행로의 엇갈림으로 인해, 그들의 우정은 금이 가고 서로 질시하는 관계로 변질되었던 것 같다. 두목은 두 사람이 원수지간이 되었음을 밝히고 있다. 그런데 결과적으로 장보고는 보기 좋게 성공을 거두고 828년에 금의환향하여 동아시아 해양무역을 주름잡는 '해상왕'으로 등극했던데 반해, 정년은 당 조정의 감군(減軍) 조치로 인해 실직당하여 끼니조차 잇기 어려운 비참한 처지로 전락하였다. 두목(杜牧)은 이러한 두 사람의 상반된 처지에 대해 "장보고는 그 나라에서 이미 귀하게 되었는데, 정년은 어긋나고 초라하게 직을 떠난 신세가 되었다"고 적고 있다.

극한적인 기한(飢寒)에 시달리며 실의에 빠져 있던 정년은 절친한 군대 동료였던 연수향(漣水鄕)의 술장(戍將) 풍원규(馮元規)를 찾아가서 자신의 처지를 한탄하면서 장보고에게 의탁하겠다는 의향을 타진하였다. 이에 대해 두 사람의 관계를 잘 알고 있던 풍원규는 먼저 정년의 자존심을 걱정해 주었다. 그러나 정년은 굶어 죽느니 자존심을 굽히고 장보고를 찾아가는 것이 좋겠다고 결심하고 이를 결행하였다.

이처럼 장보고가 군인으로 성공하자고 의기투합한 공통의 꿈을 저버리고 '다른 길'을 택하면서 정년과의 우정이 벌어지게 되었다고 한다면, 그 시점은 이사도세력의 진압 직후였을 것이다. 장보고의 '다른 길', '새로운 사업'이란 재당 신라인들을 조직해서 국제 해양무역을 이끄는 일이었다. 그리고 그는 큰 성공을 거두었고, 828년에 귀국하여 청해진을 건설하여 더 큰 성취를 이어갔다. 여기에서 장보고가 재당신라인의 새로운 지도자로 급부상하게 된 배경과 과정을 재구성해 보기로 하자.

9세기 초반에는 번진세력의 광범위한 발호로 인해 당의 지방 통제력이 급격히 약화되었고, 이에 편승하여 해적의 무리가 기승을 부리고 있었다. 당시 해적의 약탈 행위는 국제적인 외교 문제로 비화될 정도로 심각하였다. 예를 들어 신라가 숙위왕자 김장렴(金長廉)을 당에 파견하여 해적들이 신라인들을 약매(掠賣)하는 행위를 단속해 줄 것을 당 왕조에 정식 요청하였고, 이에 대해 당은 816년에 신라인을 노비로 매매하는 행위를 금지하는 금령(禁令)을 내린 바가 있을 정도였다.

당시 다양한 생업에 종사하고 있었던 재당신라인들 역시 이러한 해적의 피해에서 예외가 될 수 없었다. 더욱이 그간 자신들을 지켜주던 이사도세력마저 무너지면서, 재당신라인들은 해적들의 약탈에 무방비 상태로 노출되어 생업에 심대한 위협을 느끼게 되었다. 이러한 상황에서 장보고가 해적 퇴치에 수완을 발휘하면서 재당신라인사회의 새로운 지도자로 부상하였다. 군중소장의 경험에서 우러나온 그의 군사전략가적 소양이 해적 퇴치에 뛰어난 수완을 발휘하게 하였다. 후에 장보고가 귀국하여 신라 흥덕왕에게 청해진 설치를 건의하면서 해적들의 신라인 약탈행위를 막겠다는 것을 가장 큰 명분으로 내세웠던 것은, 그가 재당 시절부터 해적 퇴치의 일에 관심을 가지고 실질적으로 관여하였음을 시사해 준다.

당의 시인 두목은 『번천문집』에서 장보고를 인의지심(仁義之心)이 충만하고 명견(明見)의 통찰력을 갖춘 인물로 평가한 바 있다. 인의지심과 통찰력을 겸비하고 거기에 해적 퇴치에 수완을 발휘했던 장보고가 재당신라인사회에서 대중적 인기와 신임을 한 몸에 받았던 것은 당연한 일이었다. 그는 재당신라인사회에 강력한 리더십을 발휘해 갔고, 이것이 장보고가 최고의 국제 해양무역인으로 입신하게 되는 배경이 되었다.

그런데 당에 머무는 동안 장보고의 구체적인 행적은 별로 알려진 바가 없다. 다만 엔닌의 『입당구법순례행기』를 통해서 그의 행적을 역추적해볼 수 있을 따름이다. 이에 의하면 장보고는 산동반도 등주(登州)의 적산포(赤山浦)를 중심 기지로 삼고, 회하(淮河)와 대운하가 만나는 수운의 요충지인 초주(楚州)를 또 하나의 거점으로 삼아서 중국 동해안의 해양 운송시스템을 구축하였다. 여기에서 그는 자신의 고향인 신라 서남해지역의 해양세력을 결집하고 일본 규슈 일대에 그의 친분세력을 확보하여 이들을 연결하는 국제 해양네트워크를 구축함으로써 동아시아 해양무역을 주도하고 장악해 갈 수 있었다.

3. 장보고의 귀국과 청해진 건설

당에서 크게 성공을 거둔 장보고는 828년에 신라에 영구 귀국하였다. 당에서 동아시아 최고의 국제 해양무역가로 성장하여 그 명성을 떨치던 장보고가 왜 갑자기 귀국을 결행하게 되었을까?

장보고의 귀국은 치밀한 준비과정을 거쳐 이루어졌을 가능성이 크다. 그는 일찍부터 동아시아 3국을 잇는 해양무역을 더욱 촉진시킬 수 있는 곳을 모색하였고, 새로운 중심기지로 삼을 후보지로 신라 서남해지역의 완도를 낙점하고 귀국을 준비하였을 것이다. 한반도 서남해지역이 동아시아 3국을 연결하는 해양의 중심부에 위치한다는 지정학적인 조건과 함께 그의 고향이었다는 점도 낙점에 작용했을 것이다.

그렇지만 해결해야할 난제가 있었다. 신라의 통치영역 내에 있는 서남해지역에 새로운 해양무역의 기지를 건설하기 위해서는 신라로부터 상당한 자치권을 위임받지 않으면 안되었다. 자칫 신라의 통치력과 충돌할 소지도 있었으므로, 이 문제를 무난하게 조율하고 해결하는 일은 무엇보다 중요하였다. 이와 관련하여 828년이라는 그의 귀국 시점이 무척 절묘하다는 생각을 금할 수 없다.

장보고가 귀국하기 불과 6년 전인 822년에 신라에서는 김헌창(金憲昌)의 난이라는 대규모 반란시건이 터졌다. 김헌창은 하대의 시작 단계에 왕위쟁탈전에서 밀려나 '명주군왕(溟州郡王)'을 칭하며 강릉지역에 퇴거하여 군림하고 있던 김주원(金周元)의 아들로서, 부친이 놓친 왕위를 쟁취하기 위해서 반란을 일으켰다. 한 때 김헌창은 신라 영토의 거의 절반을 차지할 정도로 그 위세를 크게 떨쳤고, 그 여파는 전국에 미쳤다. 825년에는 김헌창의 아들 김범문이 다시 반란을 일으켰다. 김헌창과 김범문의 난은 겨우 진압이 되었지만, 이를 계기로 국왕의 권위는 근저에서부터 흔들리게 되었고, 지방에 대한 국왕의 통제력도 크게 위축될 수밖에 없었다. 세금이 제대로 걷히지 않아 국가 재정도 큰 어려움에 봉착했을 것임에 틀림없다.

이렇듯 신라 조정이 궁지에 몰리고 있던 828년에 장보고가 급거 귀국했던 것이니, 신라의 어려운 내부 사정에 편승하려는 장보고의 절묘한 타이밍 전략이 숨어있다. 당시 신라 조정에서는 궁핍한 국가 재정을 충당할 수 있는 장보고의 재력이 필요했고, 장보고에게는 완도와 그 주위의 서남해 지역에 대한 관할권이 필요하였다. 따라서 신라의 흥덕왕과 장보고 사이에 무언가 타협이 이루어졌다고 한다면, 그 내용의 핵심은 장보고가 신라 조정의 재정난을 타개할 수 있는 경제적 지원을 해주고, 그 대신 신라는 완도에 군사·무역기지의 건설을 승인해 주는 것에 있었을 것이다.

장보고는 이미 수년 전부터 사람을 보내 신라 왕실을 상대로 협상을 진행했을 것이고, 협상이 타결되자 828년 귀국을 단행하였다. 당시 동아시아 최고의 거부로 입신한 재당 신라 무역상인 장보고의 영구 귀국은 그 자체가 동아시아사회에 뜨거운 뉴스가 되었을 것이다. 흥덕왕이 신분적으로 미미한 장보고를 즉각 만나주었다는 것 자체가 중대 사건이었다.

장보고는 신라로 돌아오자마자 당시 신라왕인 흥덕왕을 만나서 해적 소탕을 명분으로 완도에 청해진을 설치할 것을 건의하였고, 왕은 즉석에서 이를 허락해 주었다. 뿐만 아니라 왕은 그에게 1만 여명의 군대를 주고, 대사(大使)라는 특별한 직함을 내려주기까지 하였다. 신라왕이 출신 성분조차 알 수 없는 미천한 장보고에게 내린 이 일련의 선물들은 너무나 파격적인 것들이었다. 골품제라는 엄격한 신분제사회를 유지하고 있던 당시의 신라사회에서 일어난 일이라고는 믿어지지 않을 정도이다. 따라서 해적 퇴치는 청해진 설치의 표면적인 명분에 불과한 것이었고, 실질적으로는 위에서 설명했듯이 양자 사이에 주고받는 협상 위에서 청해진 설치안이 타결되었다고 보는 것이 타당하다. 해적 퇴치가 1만 명의 군대 주둔의 명분이 되었을 수도 있다.

　1만 명의 군대는 왕이 준 것으로 되어 있다. 그렇지만 당시 신라 조정은 만 명이나 되는 대군을 장보고에게 즉시 마련해줄 수 있을 정도로 여유가 있지 못하였다. 더욱이 섬 출신의 이방인에게 국가의 군대를 선뜻 내준다는 것은 더욱 생각할 수 없는 일이다. 따라서 이는 장보고가 국왕으로부터 권한을 위임받아 서남해지역의 변민(邊民) 1만 명을 직접 징발하고 조직한 일종의 사병으로 보는 것이 타당할 것이다. 장보고가 이미 그 이전부터 서남해지역의 해양세력을 미리 규합하여 구축해 놓은 군사적 기반을 국왕으로부터 추인받은 것일 수도 있다.

　완도의 청해진은 문화재연구소가 1991년부터 2001년까지 10년간 8차에 걸쳐 장도의 청해진유적지 발굴을 수행하면서 그 면모가 드러났다. 장도에서 토석 혼축의 성지와 우물 등의 유구가 확인되었고, 장도 주위의 바닷가에서는 직경 30cm 안팎의 참나무와 소나무 기둥들을 약 10여cm 간격으로 박아 세운 목책(木柵)의 흔적이 확인되어, 2중의 방어망이 구축되어 있었음을 알 수 있다. 이로 보아 장도는 장보고를 위시로 청해진의 핵심 멤버들이 주차(駐箚)한 본영(本營)의 자리였을 가능성이 유력시되었다. 그렇지만 아직 속단하기는 어렵다. 장도뿐만 아니라 장도 밖의 장좌리, 그리고 그에 인접한 죽청리, 대야리 일대에 청해진의 본영과 병사들이 머문 군영이 산재해 있었을 가능성을 배제할 수 없다. 앞으로 장도는 물론 이 일대에 대한 종합적인 조사가 요망되는 이유이다.

　한편 청해진의 관할 범위는 단순히 완도에만 국한되었던 것이 아니라, 서남해지역의 도서·연안지역을 포괄하고 있었을 것으로 보인다. 장보고가 암살당한 후에 일본에 귀화한 어려계(於呂系) 등이 "장보고가 다스리던 섬의 백성"이라 했던 것에서 서남해지역의 뭇 섬들이 청해진의 관할 범위에 있었던 것을 알 수 있다. 또한 강진군 대구면과 해남군 화원면 일대에서 대규모 초기청자의 요지군(窯址群)이 확인되었는데, 이는 장보고에 의

해 조성된 대규모 도자기 생산단지였을 가능성이 큰 것으로 지목되고 있다. 또한 이와 함께 최근에 장흥 천관산 지역을 중심으로 성장한 호족세력이 장보고의 지배 하에 들어갔을 가능성을 지적한 연구도 있다. 이런 것들을 종합해볼 때, 당시 청해진의 관할 범위는 완도군, 진도군, 신안군의 도서지역과 강진군, 해남군, 영암군, 장흥군의 연안지역을 포함하는 서남해지역 일대에 미치고 있었다고 할 것이다.

이렇듯 청해진의 설치가 서남해지역 일대에 대한 장보고의 관할권을 신라 조정으로부터 승인받는 것을 의미하는 것이라면, 이는 비슷한 시기에 설치된 다른 군진(軍鎭)들, 즉 패강진(浿江鎭, 782년에 설치), 당성진(唐城鎭, 829에 설치), 혈구진(穴口鎭, 844년에 설치)과는 여러 가지 점에서 차이를 보여주고 있다. 먼저 그 명칭에서 타 군진들은 지명을 관칭(冠稱)했던 데 반해, 청해진은 '바다를 깨끗하게 한다'는 의미의 추상명사 청해를 앞세운 아칭(雅稱)

장도 청해진 유적지

의 명명법(命名法)을 쓰고 있다. 완도의 원래 이름은 청해가 아니라 조음도(助音島)였다. 그렇다면 청해란 이름은 장보고가 완도에 진(鎭)을 철치하면서 해양에 대한 그의 포부를 밝히면서 명명한 것으로 보는 것이 타당하다. 이 점에서 청해진의 관할 범위는 서남해의 도서·연안지역을 포괄하였을 것으로 보아 무방하다.

다음에 장관의 명칭에서도 차이를 보인다. 예컨대 패강진의 경우 처음엔 두상대감(頭上大監)이라 칭하다가 신라 말기에 도호(都護)라 개칭하였고, 혈구진의 경우는 진두(鎭頭)라 칭했던 데 반해, 청해진의 경우는 신라사에 전무후무한 대사(大使)란 직명을 쓰고 있다. 이는 아마도 당에서 반독립세력인 번진(藩鎭)의 절도사(節度使)에 대한 별칭으로 쓰이던 대사(大使)의 명칭을 허용해준 것으로 생각되며, 이 점에서 청해진이란 당의 번진과 같은 독자적 세력집단을 염두에 두었다고 볼 수 있다.

장보고의 청해진 설치는 그가 재당 시절에 성취한 동아시아 해양무역의 사업을 한 단계 도약시키려는 야심찬 기획의 시작이었다. 먼저 그는 청해진과 그 관할 지역의 해양세력을 결집하여 1만 여명에 이르는 군사력을 확보하고, 이로써 해적들의 준동을 잠재우는 성과를 거두었다. 이를 바탕으로 잠시 경색되었던 동아시아의 해양 교역체계를 재가동시키고, 이미 무력화된 8세기의 공무역을 대신하여 사무역을 주도적으로 운영해 갔다. 이러한 의미에서 장보고의 활동상을 총괄하여 '군산(軍産) 복합체제의 종합상사'로 규정한 견해는 일리가 있다. 더 아나가 장보고가 청해진을 중심 기지로 삼아 주도해 갔던 동아시아 해양무역체제를 '청해진체제'라 불러도 좋을 것이다.

4. 장보고의 동아시아 해양무역

장보고가 주도한 동아시아 해양무역체제, 곧 '청해진체제'는 순항하였다. 이는 다음의 몇 가지 조건이 충족됨으로써 가능하였다. ① 더욱 강고한 재당 신라인사회의 네트워크를 구축하고 이를 원격 조종하고 관리하는 시스템을 작동할 수 있었다는 점, ② 일본 규슈지역에 우호세력을 체계적으로 관리하고 확대시켰다는 점, 그리고 ③ 이를 바탕으로 신라와 당과 일본을 잇는 해양무역의 시스템을 정비하였다는 점 등이 그것이다.

먼저 장보고는 재당 신라인사회를 장악하고 이를 원격 조종하고 있었다. 엔닌[圓仁]의 『입당구법순례행기』에 의하면 장보고는 그의 대리인격인 등주(登州)의 장영(張詠)과 초주(楚州)의 유신언(劉愼言) 등을 통해서 재당신라인사회를 원격 조종했던 것처럼 되어 있다. 또한 적산 법화원은 신라인사회를 결집하는 상징적 구심체였다.

장보고는 청해진에 머무르며 매물사가 이끄는 무역선단을 당에 수시로 파견하여 재당 신라인사회의 조직을 점검하고 이를 활용하면서 무역업무를 수행하였다. 엔닌의 일기에 의하면 839년 6월 27일에 장보고가 보낸 두 척의 무역선이 적산포에 도착했는데, 그 때 청해진병마사(淸海鎭兵馬使)의 직함을 가진 최훈(崔暈)이란 인물이 무역선을 대표하는 매물사의 임무를 수행한 것으로 되어 있다. 여기에서 청해진에 '병마사'라는 독자적인 관직체계가 있었다는 것이 우선 관심을 끈다. 그것이 군사적인 냄새를 물씬 풍기는 관직이라는 점에서 더욱 흥미로운데, 이는 곧 청해진이 반독립적 군정체제(軍政體制)를 갖추고 있었음을 의미한다. 또한 병마사의 직을 가진 이를 무역선단의 우두머리인 매물사로 임명하여 파견했다는 점에서, 청해진의 조직이 '군산(軍産) 복합체제의 종합상사'의 성격을 띠고 있다는 것을 실감할 수 있다.

매물사 최훈은 적산 법화원에 들러 청해진의 대리인격인 장영 등을 위로하고, 7개월 보름 동안 중국 동해안 변의 주요 항구에 들러서 무역활동을 전개하고 다시 적산포로 돌아오는 대장정을 소화하였다. 그는 산동반도에서 강남지역에 이르는 광대한 지역 주요 항구, 즉 유산포(乳山浦), 해주

중국 산동반도의 적산 법화원

(海州), 초주(楚州), 양주(揚州) 등을 들렀다. 이들은 물자의 집산이 이루어지는 주요 항구였고, 이런 항구에는 예외 없이 신라촌이 조성되어 있었다. 최훈은 신라촌의 재당신라인들을 중요한 인적 자원으로 활용하면서 무역활동을 전개하였을 것이고, 그 과정에서 이들을 관리하는 일도 수행했을 것이다.

이처럼 매물사 최훈은 산동반도 적산포에서 양주에 이르는 주요 항구들을 주유하면서 광폭의 무역활동을 전개하고 신라인사회의 네트워크도 직접 점검하였다. 그런데 그의 무역선은 산동반도의 적산포로 다시 돌아와 적산포에서 신라를 향해 출항했다 한다. 이는 곧 적산포가 장보고 선단의 전용 항구였고, 재당 신라인사회를 원격 조종하는 중심축이었다는 것을 의미한다. 이점에서 장보고가 적산포의 뒷산 적산에 법화원을 건설하여 재당신라인사회의 상징적 종교공동체로 활용했던 이유가 더욱 분명해진다.

장보고는 당에 매물사를 파견하여 무역활동을 전개했던 것과 마찬가지로 일본에는 회역사(廻易使)를 파견하여 무역선단을 지휘하도록 하였다. 회역사에 대한 구체적인 사례는 일본측 사서인 『속일본후기(續日本後紀)』에 전한다. 그 내용은 대체로 이러하다.

장보고는 암살당하기 직전 이충(李忠)과 양원(楊圓)을 회역사로 삼아 진귀한 물건들을 가득 실은 교관선(交關船)을 일본 큐슈의 치쿠젠오츠[筑前大津, 지금의 하카다항(博多港)]로 보냈다. 그런데 841년에 장보고가 암살당함으로써 그 물건들을 둘러싸고 국제 분쟁이 발생하였다. 장보고를 암살하고 임시 청해진을 관장하고 있던 염장(閻長)은 옛 장보고의 부하인 이소정(李少貞)을 일본에 보내 장보고의 물건들을 반환해 줄 것을 일본측에 요청하였다. 이에 대해 일본의 공경들은 장보고가 암살당했다는 것을 이유로 반환해주지 않기로 의견을 모았다. 그런데 여기에서 또 다른 문제가 발생하였다. 전 치쿠젠국수[筑前國守] 미야타마로[宮田麻呂]가 장보고에게 미리 값을 지불했다고 주장하면서 그 물건들을 모두 앗아간 사건이 발생한 것이다. 이에 대해 당국은 이를 면밀히 조사하여 일부를 돌려주도록 조치하였다.

장보고의 회역사는 주로 오늘날 하카다항인 치쿠젠오츠을 통해 일본에 출입했고, 일본측 교역의 책임 파트너는 치쿠젠국수였음을 알 수 있다. 장보고와 치쿠젠국수가 긴밀한 관계를 맺고 있었음은 미야타마로의 사례 외에도 또 있다. 먼저 장보고는 당에 머물고 있던 824년경에 일본의 치쿠젠국[筑前國]에 방문하여 당시 국수(國守)였던 스이미야[須井宮] 등을 만나 무역에 관한 업무를 협의한 적이 있었다. 또 838년에 엔닌이 당 유학길에 올랐을 때에도 치쿠젠국수가 엔닌에게 장보고에 대한 소개장을 써주기도 하였다. 장보고의 대일본 무역이 치쿠젠의 국수와 직접 담판을 통해서 이루

일본 하카다에 있는 다자이후 유적지 전경

어지고 있었던 것을 알 수 있다.

장보고의 회역사가 가져간 진귀한 물건들에 대한 일본인들의 구매 욕구는 매우 강렬하여 으레 가격 폭등과 품귀 현상이 일어나곤 하였다. 이는 곧 장보고 선단이 가져온 외래품이 가격 경쟁을 불러일으킬 정도로 인기가 대단했다는 것을 의미한다. 이런 맥락에서 볼 때, 미야타마로가 물건을 미리 확보하기 위해 장보고에게 가격을 선납(先納)했다는 것도 충분히 있을 수 있는 일이었다. 장보고 무역선단의 영향력은 지대하였고, 무역선단의 우두머리인 회역사는 한 나라의 사신처럼 행세하기도 하였다.

일본 조정은 장보고의 무역선단의 영향력에 대해서 경계의 눈초리를 보내기도 하였다. 치쿠젠국 소재의 대외업무 전담기관인 다자이후[太宰府]의 모 관리는 장보고가 개인 자격으로 일본에 파견한 회역사가 국가의 공식 사절단처럼 처신한다는 것을 문제 삼으며 추방할 것을 주장하기도 하였다. 그러나 일본 당국은 다만 가격이 비정상적으로 폭등하는 것만을 경계하였을 뿐, 교역 자체를 금하는 극단적인 조치를 취하지는 않았다. 장보고의 무역품에 대한 일본인들의 강렬한 구매 욕구를 원천적으로 막을 수는 없었기 때문일 것이다.

  이렇게 장보고의 대일 무역이 과열되다 보니 예기치 않은 사회 문제가 야기되기도 하였다. 예건데 쏟아져 들어온 외래 물품을 구매하기 위해서 가산을 탕진하는 사례가 비일비재했고, 사치 풍조와 외래품 선호의 풍조가 만연하기도 하였다. 그리하여 이제까지 신분에 따른 생활 용품의 차별적 사용을 법제화했던 신분제의 엄격한 적용을 와해시키는 조짐마저 초래되기도 하였다. 이러한 조짐은 같은 시기에 신라에서도 이미 일어나고 있었다.

  일본 조야에서 진귀한 물품을 공급해 주고 있던 장보고의 인기는 꺾일 줄 몰랐다. 일본사서에서 장보고의 한자식 표기를 '張寶高'라 쓴 것도 알고 보면 그의 높은 인기를 반영하는 좋은 예가 된다. 이는 '보배롭고 높은 존재'라는 의미로서, 특별한 의미가 담겨 있지 않는 중국 사서에서의 '張保皐'란 표기와는 확실히 대조를 이루는 표현이다. 장보고의 이름 표기에는 장보고에 대한 일본인들의 특별한 경외의 정서가 담겨있다고 할 수 있다.

Ⅲ. 장보고의 암살과 청해진 철폐

1. 장보고 암살의 미스테리—그는 반역자인가?

  장보고는 한국의 해양진출사를 화려하게 장식한 일대 해양영웅이었다. 그런데 그는 어이없게도 염장이란 자의 손에 암살당하는 불행한 최후를 맞이하였다. 841년의 일이었다. 장보고의 암살에 대하여 반란 행위에 대한 신라 왕실의 '징벌'이라는 시각으로 보는 견해도 있지만, 신라 조정의 음모에 의해서 '도살(盜殺)'된 것으로 보는 견해도 만만치 않다. 이제 여기에서 장보고 암살의 경위와 그 성격을 살펴봄으로써, 장보고의 암살과 관련된 역사적 진실에 접근해 보기로 하자.

장보고 비극의 발단은 836년에 일어났다. 그해에 흥덕왕이 후사 없이 죽자, 흥덕왕의 당제(堂弟)로서 상대등(上大等)의 지위에 있던 김균정(金均貞)과 균정의 형인 헌정(憲貞)의 아들 김제륭(金悌隆) 사이에 왕위쟁탈전이 벌어졌다. 균정의 아들 우징(祐徵)은 예징(禮徵), 김양(金陽) 등과 함께 균정의 편에 섰고, 흥덕왕의 아우인 충공(忠恭)의 아들로서 당시 시중(侍中)의 지위에 있던 김명(金明)은 이홍(利弘) 등을 포섭하여 제륭(悌隆)을 지지하였다. 양 파벌은 치열한 시가전까지 벌이면서 대립하다가 결국 김명이 지지한 제륭이 왕좌에 올라 희강왕(僖康王)이 되었다. 균정은 그 와중에 피살되었고 그의 아들 우징과 그를 지지하던 김양 등은 잔병을 거두어 청해진을 찾아가 장보고에게 의탁하는 신세가 되었다.

그런데 838년에 중앙에서 다시 정변이 일어났다. 상대등 김명은 시중 이홍 등과 정변을 일으켜 자신들이 옹립한 희강왕을 핍박하여 죽게 하고, 자신이 직접 왕위 오르는 불상사가 일어났다. 민애왕(閔哀王)이 그였다. 청해진에 머물러 있던 우징은 아비와 임금의 원수인 민애왕을 토벌할 것을 장보고에게 요청하였고, 장보고는 그 요청을 받아들여 정년과 김양으로 하여금 청해진의 군사를 거느리고 경주로 진군하게 하여, 민애왕을 죽이고 우징을 왕으로 추대하였다. 이가 신무왕(神武王)이다. 장보고의 비극은 여기에서 비롯되었다. 신무왕(혹은 그의 아들 문성왕)은 장보고의 딸을 왕비로 삼으려 했으나, 군신(群臣)들이 이에 반발하여 좌절시켰다. 신라의 조정은 장보고의 동향을 두려운 마음으로 지켜보던 중, 무주 출신 염장을 사주하여 장보고를 암살하기에 이르렀다.

장보고 암살 사건의 경위는 대개 이상과 같다. 사건의 진실에 접근하기 위해서 몇 가지 문제를 재음미할 필요가 있다. ① 장보고가 왕위쟁탈전에 개입하게 된 동기, ② 납비(納妃)를 둘러싼 권력관계의 동향, ③ 장보고가 과연 난을 일으키려 했는가의 문제 등이 그것이다. 이러한 문제들을 판단하는 기준은 결국 '당시 장보고가 과연 정치적 야망이 어느 정도였는가'라는 질문으로 모아진다.

먼저 장보고가 왕위쟁탈전에 개입하게 된 동기의 문제이다. 장보고가 왕위쟁탈전에 개입한 것은 김명이 희강왕을 핍살(逼殺)한 직후인 838년의 일이었다. 836년에 김우징 일파가 왕위쟁탈전에 패하여 청해진에 찾아왔을 때는 중앙 정치에 개입하지 않았다. 왕위계승권자들 사이에서 일어난 정당한 다툼에서 승패가 난 일이기 때문이었을 것이다. 그런데 김명이 희강왕을 핍살하고 왕위를 찬탈하는 사건이 터지자 사정이 달라졌다. 우징 등은 김명의 희강왕 핍살 사건에 대해 신하가 임금을 죽인 무도한 행위로 지목하고 장보고의 개입을 설득하였고, 장보고는 이 사건을 불의(不義)의 사건으로 간주하고 이를 징벌하는 '의로운 일'에 동참하기에 이르렀던 것이다.

장보고의 왕위쟁탈전 개입 시점은 그의 정치적 성향을 파악하는데 시사하는 바가 크다. 먼저 장보고는 정치적 사건에 가능하면 개입하려 하지 않았을 가능성이 크다는 것이다. 만약 그가 정치에 대한 야망이 있었다면, 우징이 청해진에 들어왔을 때 곧바로 그와 결탁해서 행동에 옮겼을 것이기 때문이다.

이러한 장보고의 정치적 성향은 재당 시절 그의 행적을 더듬어 보면 짐작되는 바가 있다. 일찍이 장보고는 당에 건너가 서주 무령군에 소속하여 당 황실에 대항하던 평노치청의 번수 이사도세력의 진압에 참전한 적이 있었는데, 그때 그는 황실에 대항하는 정치적 도전이 무모하고 무상한 것임을 깨달았던 것 같다. 이는 이사도세력을 진압한 직후에 스스로 무령군 소장직에서 물러나 새로운 일을 추구했던 것에서 알 수 있는 바이다. 앞에서 살폈듯이 그는 재당신라인사회를 정치적 야망 실현에 이용하는 것보다는 그들의 경제적 역량을 결집하여 국제 무역업으로 발전시켜 갔던 것이다.

그가 완도를 중심으로 '청해진체제'를 건설한 것도 이러한 그의 성향을 잘 보여준다. 그런데 김우징 일행이 청해진으로 피신해 들어오면서, 장보고는 자신도 모르게 정치판에 빠져들게 되었던 것 같다. 중앙에서 신하가 왕을 죽이는 사건이 일어나자, 우징은 장보고의 의분(義憤)에 호소하여 참여를 유도했던 것이고, 장보고는 그에 설복당하여 결국 빠져나올 수 없는 정치판에 깊숙이 빠져들고 말았다. 두목(杜牧)이 평했던 인의지심(仁義之心)이 충만한 그의 성품이 그로 하여금 의(義)를 쫓아 정치판으로 쏠리게 했던 반면에, 또 한편의 성품으로 지목한 '명견(明見)'의 통찰력으로도 정치판 개입 이후 자신에게 닥칠 운명을 예견하지 못했던 셈이 되었다. 바로 여기에 장보고의 비극이 있었다고 할 수 있다.

다음에 두 번째의 문제로서 장보고의 딸을 왕비로 들이는 납비(納妃)를 둘러싼 권력관계의 동향을 짚어보기로 하자. 장보고 딸의 납비에 관한 기사를 보면 주목해야 할 점이 찾아진다. 국왕은 장보고의 딸을 비(妃)로 맞는 것에 대해 적극성을 띠고 있었던 것에 반해, 군신들은 이를 극력 반대하였다는 점이다. 실제 신무왕은 즉위하자마자 의로움에 감사하는 마음을 담아 장보고에게 특별한 '감의군사(感義軍使)'라는 직함을 내렸고, 문성왕도 역시 즉위하자마자 그에게 '바다를 지키는 장수'를 뜻하는 '진해장군(鎭海將軍)'의 직함을 내리고 장복(章服)을 하사하였다. 두 부자왕(父子王)은 장보고의 공적에 대해 감사와 신뢰의 마음을 품고 있었음을 알 수 있다. 이를 염두에 둔다면 다음과 같은 추론이 가능하다.

신무왕과 문성왕은 왕위를 위협하는 권신들의 발호 가능성에 대비해 장보고의 힘에 의지하고자 하였다. 장보고에게 특별한 직함를 내리고 그의 딸을 납비하려 했던 것은, 장보고의 공훈을 높이 평가했기 때문이기도 하지만, 그의 힘에 의거하여 왕위를 지키려는 의도도 있었다. 실제로 그 직전에 신하 김명이 자신이 추대한 희강왕을 핍살하여 왕위를 찬탈한 사건이 일어났었고, 장보고의 군사적 위력은 민애왕 김명을 제거하는 과정에서 이미 확인된 바 있었다. 이런 맥락에서 보면, 국왕의 장보고 딸 납비 시도에 대하여 반기를 든 인물이 자명해진다. 김우징을 신무왕으로 추대하는 데 앞장섰던 김양(金陽)이 바로 그였을 것이다.

김양은 일찍이 흥덕왕 사후에 김균정을 추대하려다가 김명 일파에게 패하여 균정의 아들 우징과 함께 청해진에 피신하여 와신상담 기회를 엿보던 중, 838년에 장보고의 거병(擧兵)에 힘입어 평동장군(平東將軍)의 군호(軍號)를 띠고서 경주로 진격하여 민애왕 김명을 타도하고 우징을 신무왕으로 즉위시키는데 앞장섰던 자이다. 신무왕과 문성왕에게 김양은 장보고와 더불어 일등 공신에 책봉되기에 마땅한 인물이었던 셈이다. 그런데 신무왕과 문성왕은 장보고에 대해서는 특별한 직함을 내리고 그의 딸을 납비하고자 하는 등 배려를 아끼지 않았음에 반해, 어찌된 영문인지 김양에게는 일체의 관직 제수 기사가 보이지 않는다. 이는 신무왕과 문성왕이 중앙의 실권을 장악한 권신 김양의 정치적 야망에 대해 장보고의 힘을 빌어 견제하려 했음을 보여주는 것이다.

김양은 이에 대해 군신(群臣)들을 동원하여 신분의 측미(側微)함을 내세워 장보고 딸의 납비 시도를 두 차례에 걸쳐 좌절시키는 한편, 최대의 정치적 위협 대상 인물로 떠오른 장보고를 제거하려는 음모를 꾸몄을 가능성이 있다. 그 때 마침 염장(閻長)이 장보고 제거의 행동 대장을 자처하고 나서자, 김양이 그를 사주하여 장보고를 암살하게 하고, 중앙의 막후 실력자로 부상했을 것이다. 김양은 일찍이 청해진을 관내에 둔 무주(武州)의 도독(都督)을 지낸 바 있고 염장은 무주 사람이었다고 한다. 두 사람 사이엔 무언가 사전 교감이 있었음을 시사하는 대목이다. 염장이 김양의 사주를 받아 장보고 암살을 결행했을 가능성이 큰 이유이다.

이제 마지막으로 장보고가 과연 난을 일으키려 했는가의 문제를 살펴볼 차례이다. 그런데 사서들 사이에 미묘한 차이가 찾아진다. 먼저 『삼국사기』에서는 납비가 좌절되자 장보고가 이를 원망하여 '청해진을 근거로 반란을 결행'한 것으로 되어 있는 반면, 『삼국유사』에 의하면 장보고가 '난을 도모하고자' 했다거나, 혹은 '장차 불충하려' 했다고 하여 난을 일으킬 가능성이 있었다는 것만을 지적하고 있다. 조선시대 사서에서는 장보고의 암살을 누명에 의한 억울한 죽음으로 보는 것이 일반적이다. 최부가 쓴 『동국통감』의 사론에 의하면, '도적과 같은 모략'을 받아 억울한 누명을 쓴 것으로 판단하여 장보고를 두둔하고 있다. 또한 안정복도 『동사강목』의 사론에서 장보고가 중상모략에 의해 '도살(屠殺)'된 것으로 판단하고, 장보고의 억울한 죽음에 대해서 김양의 책임론을 펴고 있다.

딸의 납비가 좌절되면서 자신을 신임하던 왕권이 크게 위축되고, 김양을 중심으로 신권(臣權)이 부상하는 것에 대해서 장보고가 모종의 대응책을 강구하였을 가능성은 있다. 그렇지만 그가 정치적 반란을 모의하거나 결행했을 가능성은 희박하다. 결국 장보고는 왕위쟁탈전에 어쩔 수 없이 개입하게 되었고, 또한 자신의 의도와는 달리 자신의 딸 납비의 문제가 중앙 정치권의 주요 쟁점으로 떠오르면서, 결국 권신 김양의 사주를 받은 염장의 손에 암살당하는 비운의 주인공이 되고 말았다. 그는 음모와 술수가 판치던 신라 중앙 정치판의 희생양이었던 셈이다.

2. 장보고 사후(死後)의 청해진과 청해진 사람들

중앙에서 신하가 왕위를 찬탈하는 불의(不義)의 왕위쟁탈전이 비일비재 일어나는 혼돈의 시대에 장보고는 정쟁의 희생양이 되었다. 당의 저명한 시인 두목(杜牧)이 '나라에 한 사람이 있으면 그 나라는 망하지 않는다'는 어(語)의 잠언을 인용하고 장보고가 바로 그런 사람임을 지적하며 극찬해 마지않았다. 뿐만이 아니라 『신당서(新唐書)』의 편찬자의 한 사람인 송기(宋祁)는 '장보고란 인물이 있는데 누가 이국(夷國=신라)에 사람이 없다고 말할 수 있는가' 하고 반문했던 그런 인물이었다. 신라가 그런 장보고를 죽였으니, 참으로 애석한 일이 아닐 수 없다.

장보고의 암살은 김양과 염장의 합작품이었다. 장보고를 제거함으로써, 김양은 신라 국왕과 장보고와의 연결고리를 끊고 국왕을 능가하는 권신의 지위를 유지하려 하였고, 염장은 장보고가 건설한 청해진의 거대한 이권을 강탈하려 하였다. 과연 염장은 841년에 장보고를 암살하고 예정대로 청해진의 새로운 주인이 되었다.

염장이 청해진의 새로운 주인이 되자 청해진의 사람들은 다양한 행태를 보여주었다. 염장에게 저항한 부류가 있었는가 하면, 염장의 휘하에 들어가 안주하려는 부류도 있었다. 뿐만 아니라 당으로, 일본으로 망명하여 새로운 삶을 개척한 부류도 있었다.

먼저 청해진의 부장(副將) 이창진(李昌珍)은 장보고의 부하들을 모아 염장에 끝까지 저항하였다. 그러나 염장이 장보고의 목을 들이대자 청해진의 군중들은 압도되었고, 그러한 상황에서 그들의 저항은 오래 가지 못하고 진압되고 말았다. 대부분의 청해진 사람들은 염장을 그들의 새 주인으로 받아들일 수밖에 없었다. 이소정(李少貞)과 같은 인물은 그런 부류의 대표자 격이었다.

다만 당에 혹은 일본에 매물사(賣物使)나 회역사(廻易使)로 파견되어 있던 자들은 장보고가 암살당했다는 소식을 듣고서 청해진으로 귀환하는 것을 포기하고 이국에서의 새로운 삶을 살아가고자 하였다. 예를 들어 청해진 병마사를 역임하고 당에 매물사로 파견된 적이 있던 최훈(崔暈)은 당에 머물러 살아가고 있었다. 엔닌[圓仁]은 그의 일기에서 845년 7월 9일에 중국 연수현의 신라방에서 '국난(國難)을 만나 도망하여 이곳에 머물고 있는 최훈을 만났다'고 적고 있다.

일본에 회역사로 파견되었던 사람들도 마찬가지였다. 장보고에 의해 회역사로 일본에 파견되었던 이충(李忠)과 양원(楊圓) 등은 회역의 일을 마치고 본국에 돌아왔다가, 장보고가 죽었다는 소식을 듣고 난을 피해 다시 일본으로 되돌아가 망명객이 되어 살아갔다. 그리고 어려계(於呂系)처럼 일본으로 건너가 '장보고가 다스리던 섬의 백성'을 칭하며 망명을 요청하는 부류도 있었다.

청해진은 장보고가 암살당한 이후 암살자 염장에 의해 관리되어 오다 10년 후인 851년에 철폐되었다. 이는 '청해진을 철폐하고 그곳 사람들을 벽골군(碧骨郡)으로 옮기었다'라는 『삼국사기』의 짧막한 기사를 통해서 알 수 있다. 그렇다면 신라는 왜 청해진을 철폐하고 청해진 사람들을 벽골군으로 옮겼을까?

먼저 청해진의 장보고세력을 발본색원하기 위한 조치였다고 보는 견해가 있다. 그러나 장보고가 죽은 지 10년이나 지난 후에 청해진을 철폐한 것은 새삼스럽다는 느낌이 우선 든다. 근래에는 염장이 청해진의 군사력을 기반으로 서남해지역의 새로운 위협세력으로 성장하는 것을 사전에 차단하기 위해 청해진을 철폐한 것으로 이해하려는 견해가 제기되기도 하였다. 염장이 단순한 관리자의 차원을 넘어서서 청해진을 자기 세력화하려는 조짐이 감지되어 장보고처럼 염장을 제거한 것으로 본 것이다.

현재로서는 청해진을 철폐한 원인은 확실하지 않다. 다만 청해진을 철폐하면서 굳이 청해진 사람들을 집단적으로 옮길 필요까지 있었을까 하는 의문이 든다. 신라는 청해진 사람들조차 위협세력으로 간주하여 무력화시키고자 했던 것일까?

여기에서 청해진 사람들의 집단 사민 조치에 대하여 다른 관점에서 볼 필요가 있다는 것을 제안하고자 한다. 그 관점은 왜 벽골군(오늘의 전북 김제시)이었을까 라는 의문에서 시작한다. 잘 알려져 있듯이 벽골군은 이미 4세기경부터 대규모의 벽골제를 축조하여 우리나라 최고·최대의 담수호를 조성한 이후 서해안을 간척하여 광활한 호남평야의 가경(可耕) 농지를 확대해왔던 곳이다. 따라서 벽골군으로 옮긴 것에 대하여, 청해진 사람들을

김제 벽골제

벽골제 수축과 간척 사업에 사역하기 위한 것으로 우선 생각할 수가 있겠다.

벽골제 수축 사업은 역대로 이어졌다. 먼저 851년과 가장 가까운 시점에 이루어진 수축 사업으로는, 신라 원성왕 6년(790)에 전주 등 7주의 사람들을 징발하여 벽골제를 증축한 일이 있었다. 신라의 9주 중에서 7주 사람들이 동원되었다 하니 벽골제 증축 공사의 규모가 막대했다는 것을 알 수 있다. 이후 고려시대에 수차례 벽골제 수축이 이루어졌고, 인종 24년(1134)에는 벽골제의 규모를 감당하지 못하고 일시적으로 폐기해 버리기도 하였다. 그러다 조선시대에 들어 다시금 벽골제 복설(復設)이 논의되다가 태종 15년(1415)에 벽골제 중수를 결정하고, 장정 총 1만명과 일을 처리하는 사람 1백명을 징발하여 약 1개월 만에 완료하였다. 그 때 세운 '벽골제 중수비'에는 벽골제 중수의 과정에 대하여 '험난한 바다의 조수와 싸우는 힘겨운 과정'의 연속이었다고 기술되어 있다.

벽골제 수축이 엄청난 인력이 동원되는 대규모 공사였을 뿐 아니라 '험난한 바다의 조수와 싸워야 했던 난공사'였다는 대목을 특히 주목할 필요가 있다. 청해진 사람들은 동아시아 바다를 경영했던 사람들로서 바다의 속성을 누구보다도 잘 파악하고 있었을 것이라는 점을 염두에 둘 때, 신라 국가가 그들을 벽골군으로 집단 이주시킨 것은 벽골제의 수축에 활용하기 위한 것일 가능성이 크다. 벽골제와 관련된 설화 중에는 제주 사람들을 동원한 흔적도 나타나고 있어, 벽골제 수축에 청해진 사람들뿐만 아니라 바다에 익숙한 다른 섬 출신 사람들도 널리 동원되었을 가능성도 있다.

청해진 사람들은 벽골제를 수축하고 서해안 저습지대를 간척하는 일에 투입되었을 가능성이 있다. 그렇다면 청해진대사 장보고의 분신들이라 할 청해진의 사람들은 수평선을 지평선으로 바꾼 '벽해수전(碧海水田)'의 호남평야 개척사에 또 하나의 신화를 재현한 셈이다.

6장 내팔려온 장보고의 유산을 둘러싼 쟁패

Ⅰ. 장보고의 유산들
1. 대규모 청자생산단지의 조성

장보고는 비운의 주인공으로 생을 마감했지만, 그가 서남해지역에 남긴 유산은 만만치 않은 것이었다. 대규모 청자 생산단지를 조성한 것과 국내외 해양교통의 중심지로 부각시킨 것이 그것이었다. 먼저 그의 첫 번째 유산으로 서남해지역에 청자 생산단지를 조성한 의미를 잠시 살펴보기로 하자.

인류는 신석기시대 이래 흙으로 그릇을 만들어 왔다. 흙그릇은 '토기→도기→자기'로 발전해 왔다. 흙그릇의 발전 단계를 가장 단순하게 말하자면, 토기는 약 7~800°C의 화력으로 노천에서 구워 만든 흙그릇을, 도기는 약 1,000°C 정도의 화력으로 가마 안에서 구워내는 흙그릇을, 그리고 자기는 1,200°C의 화력으로 역시 가마 안에서 구워내는 흙그릇을 말한다. 이렇듯 흙그릇 제작기술의 발전은 기본적으로는 높은 화력을 내고 가마를 만드는 기술에 달려 있지만, 여기에 유약도 중요한 요소로 작용한다. 토기 단계에는 유약은 아예 없고, 도기 단계에는 흙속에 포함되어 있는 자연 유약이 고온으로 인해 녹아 흘러나오는 정도에 그친다면, 자기 단계에는 인공 유약을 그릇에 정교하게 입히는 기술로 발전한다. 결국 '토기→도기→자

기'로 발전하면서 흙그릇은 더욱 강고해지고 아름다워진다.

자기는 최고의 기술 단계에 제작된 흙그릇을 말하는데, 그 색깔에 따라 크게 청자와 백자로 구분된다. 원초적인 자기는 4~5세기경에 중국에서 처음 발명되었고, 8~9세기에 이르러 자기의 전형을 갖춘 '초기청자'가 절강성의 월주요를 중심으로 생산되었으며, 이후 자기의 제작기술은 중국 전역으로 확산되면서 발전을 거듭하였다. 우리가 흔히 '자기'를 영어로 부를 때 '중국'을 의미하는 'china'라 칭하는 이유이다.

그런데 근래에 해남군 화원면 신덕리 일대에서 수십기의 '초기청자' 가마들이 확인되었다. '초기청자'란 해무리굽과 무문(無紋)을 특징적 지표로 하는, 비교적 이른 시기에 제작된 청자를 말한다. 우리나라에서 '초기청자' 요지는 중부와 서남부의 해안을 따라서 몇몇 지점에서 찾아진 바 있는데, 중부권과 서남부권의 가

토기와 도기와 자기

마는 상당한 차이를 보여주고 있다. 먼저 가마의 수에서 차이가 난다. 중부권(용인과 인천 등지)의 것은 겨우 2~3기에 불과한 반면, 서남부권 화원면의 것은 일시에 조성된 수십기에 달하는 가마가 집단군을 이루며 밀집 분포한다. 가마의 계통에서도 차이가 난다. 중부권의 그것은 흙벽돌을 쌓아서 만든 중국식 대형 전축요(塼築窯)를 그대로 이식한 것임에 반해, 화원면의

화원면 신덕리에 방치되어 있는 '초기청자'의 파편들

그것은 흙을 쌓아서 만든 우리 전통의 소형 토축요(土築窯)를 채택한 것으로 되어 있다.

그렇다면 화원면의 대규모 '초기청자' 생산단지는 언제, 누가 조성하였을까? 먼저 조성 시점에 대해서는 9세기 설, 10세기 설, 11세기 설 등 다양한 견해가 제기되었다. 어느 견해를 따른다 해도 우리나라가 중국에 이어 세계에서 두 번째로 자기를 생산한 국가가 되어 그 의의는 자못 크다. 화원면의 '초기청자'를 조성한 시점과 주체를 판단하기 위해서는, 가마의 계통과 생산단지의 규모가 중요 전거가 될 수 있다.

먼저 화원면 '초기청자'의 가마들은 전통적인 토축요를 채택했다는 점이다. 이와 관련하여 화원면에 인접한 영암군 군서면 구림리에서 토축요로 도기를 제작해 왔다는 점을 떠올릴 필요가 있다. 구림리는 7세기 이래 신라 최대 규모의 도기 생산단지가 있던 곳으로 알려져 있다. 그렇다면 화원면 '초기청자'는 누군가가 중국의 청자생산기술을 도입하여 전단계에 도기를 생산하던 구림리의 토축요에 접목시켜 새롭게 탄생시킨 것으로 볼

영암 구림리에서 도기를 굽던 토축요

수 있겠다.

 그런데 화원면의 '초기청자' 가마들은 현재 확인된 것만 해도 6~70기에 달하는 대규모의 집단군을 이루고 있다. 그것도 일시에 조성되었다가 일시에 폐기된 것으로 파악되고 있다. 따라서 이를 조성한 '누군가'는 '초기청자' 생산기술을 처음 도입하여 대규모 생산단지를 조성할 정도로 큰 세력을 이룬 자였을 것이다. 이 점에서 828년에 귀국하여 청해진을 건설하여 동아시아 해양무역을 주도한 장보고에 비견할 만한 세력을 찾기 어렵다. 따라서 화원면의 대규모 '초기청자' 생산단지는 9세기 전반에 장보고세력에 의해 조성되었다고 보는 것이 현재로서는 가장 타당하다. 그렇다면 '초기청자' 생산단지의 조성 과정은 다음과 같이 추론할 수 있다.

 장보고는 귀국 이전부터 청자 생산단지를 조성하기 위하여 면밀한 현지 조사를 실시하였다. 그리고 화원면 일대에 양질의 태토와 화목이 풍부하고 인근의 영암 구림리 일대에 도기 생산 기술자들이 다수 있다는 것을 확인하고, 이곳을 청자 생산단지 건설의 최적지로 결정하였다. 마침내 그는 중국의 청자 제작기술을 도입하여 구림리에서 도기를 생산해오던 전통적인 토축요와 접목시켜 화원면 신덕리 일대에 대규모 청자 생산단지를 조성하였다.

그런데 강진군 대구면 일대에서도 '초기청자'의 파편들이 간혹 찾아지고 있다. 발견 사례가 소수에 그치고 있어 애매하긴 하지만, 이곳에도 '초기청자' 생산단지가 조성되었을 가능성이 있다. 이에 대해서는 다음과 같은 설명이 가능하다. 장보고는 대구면 일대에도 '초기청자' 생산단지를 조성하였는데, 대구면 '초기청자'의 가마들은 고려시대에 접어들어 새로운 가마로 대체되고 폐기되는 과정을 반복적으로 거치면서 그 흔적이 대부분 사라져 버렸다. 반면에 화원면 '초기청자'의 경우는 장보고 사후 언젠가 한꺼번에 폐기되고 방치되는 바람에 오히려 '초기청자' 가마의 원형을 잘 보존해 올 수 있었다.

그렇다면 다음과 같은 결론에 도달할 수 있다. 장보고는 귀국 후에 강진 대구면 일대와 해남 화원면 일대에 대규모 '초기청자' 생산단지를 조성하였다. 그런데 그의 사후에 '누군가'가 화원면의 것을 폐기하고 대구면 일대로 청자 생산단지를 일원화하였다. 그 '누군가'는 바로 고려 태조 왕건이고 이후 대구면은 유명한 고려청자 생산의 메카로 부상하였다. 결국 우리나라 청자문화의 파종자는 장보고였고, 그 수확자는 왕건의 고려 왕조였던 셈이다.

2. 동아시아 해로의 중심지

이제 장보고의 두 번째 유산으로 서남해지역을 동아시아 해양교통의 명실상부한 요충지로 부각시킨 의미를 살펴보기로 하자.

지리적으로 서남해지역은 서해와 남해를 이어주는 국내해로의 결절점이고, 동아시아 국제해로의 요충지에 해당한다. 장보고의 청해진 무역활동은 서남해지역을 동아시아 해로의 명실상부한 중심지로 부각시켰다. 청해진에서 출항한 장보고의 무역선은 서해를 통해 항해하여 흑산도에 이르러 기항하고, 여기서 다시 서북향으로 사단(斜斷) 항해하여 산동반도의 적산포에 이르렀다. 그리고 적산포를 중심으로 무역활동을 전개하다가 다시 적산포를 출항하여 흑산도를 거쳐 청해진으로 돌아왔다. 적산포에는 장보고의 중국 무역기지가 있었다.

한편 청해진에서 출항한 장보고의 무역선은 남해안을 따라 항해하다가 대한해협을 건너 큐슈 하카다[博多]에 이르렀다. 이곳 다자이후[大宰府]에서 통관의례를 거친 연후에 세토내해를 경유하여 오사카에 이르고 일본의 수도 교토에 이르렀다. 하카다에는 장보고의 일본 무역기지가 있었다.

중국과 일본의 상인들도 이러한 해로를 따라 청해진에 이르렀다. 청해진은 서남해의 도서·연안지역을 광범위하게 관할하였고, 영산강유역에는 새로운 국제포구들이 개설되었다. 영암의 상대포와 나주의 회진포가 그 대표적인 예이다. 상대포와 회진포를 통해 동아시아의 인적물적 교류가

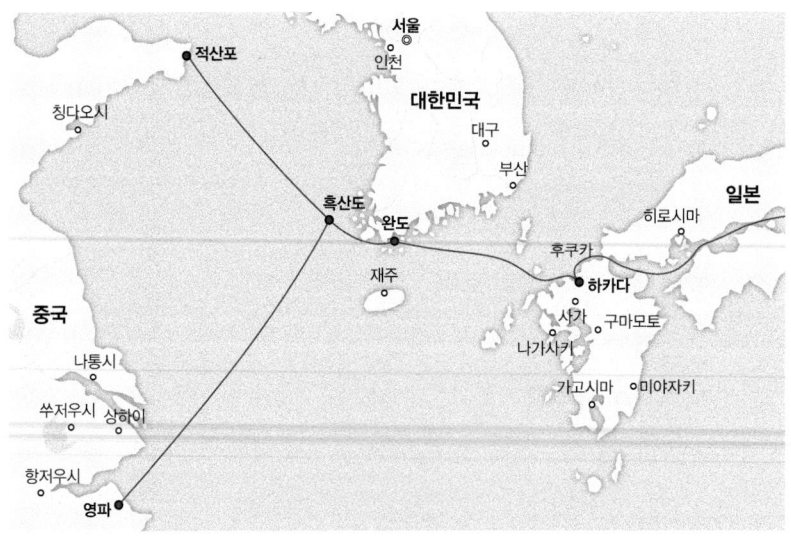

서남해지역은 동아시아해로의 요충지

광범위하게 이루어졌으니, 두 포구는 무역의 상거래뿐 아니라 유학생과 유학승 등이 내왕하는 인적교류의 발착항으로도 활용되었다고 할 수 있다.

서남해지역에서 흑산도를 거쳐 중국에 이르는 해로는 고려시대로 이어져 더 큰 활기를 띠었다. 고려시대에는 흑산도에서 서북향으로 산동반도에 이르는 해로뿐 아니라, 서남향으로 영파(寧波)에 이르는 해로까지 활성화되어, 흑산도는 한중 해양교통로의 거점이자 분기점으로 기능하였다. 근래에 흑산도의 읍동마을에서, 장보고시대에서 고려시대에 이르는 시기의 인상적인 유적과 유물들이 대거 확인되어, 당시 흑산도가 한중 해양교통로의 중요한 중간기착지였음을 입증하고 있다.

이렇듯 장보고의 청해진 활동으로 인해 서남해지역은 대규모 청자생산의 중심지로, 국제 해양교통의 중심지로 부상하였다. 국부 창출의 중요한 원천이자 국내외 인적·물적 교류의 교두보가 된 것이다. 이러한 장보고의 유산은 그의 사후에 야망을 품은 영웅들이 선점하기 위해 각축을 벌이는 대상이 되었다. 토착 해양세력인 능창이 일어나고 견훤과 왕건 등이 몰려 각축을 벌였다. 결국 왕건이 마지막 승리자가 되었으니, 그는 이를 기반으로 고려를 건국하고 마침내 후삼국을 통일하는 주인공이 되었다.

Ⅱ. 능창과 견훤과 왕건의 쟁패

1. '포스트 장보고'를 꿈꾼 능창(能昌)

841년에 장보고가 암살당하고 이후 암살자 염장에 의해 관리되던 청해진마저 851년에 혁파되었다. 그리고 청해진 사람들은 벽골군(오늘의 김제)으로 강제 이주되었다. 이로써 동아시아 바다를 풍미하던 청해진체제는 완전 해체되었다. 그후 당분간 서남해지역에는 해양세력의 활동상이 거의 목격되지 않았다. 장보고 사후에 서남해지역의 해양세력이 결집력을 상실하고 흩어져 초라한 지위로 전락했기 때문이다.

그런데 9세기 말에 이르면 사정은 달라진다. 서남해지역에서 새로운 세력 결집의 기운이 일어나고 있었다. 이 시기 유력한 해양세력의 움직임은 주로 왕건과 관련된 기록에서 포착되는데, 능창이 그 대표적인 사례이다. 능창은 다음과 같이 『고려사』 태조세가(太祖世家)에서 왕건과 대적한 인물로 소개되고 있다.

> (왕건은) 드디어 광주 서남방의 반남현(潘南縣) 포구에 이르러 적의 경계에 첩자를 보내 동태를 살피게 하였다. 압해현(壓海縣) 도적의 우두머리 능창은 해도(海島) 출신으로 수전(水戰)을 잘하여 수달(水獺)이라고 불렸는데 도망친 자들을 불러 모으고 갈초도(葛草島)의 작은 도적들과 결탁하여 태조(왕건)가 이르기를 가다려 맞아 해치고자 한다는 것을 알게 되었다. 태조가 여러 장수들에게 말하기를 "능창이 이미 내가 올 것을 알고서 반드시 도적과 함께 변란을 꾀할 것이니 도적의 무리가 비록 소수라고 하더라도 만약에 힘을 아우르고 세력을 합하여 앞을 막고 뒤를 끊으면 승부를 알 수 없는 노릇이다. 수영을 잘 하는 자 10여인으로 하여금 갑옷을 입고 창을 가지고 작은 배를 타고 밤중에 갈초도 나룻가로 나아가서 왕래하며 일을 꾸미는 자를 사로잡아 그 꾀하는 일을 막도록 하라"고 하니, 여러 장수들이 이에 따랐다. 조그마한 배 한 척을 잡아보니 거기에 능창이 있었다. 궁예에게 보내었더니 궁예가 크게 기뻐하여 능창의 얼굴에 침을 뱉고 말하기를 "해적(海賊)들은 모두가 너를 추대하여 괴수라고 하나 이제 포로가 되었으니 어찌 나의 신묘한 계책이 아니겠느냐" 하고 여러 사람 앞에서 목베었다.

이 기사는 912년에 왕건이 영산강 하구에서 견훤의 주력함대를 격파한 후에 귀환하면서 적대하는 압해도의 능창을 생포하게 된 과정의 전말

능창의 근거지로 추정되는 압해도 송공산성의 석축 흔적

을 전해주고 있다. 여기에서 왕건과 궁예는 능창을 '도적의 우두머리' 혹은 '해적의 괴수' 등으로 부르며 한껏 비하하고 있다. 그런데 한편으로 '수전에 능하여 수달이라 불렸다'라든가 왕건이 스스로 '승부를 알 수 없는 노릇'이라고 평했던 점, 그리고 궁예가 능창에 대하여 '해적들이 추대하여 괴수로 삼았지만 자신의 신묘한 계책에는 당해내지 못했다'고 자화자찬했던 점 등으로 미루어 볼 때, 능창은 위세가 만만치 않은 해양세력이었다는 것을 알 수 있다. 그는 서남해지역의 해양세력을 결집하여 중심 세력으로 떠오르고 있었던 것이다.

그런데 능창에 대하여 친견훤세력으로 파악하는 견해도 있다. 그렇지만 능창이 친견훤세력이라는 흔적은 어디에도 보이지 않는다. 왕건과 궁예가 능창에 대해서 언급할 때도 견훤에 대한 언급은 없다. 그럼에도 불구하고 능창을 친견훤세력으로 간주하려 한 것은 능창이 왕건과 적대한 것을 가지고 '왕건의 적은 곧 견훤의 우군'이라는 논리로 해석한 것일 뿐이다. 이러한 해석은 서남해지역 해양세력을 독자적 세력으로 간주하지 않고, 막연히 친견훤세력과 친왕건세력으로 나누어 보려는 시각에서 나온 것이다. 그렇지만 능창은 친견훤세력도, 친왕건세력도 아닌 제3의 독자세력으로 보는 것이 타당하다.

능창의 활동 시기는 9세기 말~10세기 초로 볼 수 있다. 왕건과의 최후 대결이 912년에 이루어졌으니, 능창의 대두 시점은 이보다 다소 앞선 9세기 말경으로 보는 것이 자연스럽다. 그렇다면 841년에 장보고 사후에 위축을 면치 못하던 서남해지역의 해양세력은, 9세기 말에 이르러 해양교통로의 추요지인 압해도의 능창을 중심으로 다시금 결집의 기운이 일기 시작했다고 할 것이다. 바로 이 시기에 전국적으로 호족들이 봉기하여 독립세력으로 성장해가고 있던 추세를 감안하면, 서남해지역에서 해양세력의 재결집의 기운이 일어난 것은 극히 자연스런 일이었다.

여기서 능창의 주요 근거지가 압해도였다는 점을 주목할 필요가 있다. 압해도는 해양교통로 상에서 매우 중요한 영상강 하구에 위치하고 있을 뿐 아니라, 행정적으로도 고대 이래 서남해 도서지역 편제의 중심지로서 지위를 유지하였다. 백제시기에 아차산군(阿次山郡)으로 불리던 것이 통일신라시기에 압해군(壓海郡)으로 개명된 이후에 고려시대에도 압해군(壓海郡) 혹은 압해군(押海郡)으로 칭해지면서 군격(郡格)을 유지하였다. 또한 '압해(壓海)' 혹은 '압해(押海)'라는 명칭은 '청해(淸海)'나 '진해(鎭海)'처럼 '바다를 진호(鎭護)한다'는 의미를 내포하고 있어, 그 명칭 상에서도 압해도는 청해진이 설치된 완도처럼 서남해 최고의 추요지(樞要地)로 간주되고 있었음을 엿볼 수 있다.

장보고는 '청해'진을 설치했고, 문성왕으로부터 '진해'장군의 작호를 받았다. 그런데 장보고가 죽은 지 반세기가 지난 후에 능창이란 인물이 '청해'와 '진해'와 같은 의미를 내포하는 '압해'도에서 일어나 서남해 해양세력을 재결집하는 중심세력으로 부상했다는 것은 매우 흥미롭고 의미심장한 이야기가 아닐 수 없다. 아마도 그는 장보고의 유산을 계승하여 다시금 동아시아 해양무역을 주름잡는 '포스트 장보고'가 되려는 꿈을 꾸지 않았을까?

이전 단계에 서남해지역 해양세력의 위력을 구사하던 장보고를 암살할 수밖에 없었던 신라 중앙의 수구적 귀족세력의 입장에서 볼 때, 9세기 말에 서남해지역에서 일어나고 있던 세력 재결집 추세는 심각한 위협으로 간주되었던 듯하다. 결국 889년에 신라 중앙정부가 '서남해방수군(西南海防戍軍)'이라는 특수 군단을 조직하여 파견하기에 이르렀으니, 이는 서남해지역의 세력 재결집을 차단하기 위한 비상조치였다고 할 수 있다. 그런데 그 '서남해방수군'에 당대의 영웅 견훤이 포함되어 있었고, 그 뒤를 이어 10세기 초에 또 다른 영웅 왕건이 궁예의 수군장군으로 서남해지역의 쟁탈전에 뛰어들었다. 9세기 말~10세기 초에 서남해지역은 능창, 견훤, 왕건이라는 세 영웅이 세기의 대결전을 벌이는 뜨거운 역사 현장으로 돌변해 가고 있었다.

2. 견훤(甄萱)과 서남해지역 해양세력

신라 중앙정부가 '서남해방수군'을 파견한 것은 진성여왕 3년(889)의 일이었다. 진성여왕 3년의 시점은 『삼국사기』에서 '국고(國庫)가 텅 비었고 전국에서 도적이 벌떼처럼 일어났다'고 기술할 정도로 최악의 상황이었다. 그럼에도 불구하고 신라가 무모하게 보이는 '서남해방수군'의 파견을 결행한 것은, 국내외 해로의 요충지이자 최대의 청자생산지였던 서남해지역이 신흥하는 해양세력에게 넘어가서는 안된다는 절박함이 작용하였다.

경주에서 출발한 '서남해방수군'은 처음 진군의 과정에서 호족들의 저항에 직면하여 고전하기도 하였다. 그런데 그 과정에서 용맹을 떨치면서 호족들을 압도한 이가 있었다. 견훤이란 자였다. 그는 군공을 인정받아 비장(裨將)으로 승진하여 독립 부대의 지휘관이 되었고, 진군을 거듭하면서 도중의 호족세력들을 아울러서 큰 세력을 이루었다. 경주를 출발한지 1개월 만에 5,000여 무리를 거느리는 게 된 견훤은 경상도 서부지역의 최대 중심도시였던 진주에서 마침내 신라에 반하여 독립세력임을 표방하기에 이르렀다. 이후 견훤의 진군은 더욱 탄력을 받아 박영규와 김총 같은 유력 호족세력이 지배하고 있던 순천지역을 큰 저항없이 접수하였다.

박영규와 김총은 각각 순천만과 광양만을 배경으로 성장한 해양세력이었다. 먼저 박영규는 순천의 해룡산성을 근거로 성장한 순천의 유력 호족으로 알려지고 있다. 해룡산성에서는 삼국시대부터 조선시대에 이르는 시기의 유물이 확인되고 있지만 특히 통일신라에서 고려시대의 유물이 주류를 이루고 있어 박영규의 활동시기와 일치하고 있다. 해룡산성은 순천만에 연접해 있어, 박영규는 순천만으로 통하는 해양의 요충지를 장악한 해양세력으로 볼 수 있다. 다음에 김총은 견훤을 섬겨 경호실장격인 인가별감(引駕別監)에 올랐고 죽어서 진례산(進禮山) 성황사(城隍祠)의 성황신(城隍神)이 되었다고 전한다. 그런데『대동여지도』에 의하면 진례산은 흥국사

순천의 해룡산성(순천대 박물관)

뒷산인 영취산 인근에 표시되어 있고, 이곳은 북으로 광양만과 접하고 있어, 김총은 광양만을 배경으로 활동한 해양세력이었다고 할 수 있다.

진주와 순천지역은 그 사이에 지형적으로 큰 장애물이 없어, 자고로 경상도와 전라도의 남부지역을 연결하는 교통로의 요충지로 알려지고 있다. 따라서 견훤의 순천 접수는 전라도지역 진출을 위한 교두보를 확보한 것을 의미한다. 그런데 순천 접수가 무엇보다 각별한 의미를 가지는 것은 견훤에게 해양에 대한 새로운 경험의 기회를 제공했다는 점이다.

견훤은 경상도 내륙의 상주 가은현(오늘의 문경 가은읍)의 일개 농민의 아들이었다. 그런 그가 난세를 맞아 국가의 모군(募軍) 열풍에 편승하여 중앙군에 입대하였고, 또한 우연히 '서남해방수군'의 일원으로 선발되어 파병된 처지였으므로, 그간 해양에 접할 기회가 없었다. 그런 그가 박영규와 김총 등과 같은 순천의 해양세력을 포섭했다는 것은 큰 의미를 지닌다고 할 수 있다.

견훤은 순천에서 원래의 목적지인 서남해지역으로 곧바로 서진(西進)하지 않고 돌연 방향을 바꾸어 북으로 진군하였다. 그리하여 892년에는 광주의 유력 호족인 지훤(池萱)의 복속을 받아내면서 광주 입성을 무난히 달성하였다. 이때부터 견훤의 야망은 더욱 구체화되었다. 먼저 그는 전주(全州, 지금의 전북지역)와 무주(武州, 오늘날 전남지역)와 공주(公州, 오늘날 충청도지역)의 3주(州) 도독(都督)과 전주자사(全州刺史)를 자처함으로써, 충청과 전라지역을 기반으로 한 새로운 독립국가 건설을 구상하였다. 그런데 3주(州) 중에서 전주를 앞세웠고 '전주자사'를 칭한 것으로 보아, 전주를 새 국가의 도읍지로 점찍어 놓았다는 것을 알 수 있다.

그런데 견훤은 광주에 입성한 지 무려 8년이 지난 900년에 이르러서야 전주로 옮겨가 도읍을 정하고 '백제'의 건국을 공식 선언하였다. 광주에 입성한 직후부터 전주 중심의 독립국가 건설을 구상했던 것에 비추어 볼 때, 광주에서 너무 오래 지체했다는 인상을 지울 수 없다. 그 사이에 무언가 중대한 차질이 생겼음에 분명하다. 이에 대해 다음과 같은 설명이 가능하다.

당초 견훤은 광주에서 나주 이남의 서남해지역을 공략하여 확보한 연후에 전주에 도읍을 정하고 건국을 선언할 심산이었다. 그러나 서남해지역 해양세력의 저항이 의외로 거세게 나오자 제대로 성과를 내지 못하고 8년의 세월을 허송하였다. 그러나 결국 뒤늦게 생각을 바꾸어 서남해지역 공략을 일단 유보하고 900년에 전주로 옮겨가 백제의 건국을 선언하였다.

견훤은 건국 선언 이듬해인 901년에 금성(지금의 나주) 남부 부락을 쳐서 약탈하고 돌아왔다. 서남해지역 해양세력에 대한 보복전의 포문을 다시 연 것이다. 서남해지역 해양세력의 입장에서 볼 때, 8년여 동안 광주에 머물면서 집요하게 공략해 오던 견훤이 전주로 옮겨 정식 '백제'의 건국을 선언한 이후에 더욱 강성해진 전력으로 침략을 감행해 오자, 위기감은 더욱 팽배해졌을 것이다. 이 틈새를 파고든 이가 바로 왕건이었다.

3. 왕건과 서남해지역 해양세력

서남해지역의 해양세력은 크게 두 부류로 나누어 볼 수 있다. 도서지역을 무대로 활동한 '도서 해양세력'과 연안지역을 무대로 활동한 '연안 해양세력'이 그것이다. 이들은 견훤의 침략 위협에 대하여 혼연일체가 되어 적극 저항하였다. 그렇지만 견훤의 침략이 장기화하고 그 강도도 거세어지자, 그들 사이에 점차 대응 방식의 차이가 나타나기 시작하였다. '도서 해양세력'은 끝까지 저항하는 비타협적 노선을 견지했던 데 반해, '연안 해양세력'은 점차 실리적 연대의 대상을 모색하기 시작하였다. 전자의 중심에 압해도의 능창(能昌)이 있었다면, 후자의 중심에는 나주의 오다련(吳多憐)이 있었다.

오다련은 왕건을 새로운 연대의 파트너로서 선택하였다. 왕건 역시 오다련세력을 서남해지역으로 진출하기 위한 유용한 발판으로 삼고자 하였다. 결국 쌍방은 왕건 자신과 오씨의 딸(후에 태조왕건의 제2비 장화왕후가 됨)이 혼인을 결행하여 연대의 증표로 삼았다. 반면 '도서 해양세력'의 수장격인 능창은 견훤에게 그랬듯이 왕건에게도 마지막까지 타협하려 하지 않았다. 따라서 왕건의 서남해지역 진출은 '연안 해양세력'을 최대한 포섭·활용하되, '도서 해양세력'과 견훤을 무력으로 제압하는 방식으로 추진되었다.

왕건의 첫 서남해지역 진출은 903년에 이루어졌다. 이해 3월 그는 궁예의 '수군장군'이 되어 정주(貞州, 지금의 예성강 하구의 풍덕)에서 수군을 이끌고 첫 출정을 단행하였다. 그리고 서해안을 따라 내려와 광주(光州) 경계의 해안으로 상륙하여 금성군(錦城郡, 지금의 나주) 등 10여 개의 군현을 점령하고 서 군대를 주둔시키고 돌아갔다. 나주 이하의 해양세력은 그간 견훤의 집요한 공략에도 요지부동이었다는 것을 염두에 둘 때, 멀리서 서해 연안을 따라 내려온 왕건이 단 한 번의 공격으로 이를 점령했다는 것은 매우 이례적인 일이 아닐 수 없다. 결국 이는 '연안 해양세력'과의 우호적 교감 속에서 이루어낸 '평화적 점령'으로 보는 것이 온당하다.

왕건은 909년에 서남해지역 두 번째 공략에 나섰다. 궁예로부터 '해군대장군'의 직함을 받은 왕건은 다시 정주에서 수군을 이끌고 서해를 따라

염해현으로 추정되는 무안군 해제면 임수리의 임치성 석축

남하하여 염해현(鹽海縣, 지금의 무안군 해제면 임수리)에 상륙하였다. 이곳에서 중국 오월(吳越)로 향하던 후백제의 사신선을 나포하는 전과를 거두었다. 이는 서남해지역이 국내외 해양교통로에서 얼마나 중요한 위치에 해당하는가를 다시 한번 확인시켜준 사건이었다.

왕건의 세 번째 공략은 912년에 이루어졌다. 먼저 서남해지역 최대의 중심 섬인 진도군과 압해도 인근에 있는 작은 섬인 고이도를 위복시키고 견훤과의 대결을 준비하였다. 당시 견훤은 후백제의 전함을 직접 진두지휘하여 목포에서 덕진포에 이르는 영산강 하구에 배치함으로써 왕건의 수군이 나주세력과 연결하는 것을 차단하고자 하였다. 난관에 봉착한 왕건의 수군은 바람을 이용한 화공책을 써서 견훤의 전함들을 불태우고 후백제군 500여급을 목베는 대승을 거두었다. 견훤은 작은 배에 갈아타고 겨우 목숨을 건저 달아나는데 급급했다고 전한다. 이는 제갈공명이 양자강에서 화공을 써서 조조의 수군을 대파했다는 유명한 적벽대전을 연상케 하는 바로서, 흔히 '덕진포대전'이라 부르기도 하지만 여기서는 '영산강대전'이라 부르기로 한다. 『고려사』에서는 왕건의 '영산강대전' 승리에 대하여 "이로써 삼한 땅의 태반을 궁예가 차지하게 되었다"고 평하였는데, 이는 서남해지역이 '삼한의 태반'에 비견될 정도로 전략적 중요성이 컸다는 것을 의미하는 것이다.

영산강대전의 승리로 왕건의 서남해지역에 대한 주도권은 더욱 확고해졌다. 이제 왕건의 적대세력은 '도서 해양세력'의 수장격인 압해도의 능창만이 남게 되었다. 왕건은 능창의 거센 저항을 우려하여 한 밤중에 10여 인의 병사를 압해도에 은밀히 침투시켰는데, 요행스럽게도 그들이 능창을 생포해오는 바람에 우려했던 해양 전투는 벌어지지 않았고 모든 상황은 싱겁게 종료되고 말았다. 이에 대해서는 앞에서 자세히 다룬 바 있다.

Ⅲ. 왕건의 서남해지역 장악의 배경과 결과

1. 배경1 : 왕건(王建)의 뿌리는 해양세력

왕건이 서남해지역을 장악한 첫 번째 배경으로 그 자신이 해양세력의 후예였다는 점을 들 수 있다. 왕건의 선대(先代)에 대한 기록은 예종대(1146~1170)에 김관의(金寬毅)가 저술한『편년통록』에 소개된 설화적인 기록이 전부라 해도 과언이 아니다.『고려사』에 실려 전해지고 있는 이 기록은 왕건 가문의 태생적 기반과 성격을 살필 수 있는 유일한 자료라는 점에서 일단 주목할 필요가 있다.

이 기록에 정리된 왕건 선대의 계보는「호경(虎景)-강충(康忠)-보육(寶育)-진의(辰義)-작제건(作帝建)-용건(龍建)-왕건(王建)」으로 되어 있다. 그런데 이 계보에서 특히 눈에 띠는 것은, 보육이 그의 친형인 이제건(伊帝建)의 딸 덕주(德周)와 결혼하여 진의를 둘째 딸로 생산했다는 대목이다. 여기서 보육이 친조카인 덕주와 근친결혼 했다는 점, 6대에 걸친 왕건 선대의 계보 중에 진의라는 인물이 부계(父系)가 아닌 모계(母系)로서 끼어있다는 점이 다소 이상하게 여겨질 수도 있다. 그렇지만 당시에 근친결혼과 모계적 계보는 일반적으로 통용되던 관행으로서 결코 황당한 일이라 할 수 없으므로, 자료의 신빙성을 해치는 요소라 할 수는 없다.

다만 기록의 내용이 황당한 설화적 픽션의 내용으로 점철되어 있다는 점은 문제가 될 수 있다. 호경이 평나산의 호랑이로 화한 여성 산신과 결혼했다거나 작제건이 서해 용왕의 딸과 결혼했다는 식의 이야기가 그것이다. 그런데 이러한 설화적 이야기는 전근대사회에서 왕실을 신성화하려는 의도에서 흔히 쓰던 서술방식이라는 점에서 이상한 일로 보기는 어렵다. 실제로 고려 왕실은 용종설(龍種說)을 표방하여 스스로 용의 자손임을 자부하여 왕실 신성화를 내세웠던 것이다. 따라서 왕건 선대 계보의 신빙성을 의심하기 이전에 그 계보의 설화 속에 내포되어 있는 왕건 가문의 태생적 성격을 찾아보는 것에 관심을 가질 필요가 있다.

먼저 호경은 백두산에서 편력하다가 개성지역 부소산(扶蘇山) 좌곡(左谷)의 부잣집에 장가들면서 이곳에 정착했다고 한다. 개성지역은 예성강과 임진강과 한강의 세 큰 강이 합류하는 지점과 인접한 곳에 위치해 있어 해양세력과 인연을 맺기에 적합한 지점이다. 여기에서 강충은 서강(西江) 영안촌(永安村)의 부잣집 딸인 구치의(具置義)에게 장가를 들었다고 한다. 서강이란 예성강을 말하고, 영안촌이란 예성강 하구의 동안(東岸)에 위치한 개풍군 남포리 일대로 비정되는 곳이다. 그렇다면 호경과 강충은 부유한 처가의 덕에 힘입어 개성에서 예성강 하구에 이르는 지역에 세력을 확대해갔다고 할 수 있다. 당시엔 남자가 여자의 집에 장가가는 이른바 '남귀여가혼(男歸女家婚)'이 선호되고 있었다는 점을 생각한다면, 전혀 이상할 것이 없다.

한편 보육의 딸 진의는 당나라의 숙종 황제라는 인물과 동침하여 임신하고, 숙종 황제라 칭한 인물은 활과 화살을 신표로 남기고 떠나버렸다고 한다. 진의는 왕건의 조부(祖父)인 작제건을 낳았으니, 전하는 바대로라면 왕건의 선대는 곧 당나라 숙종 황제의 자손인 셈이 된다. 그러나 이 대목은 그대로 믿기 어렵다. 아마도 숙종 황제라는 인물은 당나라에서 건너온 대상인이 아니었을까 한다. 그가 스스로 숙종 황제임을 거짓 칭했거나, 계보 작성자가 조작한 것으로 보아야 할 것이다. 그렇다면 보육의 집은 이미 당나라 상인들과 활발한 해양무역을 행하면서 유력한 해양세력으로 성장했다고 할 수 있다. 보육의 딸 진의가 이국인과 관계를 맺은 것은 개방적이고 자유분방한 해양세력의 성향을 반영하는 것으로서, 역시 이상하게 여길 것은 아니다.

진의와 이국인 대상인 사이에서 태어난 작제건은 16세 성인의 나이가 되자 어머니 진의로부터 아버지가 남긴 신표인 활과 화살을 전해 받고 상선에 편승하여 아버지를 찾아 나섰다고 한다. 그런데 작제건이 바다에서 겪었던 이야기가 흥미로운 설화의 형식으로 펼쳐진다. 그 내용은 내략 이러하다.

> 작제건은 서해상에서 상선으로부터 버림받는다. 그는 서해의 용으로부터 자신을 괴롭히는 교활한 늙은 여우를 활로 쏘아 제거해 달라는 부탁을 받고 아버지가 남긴 활로 늙은 여우를 사살한다. 이 공로로 작제건은 서해의 용궁에 초청받아 들어가 용의 장녀인 저민의(翥旻義)와 결혼하고 칠보(七寶)와 돼지를 얻어 칠선(漆船)에 싣고 돌아온다. 이 소식을 전해들은 개(開), 정(貞), 염(鹽), 백(白)의 4주(州)와 강화(江華), 교동(喬洞), 하음(河陰)의 사람들이 그를 위하여 영안성(永安城)을 쌓고 궁실을 지어준다. 그리고 돼지가 인도하는 바에 따라서 송악의 남쪽에 저택을 짓고, 영안성과 저택을 왕래하면서 살아간다.

이 이야기는 작제건의 해양무역의 성공담을 설화적으로 서술한 것으로, 이에 반영된 사실성을 도출하여 재해석하면 다음과 같이 된다. 작제건은 당의 대상인인 아버지를 찾아나서 많은 난관을 극복하고 서해용으로 상징되는 유력한 상인의 딸과 결혼하여 큰 성공을 거두었다. 당시 칠보라 불리던 금·은·유리·차거·마노·호박·산호 등을 매입해 돌아와서, 개주(개성), 정주(풍덕), 염주(연안), 백주(백천)와 강화도 등지에 포진해 있던 연안 및 도서 해양세력의 절대적 지지를 받고 그들의 우두머리가 되었다.

작제건의 아들이 용건이다. 용건은 그의 모친이 용녀(서해용의 딸 저민의)였다 하여 붙여진 이름이다. 그런데 용건은 꿈속에서 본 여인을 현실에서 만나 결혼을 하고, 그녀를 몽부인(夢夫人)이라 칭하였다 한다. 그녀가 어디에서 왔는지 알 수 없었다 하니, 그 역시 이국 상인의 딸이었을 가능성이 크다. 용건 역시 그의 할머니 진의와 아버지 작제건과 마찬가지로 국제결혼을 한 셈이 된다.

　대를 이어 유력한 해양세력으로 성장한 용건은 큰 꿈을 품기 시작하였다. 먼저 그는 당시 풍수지리계의 전설적인 대가였던 도선(道詵)이 삼한을 통일할 인물이 태어날 것이라고 예언했다는 집터에 저택을 짓고, 거기서 태어난 아들의 이름을 제왕이 될 인물임을 뜻하는 '왕건'이라 명명하였다. 그리고 896년에 아들 왕건과 함께 철원을 중심으로 하여 대호족으로 성장한 궁예의 휘하에 들어가 후일을 도모하였다.

　왕건은 901년에 궁예가 후고구려를 세우자 경기·충청지역에 대한 공략에 나서 전공을 세우며 능력을 인정받았다. 그리고 곧이어 서해안 해양세력과의 연대를 통해서 해양세력으로서의 활동 범위를 확대하고 역량을 강화해 갔다. 서해안 해양세력과의 연대, 이것은 왕건이 서남해지역을 장악하는 두 번째 배경이 되었다. 다음 절에서 살펴보자.

2. 배경2: 서해안 해양세력과의 연대

　왕건이 전남의 서남해지역을 점령한 것은 육지의 관점에서 볼 때 이해하기 어려운 면이 있다. 당시 후고구려(태봉)에서 전남지역에 이르는 사이에 후백제가 전북지역을 중심으로 버티고 있었기 때문이다. 그러나 바닷길을 통하면 건너뛰기가 가능하다. 실제로 후고구려의 수군장군 왕건은 육로 대신에 서해의 바닷길을 통하여 후백제의 경계를 우회하여 서남해지역에 이를 수 있었다. 당시 왕건 함대의 출발지는 정주(貞州, 지금의 예성강 하구의 풍덕)였고, 최종 목적지는 영산강 변에 위치한 서남해지역의 중심도시 나주였다. 그리고 정주에서 나주에 이르는 서해안 바닷길의 중간 기착지로 혜성(槥城, 지금의 당진지역)을 활용하였다. 왕건은 출발지와 중간 기착지와 최종 목적지의 유력한 해양세력을 포섭하여 서해안 해양세력 연대를 확대해 갔으니, 정주의 유천궁(柳天弓), 혜성의 복지겸(卜智謙)과 박술희(朴述熙),

나주의 오다련(吳多憐) 등이 그들이었다.

먼저 왕건은 정주의 해양세력 유천궁을 포섭하는데 정략결혼을 이용하였다. 유천궁의 딸은 태조왕건의 첫째 후비(后妃)인 신혜왕후(神惠王后)가 되었다. 정주는 지금의 개풍군 풍덕에 비정되는 곳으로, 예성강과 임진강과 한강의 하구가 만나고 강화도가 마주 보이는 바닷가에 임해 있어, 해양의 요충지로 꼽히는 곳이다. 『고려사』에 의하면 유천궁은 큰 부자였고 정주 사람들이 그를 장자(長者)라 칭했다고 한 것으로 보아, 정주 지역의 유력한 해양세력이었음을 알 수 있다. 더욱이 정주는 왕건의 출신지인 개성과 인접해 있어, 왕건이 해양으로 진출하기 위해서는 이곳의 유력 해양세력을 확실한 협력자로 포섭하지 않으면 안되었다. 왕건이 유천궁의 딸을 첫 부인으로 맞이한 것은 이 때문이었다.

그런데 『고려사』에서는 왕건과 유천궁의 딸의 만남을 '우연'의 소산인 것처럼 묘사하고 있다. 어느 날 왕건이 군대를 이끌고 정주를 지나면서 버드나무 아래에서 쉬게 되었는데, 그 때 유천궁의 딸을 우연히 만나게 되어 동침하였다는 것이다. '우연'이란 항상 그 안에 '운명'의 의미를 내포한다. 『고려사』의 찬자는 두 사람의 만남이 운명임을 강조하고자 하여, '우연'의 이런 속성을 이용했을 가능성이 크다. 그러나 기실 두 사람의 만남은 우연이 아니라 주도면밀하게 준비된 정략결혼의 소산이었다고 할 것이다.

왕건은 서남해지역으로 진군할 때, 912년과 914년의 두 차례에 걸쳐 정주에서 전함을 수리하여 대규모의 함대를 발진하였다. 장인 유천궁의 협조를 받아 정주를 가장 중요한 수군의 전진기지로 활용했던 것이다. 왕건이 서남해지역의 '도서 해양세력'과 견훤의 저돌적인 도전을 꺾고 서남해지역 쟁패의 최후 승리자가 될 수 있었던 데에는, 유천궁의 적극적 협조가 큰 힘이 되었을 것임은 물론이다.

왕건은 두 번째 결혼을 통해서 최종 목적지인 나주의 유력 해양세력인 오다련을 포섭하였다. 오다련의 딸은 태조왕건의 둘째 후비인 장화왕후(莊

和王后)가 되었다. 흔히 나주로 통칭되는 서남해지역은 장보고의 유산이 집적된 곳이었다. 국내외 해양교류의 요지였을 뿐만 아니라 대규모 청자 생산단지가 조성되어 있었다. 왕건은 일찍이 서남해지역에 대한 중요성을 알고서 진출을 꾀하였다. 그리고 오다련의 딸과 결혼을 결행하는 것을 서남해지역 진출의 돌파구로 삼았다.

오다련은 영산강유역의 나주지역에 대대로 터를 잡고 살아오던 호족이었다. 먼저 그의 부친은 큰 부자를 뜻하는 부돈(富伅)이라 일컬어졌다. 그리고 오다련은 사간(沙干) 연위(連位)의 딸 덕교(德交)와 혼인하여 후에 장화왕후가 되는 딸을 낳았다. 사간(沙干)이란 지방의 유력한 호족들이 스스로 칭하곤 했던 위호(位號)로서, 그의 처가 역시 나주지역의 유력한 호족이었던 것을 보여준다.

그런데 『고려사』에 의하면 왕건이 오다련의 딸을 만난 것 역시 '우연'의 소산으로 묘사하고 있다. 어느 날 오씨녀는 포구의 용이 자신의 뱃속으로 들어오는 꿈을 꾸었고, 그 얼마 후에 왕건이 영산강 하구의 목포에 정박하여 오색 기운이 감도는 천상(川上)에서 빨래하는 오씨녀와 우연히 만나 동침하게 되었다고 한다. 이 이야기는 용꿈과 오색 기운의 신비감으로 치장하여 '우연'의 운명성을 더욱 강조하고 있지만, 두 사람의 만남 역시 앞의 예와 마찬가지로 엄중한 정략결혼의 소산이었음이 분명하다. 왕건이 903년에 단 한 번의 공략으로 나주 인근의 10여 군현을 점령한 것은, 오다련 등의 협력에 의한 '평화적 점령'이었다 할 것이다.

한편 왕건은 서남해지역을 장악해 가는 과정에서 정주와 나주 사이의 서해안 바닷길을 이어줄 중간 기착지의 해양세력을 포섭하기도 하였다. 혜성군(槥城郡) 출신의 복지겸(卜智謙)과 박술희(朴述熙)가 그들이었다.

혜성군은 백제시대에는 혜군(槥郡)으로, 통일신라에서 고려시대까지는 혜성군으로, 그리고 조선시대에는 면천군으로 칭해지다가, 일제강점기에 면천면으로 강등되어 강진군에 편입되었다. 이러한 연혁 때문에 혜성군을

당진시 순성면 양유리에 있는 복지겸사당 '무공사'

오늘날의 면천면에 한정하여 보려는 것이 일반적이지만, 실은 그렇지 않다. 『삼국사기』에 의하면 혜성군은 당진현(지금의 당진시), 여읍현(지금의 서산시 해미읍), 신평현(지금의 홍성군 장곡면) 등을 거느리는, 오늘날 내포지역을 망라한 서해안의 중심 고을이었다. 혜성군은 신라시대 이래 대당교통과 해양무역의 중심지로 번창한 곳으로서, 오랫동안 군격(郡格)을 당당히 유지해오고 있었다.

『신증동국여지승람』은 면천군(혜성군)의 주요 인물로 복지겸과 박술희 등을 들고 있다. 먼저 복지겸은 당에서 건너와 해적을 소탕하고 주민들을 보호하여 큰 신망을 얻었다는 복학사(卜學士)의 후손으로 소개하고 있어, 상당한 해양적 기반을 갖추고 있었다고 할 수 있다. 후에 복지겸은 홍유, 신숭겸, 배현경 등과 함께 궁예를 몰아내고 왕건을 추대하는데 앞장섰으며, 환선길과 임춘길의 모반을 적발하여 진압하는 등 왕건의 심복으로서의 면모를 유감없이 보여주었다.

박술희 역시 왕건의 심복이었음에 틀림없다. 그는 일찍이 궁예의 호위무사가 되었다고 하는데, 이는 왕건의 천거에 의한 것이었을 가능성이 크

왕건과 오씨녀가 만났다는 나주 완사천(浣紗泉)

다. 후에 태조 왕건이 자신의 후계자로 나주 출신 장화왕후 소생의 왕무(王武)를 지목하고 박술희로 하여금 그의 후견인이 되도록 부탁했던 것으로 보아, 박술희는 왕건의 신임이 매우 두터웠던 것을 알 수 있다. 왕무는 왕건의 뜻에 따라 고려의 2대 혜종으로 즉위하였으니, 왕무의 왕위계승은 왕건과 혜성세력과 나주세력의 긴밀한 정치적 유대관계에 의해 성사된 결과였다고 할 수 있다.

그렇다면 다음과 같은 결론적 해석이 가능하다. 왕건이 서남해지역을 장악할 수 있었던 것은 정주의 유천궁, 혜성의 복지겸과 박술희, 그리고 나주의 오다련 등으로 이어지는 서해안 해양세력의 연대가 있었기에 가능하였다. 이러한 서해안 해양세력의 연대는, 왕건 가문이 대대로 서해안의 주요 해양세력과 교류하면서 쌓아온 축적된 교분이 있었고, 여기에 왕건 개인의 헌신적 노력이 보태져서 맺어진 결실이었다고 할 수 있다.

3. 배경3: 고승들과의 결연(結緣)

당시는 불교신앙의 시대였기 때문에 고승들의 영향력은 대단하였다. 위로 국왕으로부터 지방의 호족, 그리고 일반 백성 및 노비에 이르기까지 모든 사람들이 신분과 계층을 초월하여 불교를 신봉하고 불교의 지도자인 고승을 떠받들었다. 따라서 난세에 정치적 야망을 이루려는 자들에게 고승들의 지지는 반드시 필요하였다. 왕건은 고승들과 인연을 맺고 그들의 지지를 이끌어 냄으로써 정치적 입지를 강화하였다. 이것이 왕건이 서남해지역을 장악하는 세 번째 배경이 되었다.

왕건과 관계를 맺은 고승으로는 도선(道詵)을 비롯하여 이른바 '사무외대사(四無畏大師)'라 불리던 진철(眞澈) 이엄(利嚴), 대경(大鏡) 여엄(麗嚴), 법경(法鏡) 경유(慶猷), 선각(先覺) 형미(逈微) 등을 들 수 있다. '사무외대사'에게는 몇 가지 공통점이 있었다. 860~870년대에 태어나 나말여초에 활동했다는 시기적 공통점, 그들의 고향이 각각 태안, 보령, 흥덕, 영암으로 서해안 출신이라는 공간적 공통점, 왕건과 인연을 맺어 고려 왕조의 개창과 통일 과정에 기여했다는 정치적 성향의 공통점이 그것이다. 827년에 태어나 고려 왕조가 출현하기 전인 892년에 입적(入寂)한 도선(道詵)은 영암 구림에서 태어나 이들보다는 반세기 정도 먼저 활동한 선배 고승으로서, 활동한 시기는 다르지만 공간과 정치적 성향에서는 공통점을 보여준다.

도선과 '사무외대사'는 서해안 출신이었다는 점에서, 그들의 지지는 왕건의 서남해지역 진출 과정에 큰 힘이 되었을 것이다. 특히 서남해지역 출신의 도선과 형미가 왕건에게 미친 영향은 지대하였다. 이들은 왕건과 직간접적인 관계를 맺으면서 서남해지역의 해양세력과 백성들로 하여금 친왕건의 정치성향을 갖도록 영향력을 행사하였다.

먼저 도선(827~898)의 경우를 보자. 그는 827년에 영암에서 태어나 15세에 화엄사에 들어가 화엄학을 수학하다가 신라말 선종 9산문의 하나인 곡

광양시 백계산 옥룡사지

성 태안사(泰安寺) 동리산문(桐裏山門)의 혜철화상의 문하에 귀의하였다. 이후 전국의 산천을 유람하다가 37세부터 광양 옥룡사(玉龍寺)에 주석하여 898년에 72세를 일기로 입적하였다. 그는 일찍이 동리산문과 인연을 맺은 선종 승려였으며 특히 풍수지리의 대가로 명성을 날리며 민중의 정신적 영웅으로 떠올랐다.

의종(毅宗) 4년(1150)에 최유청(崔惟淸)이 왕명을 받들어 찬술한 「백계산옥룡사증시선각국사비명(白鷄山玉龍寺贈諡先覺國師碑銘)」에 의하면 875년에 도선이 세조(世祖, 왕건의 부친인 용건(龍建) 혹은 왕륭(王隆))에게 찾아가 2년 후에 왕자(王者)가 태어날 것임을 예언했다고 하고, 『고려사』에서는 왕건의 나이 17세에 도선이 다시 찾아와서 '삼계창생(三季蒼生)의 임금'이 되리라고 예언했다는 것을 소개하고 있다.

이러한 기록은 그대로 믿기 어려운 점이 있다. 용건과 왕건이 도선의 예언을 의도적으로 퍼뜨려 이용했을 가능성도 있다. 그렇지만 도선의 예언은 사실 여부를 떠나 그 소문만으로도 왕건이 서남해지역 해양세력을 포섭하는데 상당한 위력을 발휘했을 것이다. 예컨대 왕건이 오다련에게 접근하여 그의 딸과 결혼할 수 있었던 것도 도선의 예언이 작용했을 가능성이 있다.

용건 때부터 맺기 시작한 왕건가문과 도선의 인연은 왕건에 의해 더욱 체계적으로 정립되었고 이후 고려왕조의 역대 왕들에 의해 계승되었다. 태조 왕건은 훈요십조 중 제2조에서 도선이 정해놓은 곳에만 사원을 지을 것을 당부하였다. 이후에 현종(顯宗)은 도선에게 대선사(大禪師)의 호를 증시(贈諡)하였고, 숙종(肅宗)은 왕사(王師)의 시호를 더하였다. 그리고 인종(仁宗)은 선각국사(先覺國師)로 추봉(追封)하였으며, 의종(毅宗)은 최유청(崔惟淸)에게 하명(下命)하여 그의 비문(「백계산옥룡사증시선각국사비명」)을 찬술하게 하였다. 도선은 고려 건국 이전부터 왕건 가문과 인연을 맺었고, 고려의 건국 이후에는 왕조의 정신적 지주로 추앙되었다는 것을 알 수 있다.

도선이 왕건에게 간접적인 영향을 주었다고 한다면 직접적이고도 결정적인 영향을 준 이는 선각대사 형미(864~817)였다. 강진 무위사에 있는 「선각대사편광령탑비(先覺大師遍光靈塔碑)」에 의하면, 864년에 무주(武州)의 바닷가에서 태어난 형미는 15세에 보림사에서 가지산문(迦智山門)을 개창한 체징(體澄)을 찾아가 출가하고 882년에 화엄사에서 구족계를 받았으며, 891년에는 사신선 편으로 유학을 떠났다. 10년 후인 905년에 영산강 변의 국제항구인 회진(會津)을 통해 귀국한 그는 지주소판(知州蘇判) 왕지본(王池本)의 권유에 따라 월출산 남록(南麓)에 위치한 무위사(無爲寺)에 주석하였다. 왕건이 형미와 인연을 맺은 것은 이 무렵이었을 것이다.

왕건은 903년부터 서남해지역 공략에 나서 이 지역의 해양세력과 연계하는 과정에서 형미의 도움을 받았던 것으로 보인다. 이후 형미는 왕건이 서남해지역 공략을 마무리 지은 912년경에 왕건과 함께 철원에 이르러 궁예를 섬기다가 고려를 건국하기 1년 전인 917년에 입적(入寂)한 것으로 되어 있다. 형미의 죽음에 대하여 「선각대사비」에서는 상세한 설명을 하고 있지 않지만 왕건을 비호하다가 궁예에게 타살되었을 가능성이 크다.

태조 왕건은 형미에 대한 극진한 존숭의 예우를 올렸다. 고려를 건국한 이듬해인 919년 3월에 형미의 제자를 불러 개성의 오관산(五冠山)에 산사(山寺)를 수리하게 하고 부도탑을 만들어 그의 사리를 모시도록 하였다. 921년에는 형미의 시호를 선각대사(先覺大師), 탑명을 편광령탑(遍光靈塔), 절이름을 태안사(太安寺)라 칭하도록 하였다. 형미에 대한 왕건의 이러한 예우는 서남해지역에 진출하는 과정에서 결정적인 역할을 해주었을 뿐만 아니라 자신을 비호하다가 궁예에게 시해당한 형미에 대한 보은의 마음을 다한 것이었다.

4. 해양강국 고려의 건국

왕건은 예성강유역에서 성장한 해양세력의 후예로서, 896년에 부친 용건과 함께 철원에서 대호족으로 성장한 궁예의 휘하에 들어갔다. 궁예가 901년에 후고구려를 세우자 왕건은 경기·충청지역에 대한 공략에 나서 전공을 세우더니, 912년경에는 서남해지역을 장악함으로써 일약 당대 최고의 명장으로 떠올랐다. 서남해지역의 장악에 대하여『고려사』에서 "삼한의 태반을 차지한 것"이라 평가할 정도로 서남해지역의 전략적 중요성은 지대한 것이었으니, 그것은 곧 장보고의 유산에서 연원하는 바였다.

왕건은 서남해지역을 자신의 주군이었던 궁예에게 바치지 않고 자신의 사적 세력기반으로 삼았다. 그리고 이를 바탕으로 918년에 궁예를 몰아내고 고려를 건국하였고, 936년에는 마침내 후삼국을 통일하는 최후의 주인공이 되었다. 이는 결국 왕건이 서남해지역에 남겨진 장보고의 유산을 장악함으로써 가능한 일이었다. 그런 의미에서 왕건은 장보고의 계승자라 할 수 있다.

먼저 고려는 서남해지역의 장보고 유산을 확대 재생산하였다. 장보고가 건설한 청자 생산단지를 기반으로 하여 강진의 대구면 일대를 '고려청자' 생산의 중심기지로 안착시켰고, 장보고가 닦아놓은 해로와 포구를 계승하여 영암의 상대포와 나주의 회진포 등을 저명한 국제무역항으로 떠오르게 하였다.

고려는 해양강국으로 발전하였다.『고려사』에 의하면 송(宋)의 상인이 고려에 내항한 기사는 1012년부터 1278년까지 129회에 이르고 고려에 내방한 송상(宋商)의 총인원은 5,000여 명에 달하였다. 송상 뿐 아니라 아라

무위사와 무위사선각대사편광령탑비

비아 상인들도 대규모 상단을 조직하여 고려에 내왕하며 국제무역에 참여하였다. 『송사』 고려전에 의하면 "고려 왕성에 중국인이 수백 명 있다"고 할 정도로 고려의 왕성 개경은 국제도시의 면모를 자랑하고 있었다. 고려 말기 저명한 고려의 시인 이규보는 예성강 하구의 누각에서 무역선이 분주하게 오고가는 정경을 다음과 같이 노래하기도 하였다.

조수가 들고나니 오가는 배의 꼬리가 이어졌구나. 아침에 이곳을 떠나면 한낮이 못되어 남만(南蠻)에 이르겠네. 사람들이 배를 보고 물위의 역마라고 하지만 바람처럼 달리는 준마도 이보다 나은 것이 없네.(『동국이상국집』)

개경의 외항인 예성강의 벽란도(碧瀾渡)에 배들이 꼬리에 꼬리를 물고 내왕하는 모습, 이곳을 떠난 배가 멀리 동남아지역까지 한 나절 만에 도달할 수 있다는 전언, 준마보다도 뛰어난 배의 위력 등, 당시 번성했던 무역항 벽란도의 면모를 생생하게 전해주고 있다.

또한 조선후기 실학자 박지원은 청나라 사행(使行) 길에서 예성강을 지나면서 고려시대의 상황을 다음과 같이 회고하기도 하였다.

> 고려 때는 송의 장삿배들이 매년 빈번하게 예성강에 닿았으며, 백가지 재화가 몰려들었다. 고려왕은 예절을 차려서 대우했으므로, 당시에 서적들은 훌륭히 갖추어졌고 중국의 기물(器物)은 들어오지 않은 것이 없었다.(『열하일기』)

이렇듯 고려는 해양강국으로 거침없이 질주하였다. 해양강국 고려는 바다를 통해서 세계와 소통했고 세계에 '꼬레아'로 알려졌다. 그 결과 오늘날까지도 우리의 국호는 'Korea'라는 영문명으로 쓰이게 되었다. 오늘날 우리는 스스로 '남 한국', '북 조선'이라 하여 국호를 달리 칭하고 있는데, 저들은 'South Korea', 'North Korea'라 하여 남북의 국호가 동일하다는 것을 일러준다. 이점에서 고려의 역사를 돌이켜 보는 것은 신해양의 시대를 맞아 분단 Korea의 재통일을 역사적으로 기약하는 일이 될 수 있다. 그런 만큼 Korea의 국호는 고려가 우리에게 남겨준 위대한 유산이 아닐 수 없다. 그렇다면 해양강국 고려를 있게 한 장보고의 해양 유산을 선양하는 일이야말로 '통일 Korea' 구현의 출발점이라 할 수 있다.

7장

따목리하기
한국 고대사에서 해로와 섬

이 책은 해로(바닷길)의 관점에서 한국고대사의 새로운 흐름을 정리한 것이다. 이 책이 입각하고 있는 한국 고대 해로의 큰 흐름은, 삼국시대까지는 연안해로가 중심을 이루고 있었던 반면에, 통일신라시대에는 연안해로뿐만 아니라 다양한 황해 횡·사단해로까지 새롭게 개척·추가되어 해로의 다각화 시대를 열게 된 것으로 요약할 수 있다. 이를 조금 더 부연하면 다음과 같다.

　① 삼국시대까지는 연안해로가 동아시아 해로의 중심을 이루었다. ② 동아시아 연안해로 중에서 특히 핵심을 이룬 것은, 한반도의 서해와 남해 연안을 통과하는 '서남해 연안해로'였다. ③ 동해와 남해 연안을 통과하는 '동남해 연안해로'는 중요성이 다소 떨어졌지만 핵심 해로인 '서남해 연안해로'가 작동하지 못하는 상황이 발생할 경우에는 대안적이고 보완적인 해로로 활용되기도 하였다. ④ 한편 통일기에 이르면 황해를 가로지르는 황해 횡단 및 사단해로가 일상적인 해로로 새롭게 개척되었고, 이에 따라 기왕의 연안해로와 다양한 황해 횡·사단해로가 함께 활용되는 해로의 다각화시대가 열렸다. ⑤ 이러한 해로의 활성화와 다각화는 고려시대까지 발전적으로 이어졌다.

　그런데 바다에 대한 인식은 섬에 대한 인식을 규정하곤 한다. 바다를 소통의 길(바닷길=해로)로 여기게 되면 섬은 해로의 징검다리가 되고, 바다를 단절의 장애물로 여기게 되면 섬은 바다에 의해 차단되는 고립공간으로 인식되기 마련이다. 바다와 섬에 대한 이러한 인식 차이는 실제 우리 역사에서 극명하게 나타난다. 먼저 바다를 열린 공간으로 인식한 고려시대까지는 해로가 활성화되었고, 섬은 해로를 이어주는 징검다리로 기능하였다. 반면 바다를 금단의 공간으로 여긴 조선시대에는 섬에 대해서도 사람이 살 수 없는 공간으로 간주하는 풍조가 만연하였다. 이렇듯 바다와 섬은 아주 긴밀한 일체적 관계에 있다고 할 수 있다.

한국고대사에서 해로와 섬은 서로 짝하여 각각 '문물교류의 통로', '소통의 징검다리'로 기능하며 상호작용하는 긴밀한 관계에 있었다. 이제 이러한 해로와 섬의 긴밀한 관계를 염두에 두면서 한국고대해양사의 큰 흐름을 정리하는 것으로 마무리하려 한다. 이는 이 책의 큰 흐름을 다시 한번 상기시키는 일임과 동시에 섬의 의미를 새롭게 되새기는 일이기도 하다.

Ⅰ. 삼국시대까지의 연안해로와 섬

1. '서남해 연안해로'와 섬

'서남해 연안해로'는 중국대륙과 한반도와 일본열도를 연결하는 고대 동아시아의 핵심 해로였다. 그런 까닭에 '서남해 연안해로'는 고대 동아시아 세력들의 각축장이 되었고, 특히 한반도 정세의 변동에 따라 소통과 경색의 현상이 반복적으로 일어나곤 하였다. 여기에서 고대 '서남해 연안해로'의 소통 및 경색의 전변 과정을 간략히 정리·소개하면 다음과 같다.

제1 소통기 : 조선과 낙랑·대방군이 대동강하류를 거점으로 삼아 '서남해 연안해로'를 주도한 시기이다. 먼저 고조선은 '서남해 연안해로'의 주도권을 선점하고 이를 통해 중개무역을 독점적으로 운영하여 번영을 구가하였다. 한(漢) 무제는 이를 견제하기 위해 무력 공격을 감행하여 결국 B.C. 108년에 고조선(위만조선)을 멸망시켰고, 그 중심지인 대동강하류 지역에 낙랑군을 설치하였다. 이후 낙랑군은 400년 이상 '서남해 연안해로'를 장악하여 동아시아 문물교류를 주도하였고, 3세기 초에는 황해도 연안지역에 대방군이 추가 설치되어 낙랑군의 이러한 기능을 보완하였다.

제1 경색기 : 고구려와 백제는 313년과 314년에 낙랑군과 대방군을 각각 축출하고 약 반세기 동안 치열한 주도권 다툼을 벌이게 되는데, 그 혼전의 와중에서 '서남해 연안해로'는 일시적으로 경색 국면을 맞았다. '서남해 연안해로'가 경색된 사이에 반대편의 '동남해 연안해로'가 반짝 활성화되는 나비효과가 나타났으니, 바로 이 4세기 전반의 시기에 신라가 '동남해 연안해로'를 주도하여 큰 발전을 이루기도 하였다.

제2 소통기 : 4세기 후반에 이르러 백제가 고구려를 제압하고 동아시아 문물교류를 주도하게 되면서 '서남해 연안해로'는 다시 활성화되었다. 이와 함께 '서남해 연안해로'의 중심 거점은 대동강유역에서 한강유역으로 이동하였다. 이에 따라 '동남해 연안해로'는 위축되었고, 신라는 고립되었다.

제2 경색기 : 제2 소통기는 오래가지 못하였다. 4세기 말부터 고구려의 대반격이 개시되어 갈등과 충돌이 빚어지면서 '서남해 연안해로'는 다시금 경색 국면에 접어들었다. 5세기에 고구려는 평양으로 천도하여 한강하류의 백제 한성을 점령하였고, 백제는 금강유역의 웅진(공주)으로 쫓기듯 천도하였다. 백제는 주변 국가들을 포섭하여 고구려에 대항하였고, 그 와중에서 '서남해 연안해로'는 장기간 경색될 수밖에 없었다.

제3 소통기 : 6세기에 백제가 주도권을 회복하면서 '서남해 연안해로'는 다시금 회복되는 조짐이 나타났다. 이 시기에 고구려는 내분으로 쇠퇴하였고, 백제는 무령왕-성왕의 중흥정치가 탄력을 받아 다시 강국의 위세를 회복하였다. 백제는 금강유역을 중심으로 '서남해 연안해로'를 주도적으로 운영하여 국제교류가 잠시 활기를 띠는 듯하였다.

제3 경색기 : 제3 소통기 역시 오래 가지 못하였다. 신라가 554년 성왕을 전사시키고 한강하류를 점령하는 대사건이 터졌기 때문이었다. 신라는 독주의 태세를 갖추어 갔지만 곧이어 백제와 고구려가 강력한 반격을 가해오면서 '서남해 연안해로'는 다시금 끝 모를 경색의 국면으로 빨려들어갔다.

이렇듯 '서남해 연안해로'를 둘러싸고 여러 세력의 각축이 치열하게 전개되었고, 그에 따라 소통과 경색의 상황이 무상하게 반복되었다. 이는 역설적으로 '서남해 연안해로'의 중요성이 그만큼 컸다는 것을 의미한다. 실제 '서남해 연안해로'는 고대 동아시아 문물교류의 대부분을 감당한 핵심해로였고, 서남해의 섬들도 이러한 해로의 징검다리 역할을 충실히 수행하였다. 고고학의 연구 성과가 축적됨에 따라 '서남해 연안해로'의 징검다리(거점포구) 역할을 수행했던 섬들의 실체가 속속 드러나고 있다.

먼저 사천시 늑도 유적에서 반량전과 오수전 등의 중국 고대 화폐와 한·중·일의 고대 유물들이 발굴되었다. 이는 B.C. 3세기~B.C. 1세기에 늑도가 동아시아 해양교역의 중요 거점포구로 기능했던 것을 보여준다. 이밖에 영종도, 거문도, 제주도 등의 도서지역과 해남, 의창, 창원, 김해 등의 연안지역에서 고대 중국 화폐들이 잇따라 발견되고 있어, 섬과 연안에 고대 '서남해 연안해로'를 이어주는 주요 거점포구들이 분포해 있었음을 알 수 있다.

근래에는 서남해의 여러 섬에서 고대 고분이 조사되기도 했다. 해남 외도의 1호분에서 갑옷편을 비롯하여 철부, 철촉, 철도자편이 수습되었고, 신안 안좌도 배널리 3호분에서는 투구와 갑옷을 비롯하여 철검, 철도자, 철촉, 철부 등이 발굴되었다. 그런데 이들은 5세기 중반 경의 가야계 내지 왜계의 유물로 추정되고 있다. 5세기에 고구려와 백제의 대결로 인해 '서남해 연안해로'가 서해안의 북부 구간에서는 경색되었음에도 불구하고, 남해안의 구간에서는 서남해지역과 가야 및 왜 사이에 상당한 해양교역이 이루어졌음을 알 수 있다. 이와 유사한 유물이 고흥 안동고분에서도 발굴된 바 있어, 거점포구는 섬 지역뿐만 아니라 연안지역에도 산재해 있었다는 것을 알 수 있다.

한편 신안군의 여러 섬에서 백제시대 고분과 산성이 분포하고 있음이 확인되고 있다. 먼저 압해도를 보면 송공리에 송공산성이 있고, 그 산성 동쪽의 대천리 일대에 58기의 고분이 분포했던 것으로 전해지고 있다. 다음에 장산도에는 장산리와 대리 일대에 장산토성지가 있고 공수리에 대성산성이 있으며, 그 산성의 주변인 도창리에 5~6기의 석실분이 분포하고 있다. 이들 고분들은 6세기 중엽~7세기 초에 축조된 것으로 추정되고 있어, 6세기 중엽 이후에 백제의 지방관이 섬에 파견되어 상주하고 있었음을 보여준다.

임자도에는 대둔산성지가 있고, 석실분으로 추정되는 고분의 흔적이 있었다고 전해진다. 비금도에는 도고리에 산성산성이 있고 광대리에 성치산성이 있으며, 이들 산성 주위에서 40여기의 고분이 분포하였던 것으로 전해진다. 안좌도의 읍동리와 대리 일대에서도 석실분 6기가 확인되었고, 지도 어의리와 하의도 대리 등지에서도 성격을 알 수 없는 고분군이 찾아진 바 있다. 특히 신의도에는 수십기의 백제 석실분이 분포한 것으로 보고된 바 있다.

서남해 섬 지역에 분포한 백제계 고분들로 미루어 볼 때, 백제는 '서남해 연안해로'를 주도하던 6세기 경에 이들 섬들을 해로의 징검다리로 활용했다는 것을 알 수 있다.

2. '동남해 연안해로'와 섬

  '동남해 연안해로'는 한반도의 동해안과 남해안을 연결하는 해로로서, 북으로는 연해주와 한반도 서북한지역과 통하고, 남으로는 쓰시마와 이키 섬을 거쳐 일본열도와 연결된다. '서남해 연안해로'에 비해 중요도는 다소 떨어지긴 하지만, 정국의 변화에 따라 자주 경색되곤 했던 '서남해 연안해로'를 보완하는 부차적·대안적 해로로서의 의미는 적지 않았다.

  동해안에는 일찍이 '예(濊)'라고 통칭되는 종족집단이 흩어져 살고 있었다. 예 종족은 한반도의 서북한지역에서 명멸해간 고조선, 낙랑군, 고구려 등과 교류관계를 이어 가면서 성장하였다. 그리고 경주평야에서 일어난 신라는 형산강의 물줄기를 따라 동해안으로 진출하여 예 종족과 문물교류를 진행하였다. 자연히 신라는 동해안의 예 종족을 통해서 서북한지역의 여러 세력과 긴밀한 관계를 맺으며 중국 및 북방 문물을 수용하기도 하였다. 한반도 동남부의 모퉁이에 위치하고 있어서 '서남해 연안해로'에서 소외되었던 신라에게 동해안로는 국가발전의 주요 통로가 되었다.

  신라가 '동남해 연안해로'를 주도하여 처음 두각을 나타낸 것은 4세기 초 낙랑군과 대방군이 축출된 직후의 일이었다. 당시 고구려와 백제가 패권을 다투면서 '서남해 연안해로'가 일시적으로 경색되어 제기능을 발휘하지 못하는 상황에 처하게 되자, 신라는 형산강의 물길을 따라 영일만에 이르러 동해안의 예 종족에 영향력을 강화하는 한편, 태화강의 물길을 따라 울산만에 이르러 남해안을 따라 가야세력에 영향력을 확대해 가면서, '동남해 연안해로'에 활기를 불어넣었다.

  이에 따라 김해의 금관국은 '동남해 연안해로'를 주도하는 신라에 의손하여 활로를 모색하였고, 금관국 서쪽에 위치한 가야의 여러 포구국가들은 그 흐름에서 소외되어 갔다. 그리하여 가야의 8개 포구국가들('포상팔국')은 그들의 맹주국인 금관국에 불만을 품고 공격을 감행하기에 이르렀다. 흔히 이를 일러 '포상팔국의 난'이라 한다. 금관국은 신라의 구원을 받아 가까스로 위기에서 벗어났고, 이후 가야에 대한 신라의 영향력은 더욱 강화되었다. 4세기 전반에 '동남해 연안해로'는 '북방-동해안-신라-남해안-금관국-왜'로 이어지면서 동아시아 해양교역의 주요 교통로로 부상하였다.

그러나 4세기 후반에 백제가 고구려를 제압하고 '서남해 연안해로'를 주도하여 활성화시켜감에 따라 상황은 문득 달라졌다. 백제는 '서남해 연안해로'를 통해 가야와 왜를 교역의 파트너로 포섭해 갔고, 신라는 가야와 왜로부터 버림받고 국제적으로 고립되는 처지로 전락하였다. 5세기에는 패권을 잡은 고구려가 남하정책을 본격 추진하자 신라는 존립마저 위협받은 위태로운 상황에 내몰리기도 하였다. 이에 신라는 백제와 손을 잡고 자주 노선을 견지하려는 노력을 기울이는 한편으로, 동해안에서 고구려와 충돌하기도 하였다.

이렇듯 어려운 과정을 견뎌낸 신라는 6세기에 이르러 '동남해 연안해로'에 대한 주도권을 다시금 확보하였다. 먼저 삼척에 실직주를 설치하고 이사부를 군주로 임명하여 동해안 진출을 위한 군사 거점으로 삼았다. 이사부는 동해안을 통해 군사적 진출을 거듭하여 군단을 삼척(실직주)에서 강릉(하슬라주)으로 전진 배치시키고, 동해의 거점 섬인 울릉도(우산국)를 점령함으로써 동해안을 완전 장악하는 중심 거점으로 삼았다.

이어서 신라는 남해안을 따라 가야의 여러 나라들을 잇달아 병탄하여, 동해안과 남해안을 연결하는 '동남해 연안해로'의 강자로 대두하였다. 이렇듯 신라가 '동남해 연안해로'에 대한 주도권을 장악한 것은, 이후 6~7세기에 비약적으로 발전하게 되는 중요 동력이 되었다고 할 수 있다.

Ⅱ. 통일신라시대의 해로와 섬

1. '황해 횡단해로'와 섬

'황해 횡단해로'는 황해를 비교적 반듯이 가로질러 중국과 한반도를 내왕하는 해로를 말한다. 이러한 '황해 횡단해로'가 일상적 해로로 '개통'된 것은 7세기의 통일기 이후에나 가능하였다. 여기에서는 '연안해로'에 주로 의존하던 단계에서 '황해 횡단해로'를 일상적 해로로 사용하게 되는 해로의 확대·발전의 과정을 간단히 소개하기로 한다.

6세기 중반에 신라는 약진을 거듭하였다. 동해안에 대한 주도권을 장악하고 가야의 여러 나라들을 병탄하였으며, 급기야 '서남해 연안해로'의 길목에 위치한 한강하류에까지 진출하였다. 이로써 신라는 '동남해 연안해로'와 '서남해 연안해로'를 모두 장악하는 쾌거를 이루어냈다. 그러나 신라는 백제와 고구려의 반격을 받아 수세에 몰리면서 연안해로를 실질적으로 주도하는 단계로까지 나가지 못하고 곧바로 위기 상황에 직면하였다.

이후 삼국 간의 전쟁은 더욱 격렬하게 전개되어 갔고, 연안해로는 장기간 경색 국면을 면치 못하였으며 동아시아 문물교류는 크게 침체될 수밖에 없었다. 이제 연안해로의 경색 국면을 타개하는 일은 절실한 사안이 되었다. 이는 점차 삼국의 문제를 넘어서서 동아시아 전체의 문제로 부각되었고, 급기야 당과 왜가 개입하지 않을 수 없는 상황으로 발전되어 갔다.

백제와 고구려의 공격으로 일대 위기 상황에 내몰린 신라는 당에 접근하여, 648년 김춘추와 당 태종 사이에 나당군사동맹이 체결되기에 이르렀다. 그런데 그 이듬해에 당 태종이 세상을 떠나면서 나당군사동맹은 실행에 옮겨지지 못하고 시시부지하였다. 거기에다 당은 고구려 선공(先攻)을, 신라는 백제 선공을 주장하면서 조율에 실패하였고, 세월은 허송되었다. 당 고종은 수차례 고구려 원정을 시도했지만 번번이 실패하였다.

당이 이처럼 신라의 백제 선공 주장을 외면하고 고구려 공격에만 몰두했던 것은 그럴 만한 이유도 있었다. 고구려가 당군의 진군로인 '서해 연안해로'를 차단하고 있는 상황에서는 당군과 신라군이 합류하여 연합군을 결성하는 것은 원천적으로 불가능하였기 때문이었다. 신라와 당이 연합하여 백제를 먼저 치기 위해서는 '서해 연안해로'를 막고 있는 고구려를 먼저 멸하든지, 아니면 고구려를 우회할 새로운 해로를 개척하든지 양자택일 하지 않으면 안되는 상황이었다.

당 고종은 660년에 결단을 내렸다. 소정방(蘇定方)에게 하명하여 새로운 해로를 통해 백제를 먼저 치도록 하였다. 소정방이 택한 해로는 '서해 연안해로'가 아닌, '황해 횡단해로'였다. '황해 횡단해로'는 고구려의 방해를 받지 않고 백제의 경내로 직격할 수 있는 해로였지만, 위험한 길로 간주되어 그간 일상적 해로로는 활용되지 못하고 있었다. 그런 만큼 소수의 정예군단도 아닌 13만에 달하는 대군을 이끌고 황해를 횡단하는 작전을 감행한다는 것은 일대 모험이 아닐 수 없었다. 그간 축적된 조선술과 항해술의 진보가 있었기에 이런 모험을 결단할 수 있지 않았을까 한다.

660년 소정방은 13만 대군을 거느리고 산동반도의 성산(成山)을 발진하였다. 그리고 동으로 황해를 성공적으로 횡단하여 덕물도(지금의 옹진군 덕적도)라는 섬에 이르러 정박하였다. 신라의 태종무열왕은 6월 21일에 태자 법민으로 하여금 병선 100척을 이끌고 덕물도에 가서 소정방을 맞이하도록 하였다. 군량과 음료를 제공하고 나당 연합작전을 위한 군기(軍期)를 약정하기 위함이었다.

당군은 7월 10일에 미자진(尾資津, 지금의 군산)에 상륙하였다. 그리고 그 일부는 금강 남안의 육로를 따라 사비성을 향해 진군하였고, 일부는 배를 타고 밀물의 흐름을 따라 금강의 수로를 거슬러 올라갔다. 그리고 신라군과 당군은 7월 12일 나당연합군을 결성하였고, 그들이 연합작전을 개시한 지 단 하루 만에 백제의 왕성인 사비성을 함락시켰다. 소정방의 전격적인 황해 횡단작전과 나당연합군의 결성이 얼마나 엄청난 위력을 발휘했던가를 여실히 보여주었다.

'산동반도 성산-덕물도-금강'으로 이어지는 소정방의 '황해 횡단해로'는 이후 일상적인 해로로 자리잡아 갔다. 먼저 660년 9월에 소정방이 백제의 왕과 왕족 및 신료 등 93인과 인민 1만 3천인을 인질로 잡아 거느리고 당으로 귀환 때에도 이 해로를 이용하였다. 그리고 3년 후인 663년에 당의 손인사(孫仁師)가 7천의 지원군을 이끌고 산동반도에서 황해를 횡단하여 덕물도를 거쳐 웅진부성(지금의 공주)으로 당도한 적이 있었으니, 그 역시 소정방의 황해 횡단해로인 '산동반도 성산-덕물도-금강'으로 취항했던 것을 알 수 있다.

여기서 주목할 것은 '황해 횡단해로'에서 덕물도라는 섬이 중요한 거점(해로의 징검다리)으로 활용되었다는 점이다. 덕물도는 오늘날 인천광역시 옹진군의 덕적군도로 이루어진 덕적면의 중심 섬, 덕적도를 지칭한다. 그런데 덕적군도의 작은 섬인 소덕적도는 오늘날까지도 '소정방의 섬'이라는 의미의 '소야도'라고도 불리고 있어, 소정방의 덕적도 정박이라는 역사적 사건이 지명 설화로까지 전승될 정도로 위력이 대단했음을 시사해 준다. 이는 동시에 소정방의 황해 횡단작전이 동아시아 사회에 미친 파장이 지대했다는 것을 반영하는 것이기도 하다.

'황해 횡단해로'는 종전 후에 동아시아 사회가 전쟁의 후유증을 치유하고 안정화되면서 더욱 활기를 띠었고 또한 다각화되어 갔다. 『삼국유사』와 『고려사』에 각각 전하는 거타지와 작제건의 설화는 신라 말에 '소정방의 황해 횡단해로'와 다른 별개의 '황해 횡단해로'가 운용되고 있었음을 보여준다. 두 설화의 대강을 소개하면 다음과 같다.

- 진성여왕 대에 양패(良貝)가 이끄는 견당사가 곡도(鵠島)라는 섬에 이르러 풍랑이 크게 일어 나갈 수 없게 되자 거타지(居陀知)를 희생으로 삼아 남겨

놓고 떠나버린다. 거타지는 서해 용왕의 부탁을 받고 용왕을 괴롭히는 늙은 여우를 활로 쏘아 죽인다. 그 공으로 거타지는 용왕의 딸을 아내로 맞고 사신 일행과 합류하여 용의 호위를 받아 사행의 임무를 성공적으로 수행한다.(『삼국유사』 권2, 진성여대왕거타지조)

- 왕건의 조부 작제건은 상선을 타고 아버지를 찾으러 중국으로 떠난다. 바다 한 가운데 이르러 일기가 불순하여 나갈 수 없게 되자 작제건이 희생으로 선정되어 스스로 바다에 몸을 던진다. 작제건은 서해 용왕의 부탁으로 용왕을 괴롭히는 늙은 여우를 활로 쏘아 죽이고, 용왕의 딸과 결혼하고 칠보 등의 보물을 얻어 금의환향한다.(『고려사』 고려세계)

위의 두 이야기는 그 구성과 내용이 유사하다. 사신선 혹은 상선이 중국으로 항해하는 도중에 섬이나 해상에서 난관을 맞게 되고 희생을 내세워 이를 극복하려 했다는 점, 희생으로 선택된 자가 서해 용왕을 위해 큰 공을 세워 영웅이 되었다는 점 등에서 그렇다. 비록 설화적인 이야기이긴 하지만 신라 말 '황해 횡단해로'의 운용 실태를 반영하는 것으로 보아 그들의 항정(航程)을 추정하는 전거로 삼을 수는 있다.

먼저 거타지는 곡도에서 희생으로 남겨졌다고 한다. 그런데 곡도는 지금의 백령도로 비정되고 있고 당시 당은포(지금의 화성군 남양)가 신라의 대중국 발착항이었다는 점을 염두에 둔다면, 양패가 이끈 견당사는 당은포에서 출발하여 백령도 등의 섬을 거쳐 산동반도에 이르는 '황해 횡단해로'를 통해 건너갔을 가능성이 크다. 또한 왕건의 조부인 작제건의 경우는 선대의 활동지가 개성과 예성강 일대였다는 점을 염두에 둔다면, 작제건 일행 역시 예성강 하구에서 출발하여 백령도 등의 섬을 거쳐서 산동반도에 이르는 '황해 횡단해로'로 취항했다고 할 수 있다.

이러한 유의 설화는 조선시대 심청의 인당수 설화와도 일맥상통하는 면이 있어서, 오랫동안 전승되고 유포되어 왔음을 알 수 있다. 이는 곧 당시 중국에 이르는 '황해 횡단해로'가 활성화되기는 하였지만 동시에 여전히 험난하고 위험한 길로 인식되고 있었음을 반영한다고 할 수 있다.

2. '황해 사단해로'와 섬

'황해 사단해로'는 황해를 비스듬히 건너는 해로를 말한다. 주로 한반도 서남해지역에서 서북향으로 산동반도에 이르거나, 서남향으로 영파(寧波)에 이르는 두 해로가 알려지고 있다. 이중 서남해지역에서 산동반도에 이르는 '황해 사단해로'의 대표적인 사례로는 '장보고와 엔닌의 해로'를 들 수 있다.

장보고가 한반도 서남해지역에 위치한 완도에 청해진을 건설하여 동아시아 해양교역을 주도했던 것은 잘 알려진 사실이지만 '장보고의 해로'를 전하는 구체적인 기록은 찾아보기 어렵다. 다만 장보고의 도움으로 약 9년간 당나라 유학생활을 수행했던 일본 고승 엔닌[圓仁]의 저서 『입당구법순례행기』에서 장보고 무역선[교관선(交關船)]의 동향을 소개한 바가 있는데, 이는 청해진에서 중국에 이르는 '장보고의 해로'를 추정하는데 중요한 단서가 될 수 있다. 이를 간략히 소개하면 다음과 같다.

- 청해진 병마사 최훈(崔暈)은 839년 6월 27일 교관선 2척을 이끌고 적산포(赤山浦)에 도착하여 이튿날 밤에 적산법화원에 들림.
- 이후 그는 멀리 양주(揚州)로 떠났다가 840년 2월 15일에 다시 적산포 인근으로 돌아옴.

이에 의하면 청해진을 출항한 장보고 무역선단의 책임자('매물사') 최훈은 산동반도의 적산포로 입항하여 무사항해를 감사하는 예불을 드리기 위해 장보고가 건립한 적산법화원에 들렀다. 그리고 이후 그는 중국 동해안을 따라 남쪽으로 양자강 변에 위치한 양주에 이르는 광범한 해역에서 모종의 무역활동을 전개하다가 약 7개월 보름 만에 다시 적산포로 돌아와 완도 청해진으로 귀항하였다. 장보고 무역선단이 장기간 중국의 광범한 해역에서 무역활동을 전개했음을 알 수 있음과 동시에, 적산포가 장보고 무역선단의 전용 발착항구로 활용되었을 가능성을 보여준다. 그렇다면 청해진에서 황해를 사단하여 산동반도 적산포에 이르는 노정이 '장보고의 해로'에 해당한다고 할 수 있다. 이와 함께 일본에 이르는 또 하나의 '장보고의 해로'는 청해진에서 남해안을 따라 가다가 대한해협을 건너 쓰시마 등의 섬을 거쳐 일본 큐슈 북단의 하카다 항으로 입항하는 노정이었을 것으로 추정할 수 있다.

　엔닌의 일본 귀환 경로는 이러한 '장보고의 해로'를 답습했을 것으로 보인다. 그는 『입당구법순례행기』에서 자신의 귀국 노정을 다음과 같이 기록하였다.

산동반도 적산포 출발(847년 9월 2일 정오)→(동행)→서웅주(충청도) 서해(9월 4일 새벽)→(동남행)→고이도(高移島, 9월 4일 오후 9시경)→무주(전남) 황모도(혹은 구초도, 9월 6일 오전 6시경)→(동행)→안도(雁島, 9월 8일 오전 9시경)→(동남)→쓰시마 서쪽 통과(9월 10일 오전)→큐슈 녹도(鹿島, 9월 10일 초저녁)

　여기에서 고이도(高移島)는 신안군 압해도의 북쪽에 인접해 있는 고이도(古耳島)를, 황모도(혹은 구초도)는 진도군의 서남단에 위치한 거차도를, 그리고 안도(雁島)는 여수 남쪽에 위치한 안도(安島)를 지칭하는 것으로 보인다. 그렇다면 엔닌은 산동반도에서 동남쪽으로 항해하여 황해를 건너 충청도 먼 바다에 이르렀고, 여기에서 동남쪽으로 꺾어 항해를 계속하여 고이도에, 다시 연안을 따라 남으로 항해하여 진도 서남단의 거차도에, 그리고 동쪽으로 꺾어 항해하여 안도에 이르렀으며, 여기에서 동남쪽으로 항해하여 쓰시마를 통과하여 일본 큐슈의 녹도로 귀환했다고 할 수 있다. 이러한 '엔닌의 해로'는 황해를 사단한 '장보고의 해로'를 추정하는 하나의 전거가 될 수 있다.

'황해 사단해로'의 두 번째 사례는 '서긍의 해로'이다. 송나라 사신 서긍은 1123년 고려에 와서 1개월 머물다가 돌아가서 『고려도경』을 저술하였는데, 그 책에서 송에서 고려에 이르는 자세한 해로의 노정을 소개하였다. 이에 의하면 서긍 일행은 명주(明州, 지금의 영파)에서 황해를 사단하여 서남해역에 이르고, 여기에서 서해안을 따라 북상하여 예성항을 거쳐 개경에 이른 것으로 되어 있다. 여기에서 서긍은 해로 상의 수많은 섬들을 도(島)와 서(嶼)와 점(苫)과 초(焦)로 세분하여[24] 일일이 기술하고 있어, 섬에 대한 정보가 상상외로 풍부했음을 알 수 있다. 이는 해로와 섬이 불가분의 관계에 있다는 것을 보여주는 인상적인 사례에 해당한다.

이밖에 '황해 사단해로'를 소개한 문헌이 또 있다. 먼저 『송사』에서는 명주로부터 3일 만에 바다에 들어가고, 다시 5일이면 흑산도에 이르며, 여기에서 7일 후면 예성강에 이른다는 '황해 사단해로'의 노정을 소개하고 있다. 또한 이중환은 1751년에 저술한 『택리지』에서 신라 말에 성행했던 '황해 사단해로'로, '영암의 구림촌→(하루)→흑산도→(하루)→홍의도(홍도)→(하루)→가가도(가거도)→영파'로 이어지는 노정을 소개하였다. 여기에서 그는 가거도에서 북동풍을 타면 중국의 영파까지 3일이면 도착하는데, 특히 순풍을 만나면 하루만에도 도착할 수도 있다고 특기하였다.

여러 문헌에서 소개한 '황해 사단해로'를 보면 하나 같이 섬들이 중시되고 있다는 공통점을 발견할 수 있다. 이는 곧 다른 해로와 마찬가지로 '황

---

[24] 島와 嶼와 焦와 苫은 섬의 크기에 따라 붙여지는 명칭으로 보인다. 사람이 사는 큰 섬을 島, 작은 섬을 嶼('서' 혹은 '여'라 읽기도 한다), 사람이 살지 않지만 식생이 있는 섬을 苫('점' 혹은 '섬'이라 읽기도 한다), 바닷물에 묻혔다 나타났다 하는 암초에 해당하는 섬을 焦라 부른 것으로 보인다.

해 사단해로'를 운용함에 있어서도 섬들이 해로의 중요한 표지이자 거점으로 활용되고 있었음을 보여준다. 그런데 여러 섬 중에서도 유독 흑산도만이 특별히 강조되고 있어, 당시 '황해 사단해로' 상에서 흑산도가 차지하는 위치가 자못 궁금해진다. 절을 바꾸어 이 문제를 살펴보기로 하자.

3. '황해 사단해로'의 분기점 흑산도

『송사』나 『택리지』에서도 흑산도를 중요한 경유처로 언급하고 있지만, 특히 흑산도를 강조하여 소개한 것은 엔닌의 일기인 『입당구법순례행기』와 서긍의 보고서인 『고려도경』이다.

먼저 엔닌의 사례를 보자. 엔닌은 재당신라인의 배를 타고 일본으로 귀환하였는데, 그 과정에서 흑산도에 들르지는 않았지만 847년 9월 4일 고이도에 머무를 때 주민들로부터 전해들었다는 흑산도에 대한 이야기를 『입당구법순례행기』에 다음과 같이 소개하고 있다.

> 고이도의 서북쪽으로 백 리 남짓한 곳에 흑산도가 있는데 섬의 모습은 동서로 다소 길다. 듣자니 이곳은 백제의 제3 왕자가 도망하여 피난한 곳이라 한다. 오늘날에는 삼사백 가구가 산속에서 살고 있다.

흑산도의 위치와 섬의 모습, 그리고 백제의 제3 왕자가 피난했다는 전설 등을 소개하고서 당시 흑산도에 3~400가구가 살고 있다는 사실을 전하고 있다. 줄잡아 흑산도의 인구가 1,500~2,000명에 달했던 것을 알 수 있다. 절해고도(絶海孤島)치고는 상당한 인구이다. 엔닌이 흑산도를 들리지는 않았음에도 흑산도에 대한 이러한 전언을 특기했다는 것은 당시 흑산도가 '황해 사단해로'에서 중요한 기착지였을 가능성을 시사한다. 따라서 엔닌이 탑승한 배가 흑산도를 들리지 않은 것에는 그만한 이유가 있었을 것이다.

먼저 엔닌은 신라 당국이 일본인에 대해 비우호적인 것에 두려운 마음을 품고 있었다. 9월 6일에 황모도(구차도)에 도착하여 정박해 있을 때 섬 주민으로부터 당의 칙사 500여 명이 경주에 와있고 표류해온 일본 대마도 백성 6인이 무주 관리에게 잡혀가 감금되어 있다는 소식을 전해 듣고서, 9월 8일의 일기에서 "나쁜 소식을 듣고 매우 놀라고 두려웠으나 바람이 없어 출발하지 못한다."고 불안한 심경을 표출한 적이 있었다. 재당신라인들 역시 그들의 리더격인 장보고가 841년에 암살당한 직후였기에 신라 당국을 불신하는 마음을 갖고 있었을 것이다. 그리하여 엔닌을 태운 재당신라인의 배는 가능한 한 신라 당국에 발각되지 않기 위해서 상당한 주의를 기울였던 것 같다. 당시 흑산도가 해로의 중요 기착지였다고 하다면 신라 당국의 관할 하에 있었을 것이므로, 엔닌 일행이 흑산도를 들리지 않은 이유를 짐작해 볼 수는 있겠다. 그런데 이러한 흑산도의 위치는 다음과 같은 『고려도경』의 기록에서 확인할 수 있다.

> 흑산은 백산의 동남에 있어 바라보일 정도로 가깝다. 처음 바라보면 극히 높고 험준하고, 바싹 다가가면 산세가 중복되어 있는 것이 보인다. 앞의 한 작은 봉우리는 가운데가 굴같이 비어 있고 양쪽 사이가 만입했는데, 배를 감출 만하다. 옛적 바다의 노정에서 사신선이 머무른 관사(館舍)가 아직 남아 있다. 그런데 이번 길에는 여기에 정박하지 않았다. 여기에는 주민이 사는 취락이 있다. 나라 안의 대죄인으로 죽음을 면한 자들이 흔히 이곳으로 유배되어 온다. 중국 사신선이 이르렀을 때 밤이 되면 매번 산마루에 봉화불을 밝히고 여러 산들이 차례로 서로 호응하여 왕성에까지 이르는데, 그 일이 이 산에서 시작된다. 신시 후에 이곳을 지나갔다.

서긍 일행은 명주(지금의 영파)에서 출발하여 흑산도 근처를 지나 서남해역을 거쳐 개경에 이르는 해로로 취항하였다. 그들은 흑산도 인근을 항해하면서 이곳에 들르지 않고 지나쳤지만, 서긍은 『고려도경』에서 흑산도에 대한 유의할만한 기록을 남겼다. ① 흑산도가 배 정박에 적합한 지형을 가지고 있다는 점, ② 사신선이 머무르는 곳으로서 관사(館舍)가 남아있다는 점, ③ 그리고 사신선이 오면 산마루에 봉화를 피워 왕성에 알린다는 점 등이 그것이다. 이는 곧 흑산도가 중국에서 고려에 들어올 때 반드시 들려야 하는 중요 관문으로 기능했음을 보여준다. 아마도 서긍 일행은 지체된 여정을 단축하기 위해 일부러 흑산도를 들르지 않고 지나쳤을 것으로 보인다. 최상의 순풍을 맞아 흑산도를 그냥 지나쳤을 수도 있다.

여기에서 '옛적 바다의 노정[昔海程]'이란 표현에 유의할 필요가 있다. 이는 '옛적(통일신라 이래)의 해로'를 의미하는 것으로 풀 수 있겠는데, 그렇다면 흑산도가 국가의 관문으로 기능한 시점이 통일신라시대까지 올라갈 수 있다. 흑산도가 이처럼 통일신라시대 이래 한·중해로 상에서 국가의 중요한 관문으로 기능했다고 한다면, 신라 당국을 기피했던 엔닌 일행이 흑산도를 들르지 않은 이유가 이해될 만도 하다.

여기에서 우리는 두 갈래의 '황해 사단해로'를 확인할 수 있다. ① '서남해지역 - 흑산도 - 산동반도의 적산포'로 이어지는 해로(『입단구법순례행기』에 나오는 '장보고와 엔닌의 해로')와 ② '서남해지역 - 흑산도 - 명주(영파)'로 이어지는 해로(『고려도경』과 『택리지』와 『송사』의 사례)가 그것이다. 장보고 암살 후에 ①의 해로가 쇠퇴하고 중심 해로가 ②의 해로로 대체되어간 듯한 흐름이 감지되기도 하지만, 두 해로는 고려시대에 이르러서도 모두 포기되지 않고 활발히 이용된 것으로 나타나고 있다.

그런데 두 갈래의 '황해 사단해로'의 공통적인 경유처가 바로 흑산도였다. 서남해지역에서 흑산도를 거쳐 한 갈래는 서북향으로 산동반도에 이르고, 한 갈래는 서남향으로 영파로 이르렀던 것이다. 일련의 문헌 기록들은 흑산도가 고대 '황해 사단해로'의 분기점이자 합류점으로 중시되었음을 보여준다.

이러한 흑산도의 위치는 근래의 고고학적 조사에서도 확인되고 있다. 흑산도 읍동마을에는 『고려도경』에서 소개한 관사터와 봉수터 뿐만 아니라 상라산성과 절터[무심사선원(无心寺禪院)] 등의 유적지가 찾아졌고, 도자기, 기와, 철마 등의 유물들이 대거 발굴되었다. 이들은 모두 통일신라~고려시대의 것들로 알려지고 있어, 당시 흑산도가 국제해양도시의 면모를 갖춘, '황해 사단해로'에서 가장 중요한 거점포구로 기능했을 가능성을 더해주고 있다.

4. '서해 연안해로'와 섬

통일신라시대에 해로는 황해를 가로지르는 횡단 및 사단해로만 운용된 것은 아니었다. 당연히 연안해로도 함께 활용되었다. 아래 가탐(賈耽, 730~805)의 기록은 통일신라시대에 운용되었던 연안해로의 구체적인 사례를 보여준다.

> 등주(登州)에서 동북쪽으로 항해하여 대사도(大謝島, 지금의 장산도), 구흠도(龜歆島, 지금의 타기도), 말도(末島, 지금의 흠도), 오호도(烏湖島, 지금의 황성도)를 지나는 데 300리이고, 여기에서 북으로 오호해(烏湖海, 지금의 발해)를 건너 마석산(馬石山, 지금의 요동반도 노철산) 동쪽의 도리진(都里鎭, 지금의 여순)에 이르는 데 200리이다. 여기에서 다시 동쪽으로 바닷가를 따라 청니포(靑泥浦, 지금의 대련시 청니와교), 도화포(挑花浦, 지금의 대련시 紅水浦), 탁타만(橐駝灣, 지금의 大洋河口), 오골강(烏骨江, 지금의 압록강)을 지나는 데 800리이고, 남쪽으로 다시 바닷가를 따라 오목도(烏牧島, 지금의 평북 신미도)와 패강(지금의 대동강) 하구의 초도(椒島, 지금의 황해도 초도)를 지나면 신라 서북부의 장구진(長口鎭, 지금의 황해도 풍천)에 이른다. 여기서 다시 진왕석교(秦王石橋, 지금의 웅진반도 부근의 섬), 마전도

(麻田島, 지금의 교동도), 고사도(古寺島, 지금의 강화도), 득물도(得物島, 지금의 덕적도)를 지나는 데 1,000리이며, 한강 하구의 당은포(唐恩浦, 지금의 화성군 남양면) 입구에 이른다. 여기서 상륙하여 육로로 700리를 가면 신라의 왕성에 도착한다.(『신당서』 권43, 지리지)[25]

이는 가탐이 재상 재임시절(785~804)에 저술한 『황화사달기(皇華四達記)』[일명 『도리기(都里記)』]의 한 편목인 「등주해행입고려발해(登州海行入高麗渤海)」의 일문을 『신당서』에서 인용한 것이다. 산동반도 등주에서 발해만의 여러 섬과 포구를 거쳐 요동반도의 노철산에 이르고, 여기에서 다시 여러 포구와 서해안의 여러 섬들을 거쳐 당은포(지금의 화성군 남양면)에 이르는 '서해 북부 연안해로'와 함께 당은포에서 신라 왕성에 이르는 육로가 구체적으로 기술되어 있다.

그런데 해로 상의 섬들 중에서 특히 득물도를 주목할 필요가 있다. 득물도는 소정방이 산동반도에서 황해를 횡단할 때 경유했다는 덕물도와 같은 섬으로 지금의 덕적도(인천광역시 옹진군 소속)를 지칭한다. 그렇다면 덕적도는 '황해 횡단해로' 뿐만 아니라 '서해 연안해로'에서도 중요한 거점 경유처(해로의 징검다리)로 기능했다고 할 수 있다.

산동반도에서 당은포에 이르는 가탐의 '서해 북부 연안해로'는 그 남쪽의 '서해 남부 연안해로'와 연결되어 운용되었을 것이다. '서해 남부 연안해로'의 사례는 서긍의 『고려도경』을 통해서 복원해볼 수 있다. 1123년 5월 19일 명주(영파)를 출항한 서긍 일행은 우리나라 서해안에 접어들어 6월 5일 부안의 죽도에서 처음 정박하고, 6일에 군산도, 8일에 마도, 9일에 자연도에서 정박하였다. 그리고 6월 10일에 예성강에 접어들어 합굴에서, 11

---

25 지명 비정은 정수일, 1992, 『신라·서역교류사』, 단국대출판부, 1992, 516~518쪽에 의거함.

일에는 용골에서, 그리고 12일에는 벽란정에 정박하였다. 그리고 13일 벽란정에서 육로로 개경에 도달하였다.

서긍은 군산도(지금의 군산 선유도)와 마도(지금의 태안군 마도)와 자연도(지금의 인천 영종도)에 각각 군산정과 안흥정과 경원정이라 불리는 객관이 있다는 것을 전하면서, 송나라 사신들이 객관에서 고려 접반사의 영접 의례를 받은 사실을 상세히 묘사하기도 하였다. 사신이나 해상(海商)을 위한 편의 시설이 주요 섬들에 갖추어져 있었음을 알 수 있다.

결국 가탐이 전하는 '서해 북부 연안해로'와 서긍이 전하는 '서해 남부 연안해로'는, '서해 연안해로'가 삼국시대는 물론 통일신라를 거쳐 고려시대까지 동아시아 해양교류에서 여전히 중요한 통로로 기능했음을 보여준다. 그리고 섬의 징검다리 역할은 '서해 연안해로'에서도 예외없이 중시되고 있었다는 것을 확인할 수 있다.

'서해 연안해로'와 섬은 국내 교류의 주요 통로로도 중요하게 활용되었다. 먼저 후삼국기에 왕건은 '정주(지금의 풍덕)-혜성(지금의 당진)-나주'로 이어지는 '서해 남부 연안해로'를 장악하고, 유천궁(정주), 박술희와 복지겸(이상 혜성), 오다련(이상 나주) 등의 해양세력을 포섭함으로써, 결과적으로 '서해 연안해로'의 거점 해양세력을 고려를 건국하고 후삼국을 통일하는 주요 동력으로 삼았다. 그 과정에서 왕건이 자신에 반하는 압해도의 해양세력 능창을 제압하기 위해 고이도와 진도 등의 섬을 먼저 점령했다는 것을 함께 주목할 필요가 있다.

13세기에 최씨 무인정권과 삼별초가 몽골에 대항하여 강화도와 진도와 제주도로 이어지는 '서해 연안해로'를 전략적 소통로로 활용했던 것 역시 섬과 해로가 중시되었음을 보여주는 사례이다.

한편 최근 태안 마도 인근 해역에서 발굴되고 있는 수중고고학의 성과들은 '서해 연안해로'가 고려시대 청자 운송로나 조운로 등, 국내외 문물교류의 주요 통로로도 활발하게 이용되었음을 보여준다.

참고문헌

저서 및 보고서

강봉룡, 『장보고-한국사의 미아 해상왕 장보고의 진실』, 한얼미디어, 2004.

_____, 『바다에 새겨진 한국사』, 한얼미디어, 2005.

권덕영, 『고대한중외교사-견당사연구』, 일조각, 1997

_____, 『재당 신라인사회 연구』, 일조각, 2005.

_____, 『신라의 바다 황해』, 일조각, 2012.

권오영, 『고대동아시아 문명 교류사의 빛, 무령왕릉』, 돌베개, 2005.

김문경, 『청해진의 장보고와 동아세아』, 향토문화진흥원, 1998.

_____, 『9세기 후반 신라인의 해상활동』, 재단법인해상왕장보고기념사업회, 2006.

김문경 외, 『8~10세기 신라무역선단과 강남』, 재단법인해상왕장보고기념사업회, 2007.

김성호, 『중국진출 백제인의 해상활동 천오백년1,2』, 맑은소리, 1996.

김창석, 『삼국과 통일신라의 유통체계 연구』, 일조각, 2004.

_____, 『한국 고대 대외교역의 형성과 전개』, 서울대학교출판문화원, 2013.

김태식, 『가야연맹사』, 일조각, 1993.

노태돈, 『삼국통일전쟁사』, 서울대출판부, 2009.

무함마드 깐수, 『신라·서역교류사』, 단국대 출판부, 1992.

변인석, 『백강구전쟁과 백제·왜 관계』, 한울, 1994.

서영교, 『나당전쟁사연구 : 약자가 선택한 전쟁』, 아세아문화사, 2006.

_____, 『고대 동아시아 세계대전 : 살수대첩부터 나당전쟁까지, 7세기 국제전의 그날들』, 글항아리 문학동네, 2015.

손보기 편, 『장보고와 청해진』, 혜안, 1996.

신형식 외, 『신라인의 실크로드』, 백산자료원, 2002.

_____, 『다시 찾은 한국고대사 해외 유적』, 주류성, 2012.

연민수, 『고대한일교류사』, 혜안, 2003.

_____, 『고대일본의 대한인식과 교류』, 역사공간, 2004.

완도군문화원 편, 『장보고신연구』, 1985.

윤명철, 『바닷길은 문화의 고속도로였다』, 사계절, 2000.

_____, 『장보고시대의 해양활동과 동아지중해』, 학연문화사, 2002.

_____, 『한국해양사』, 학연문화사, 2003.

_____, 『고구려 해양사 연구』, 사계절, 2004.

_____, 『해양사연구 방법론』, 학연문화사, 2012.

윤용혁, 『한국 해양사 연구』, 주류성, 2015.

윤재운, 『한국 고대무역사 연구』, 경인문화사, 2006.

_____, 『교류의 바다 동해』, 경인문화사, 2015.

이도학, 『백제 고대국가 연구』, 일지사, 1995.

이상훈, 『나당전쟁연구』, 주류성, 2012.

이성시(김창석 역), 『동아시아 왕권과 교역-신라·발해와 정창원보물』, 청년사, 1999.

이호영, 『신라 삼국통합과 여·제패망원인 연구』, 서경문화사, 2001.

정수일, 『고대문명교류사』, 사계절, 2001.

_____, 『문명교류사연구』, 사계절, 2002.

정진술, 『한국의 고대 해상교통로』, 한국해양전략연구소, 2009.

_____, 『한국해양사-고대편』, 경인문화사, 2009.

정효운, 『고대 한일 정치교섭사 연구』, 학연문화사, 1995.

조영록 편, 『한중문화교류와 남방해로』, 국학자료원, 1997.

최광식 외, 『천년을 여는 미래인 해상왕 장보고』, 청아출판사, 2003.

최근식, 『신라해양사연구』, 고려대 출판부, 2005.

최재석, 『통일신라·발해와 일본의 관계』, 일지사, 1993.

_____, 정창원 소장품과 통일신라』, 일지사, 1996.

한국해양사 편찬위원회, 『한국해양사 I -선사·고대』, 한국해양재단, 2013.

_____, 『한국해양사Ⅱ-남북국시대』, 한국해양재단, 2013.

해군본부 전사편찬실, 『한국해양사』, 1954.

池上正治, 『徐福』, 東京, 原書房, 2007.

국립문화재연구소, 『장도 청해진-유적발굴보고서Ⅰ-』, 2001.

국립문화재연구소, 『장도 청해진-유적발굴보고서Ⅱ-』, 2002.

국립해양유물전시관, 『안좌선 발굴보고서』, 2006.

목포대 도서문화연구소, 『흑산도 상라산성 연구』, 2000.

신형식 외, 『중국 동남연해지역의 신라유적 조사』, 재단법인해상왕장보고기념사
업회, 2004.

윤근일 외, 『청해진에 대한 종합적 고찰』, 재단법인해상왕장보고기념사업회, 2003.목포대 박물관, 『영암 월출산 제사유적』, 1996.

이화여대 박물관, 『영암 구림리 토기요지 발굴조사』, 1988.

최성락, 1987~89, 『해남군곡리패총』Ⅰ~Ⅲ, 목포대박물관.

최성락·강봉룡 외, 『장보고관련 유물·유적지표조사보고서』, 재단법인해상왕장
보고기념사업회.

논문

강봉룡, 「백제의 마한 병탄에 대한 신고찰」, 『한국상고사학보』26, 1997.

_____, 「3~5세기 영산강유역 '옹관고분사회'와 그 성격」, 『역사교육』69, 1999.

_____, 「압해도의 번영과 쇠퇴 : 고대·고려시대의 압해도」, 『도서문화』18, 2000.

_____, 「8~9세기 동북아 바닷길의 확대와 무역체제의 변동-장보고 선단의 대두
배경과 관련하여-」, 『역사교육』77, 2001.

_____, 「고대·중세초의 한·중항로와 비금도」, 『도서문화』19, 2001.

_____, 「고대 동아시아 해상교역에서 백제의 역할」, 『한국상고사학보』38, 2002.

_____, 「후백제 견훤과 해양세력 : 왕건과의 해양쟁패를 중심으로」, 『역사교
육』83, 2002.

_____, 「장보고의 '청해진 체제'의 건설과 성공비결」, 『장보고와 미래대화』, 해군
사관학교 해군해양연구소, 2002.

_____, 「나말여초 왕건의 서남해지방 장악과 그 배경」, 『도서문화』21, 2003.

_____, 「해남 화원·산이면 일대 靑瓷窯群의 계통과 조성 주체세력」, 『전남사학』19, 2003.

_____, 「장보고의 암살과 서남해지역 해양세력의 동향」, 『장보고연구논총』, 해군사관학교 해군해양연구소, 2004.

_____, 「신라의 삼국통일과 그 해양사적 의의」, 『도서문화』25, 2005.

_____, 「신라말~고려시대 서남해지역의 한·중 해상교통로와 거점포구」, 『한국사학보』23, 2006.

_____, 「해전을 통해서 본 신라의 삼국통일과 그 해양사적 의의」, 『대외문물교류연구』4, 2006.

_____, 「한국 서남해 도서·연안지역의 철마신앙」, 『도서문화』27, 2006.

_____, 「영암 구림마을의 옛 국제포구 상대포」, 『역사와 문화』 창간호, 2007.

_____, 「해양인식의 확대와 해양사」, 『역사학보』200, 2008.

_____, 「고대 한·중 항로와 흑산도」, 『동아시아고대학』20, 2009.

_____, 「한국 해양사 연구의 몇 가지 논점」, 『도서문화』33, 2009.

_____, 「고대 동아시아 연안항로와 영산강·낙동강유역의 동향 - 4세기 이전을 중심으로」, 『도서문화』36, 2010.

_____, 「이사부 생애와 활동의 역사적 의의」, 『이사부와동해』1, 2010.

_____, 「바닷길에 새겨진 신라 상인」, 『한국역사민속학강의1』, 민속원, 2010.

_____, 「5세기 이전 신라의 동해안방면 진출과 '동해안로'」, 『한국고대사연구』63, 2011.

_____, 「이사부와 장보고의 해양활동과 국가발전」, 『이사부와 동해』3, 2011.

_____, 「섬과 바다에 새겨진 한국사」, 『섬과 바다의 문화읽기』, 민속원, 2012.

_____, 「고대 서해 연안해로의 중심지 이동과 강」, 『강과 동아시아 문명』, 경인문화사, 2012.

_____, 「고대~고려시대의 해로와 섬」, 『대구사학』110, 2013.

_____, 「동아시아 해양교류의 거점, 인천의 섬과 포구」, 『인천광역시사1』, 인천광역시사 편찬위원회, 2013.

_____, 「'섬의 인문학' 담론 - 섬과 바다의 일체성과 양면성의 문제 -」, 『도서문

화』44, 2014.

강봉룡, 「한국고대사에서 바닷길과 섬」, 『한국 고대사 연구의 시각과 방법』, 사계절, 2014.

권덕영, 「신라 견당사의 나당간 왕복행로에 대한 고찰」, 『역사학보』149, 1996.

_____, 「재당 신라인사회와 적산법화원」, 『사학연구』62, 2001.

_____, 「장보고 약전」, 『복현사림』25, 2002.

_____, 「재당 신라인의 대일본 무역활동」, 『한국고대사연구』31, 2003.

_____, 「圓珍의 입단 구법활동과 재당 신라인」, 『이화사학연구』30, 2003.

_____, 「신라하대 서남해역의 해적과 호족」, 『한국고대사연구』41, 2006.

_____, 「고대 동아시아의 황해와 황해무역」, 『사학연구』89, 2008.

_____, 「고대 동아시아인의 국외여행기 찬술」, 『동국사학』49, 2010.

_____, 「'동아지중해'론과 고대 황해의 지중해적 성격」, 『지중해지역연구』13-2, 2011.

권오영, 「동아시아 문화강국 백제의 상징」, 『한국사시민강좌』44, 2009.

_____, 「백제문화 이해를 위한 중국 육조문화 탐색」, 『한국고대사연구』37, 2005.

_____, 「계체왕조의 등장을 둘러싼 고고학적 환경-무령왕대 백제와 왜의 교섭을 이해하기 위한 사전작업」, 『백제문화』46, 2012.

김기흥, 「부조예군에 대한 고찰-한의 대토착세력 시책의 일례-」, 『한국사론』12, 1985.

김복순, 「신라 지식인들의 입당·귀국로」, 『경주사학』36, 2012.

김상기, 「고대의 무역형태와 나말의 해상발전에 취하야1·2」, 『진단학보』1·2, 1933·1934.

김성준, 「蓬萊 고려 古船의 한국선박사상의 의의」, 『해운물류연구』52, 2007.

김은숙, 「8세기의 신라와 일본의 관계」, 『국사관논총』29, 1991.

김은숙, 「일본 최후의 견당사 파견과 장보고세력」, 『한국고대사연구』42, 2006.

김재근, 「장보고 시대의 무역선과 그 항로」, 『장보고의 신연구』, 완도문화원, 1985.

김정호, 「신라시대 한·중항로」, 『장보고와 청해진』, 혜안, 1996.

김주성, 「장보고세력의 흥망과 그 배경」, 『한국상고사학보』24, 1997.

김진광, 「『삼국사기』 본기에 보이는 말갈의 성격」, 『고구려발해연구』35, 2009.

김창석, 「8세기 신라·일본간 외교관계의 추이 : 752년 됴역의 성격 검토를 중심으로」, 『역사학보』184, 2004.

김창석, 「한국 고대 유통체계의 성립과 변천」, 『진단학보』97, 2004.

_____, 「8세기 발해의 대일 항로와 蝦夷」, 『아시아문화』26, 2010.

_____, 「삼국시기 신라 외항의 변천과 그 배경」, 『도서문화』45, 2015.

김태식, 「함안 안라국의 성장과 변천」, 『한국사연구』86, 1994.

김택균, 「동예고-강릉 예국설과 관련하여-」, 『강원문화연구』16, 1997.

김현구, 「일당관계의 성립과 나일동맹」, 『김준엽교수화갑기념중국학논총』, 1983.

노태돈, 「나·당전쟁과 나·일관계」, 『전쟁과 동북아의 국제질서』, 일조각, 2006.

무함마드 깐수, 「남해로의 동단-고대 한·중해로」, 『장보고와 청해진』, 혜안, 1996.

문안식, 「『삼국사기』 신라본기에 보이는 낙랑·말갈사료에 관한 검토」, 『전통문화연구』5, 1997.

_____, 「『삼국사기』 羅·濟本紀의 말갈 사료에 대하여」, 『한국고대사연구』13, 1998.

_____, 「낙랑·대방의 축출과 전남지역 고대사회의 추이」, 『동국사학』38, 2002.

_____, 「왕인의 도왜와 상대포의 해양교류사적 위상」, 『한국고대사연구』31, 2003.

_____, 「장보고의 청해진 설치와 해상왕국 건설」, 『동국사학』39, 2003.

_____, 「고흥 길두리고분 출토 금동관과 백제의 왕·후제」, 『한국상고사학보』55, 2007.

_____, 「백제의 서남해 도서지역 진출과 해상교통로 장악」, 『백제연구』55, 2012.

_____, 「백제의 해상활동과 상서고분의 축조 배경」, 『백제문화』51, 2014.

_____, 「백제의 동아시아 해상교통로와 기항지」, 『사학연구』119, 2015.

민덕식, 「나·당전쟁에 관한 고찰-매소성 전투를 중심으로-」, 『사학연구』40, 1989.

박현규, 「寶陀山 新羅礁 再考」, 『한중인문학연구』10, 2003.

배근흥, 『7세기중엽 나당관계 연구』(경북대 박사학위논문), 2002.

변동명, 「9세기 전반 무주 서남해지역의 해상세력」, 『한국사학보』57, 2014.

변인석, 「7세기 중엽 백강구전을 둘러싼 동아시아의 국제정세」, 『인문논총』4,

1993.

서영교, 「9세기 중반 신라조정의 해상세력 통제」, 『경주사학』13, 1994.

_____, 「감은사 창건배경에 대한 신고찰」, 『불교문화연구』2, 2001.

_____, 「장보고의 기병과 서남해안의 목장」, 『진단학보』94, 2002.

_____, 「나당전쟁과 토번」, 『동양사학연구』79, 2002.

_____, 「나당전쟁과 토번」, 『동양사학연구』79, 2002.

_____, 「나당전쟁의 개시와 그 배경-국제정세 변화와 관련하여-」, 『역사학보』173, 2002.

_____, 「문무왕대 왜전의 재설치와 대일외교」, 『전통문화논총』1, 2003.

_____, 「백강전투와 신라」, 『역사학보』226, 2015.

서영일, 「신라의 실직국 병합과 동해 해상권의 장악」, 『신라문화』21, 2003.

선석열, 「『삼국사기』 백제·신라 본기에 보이는 말갈 인식」, 『지역사 역사』19, 2006.

손태현·이영택, 「견사항운시대에 관한 연구」, 『국립해양대학론문집』16, 1981

송화섭, 「변산반도의 관음신앙」, 『지방사와지방문화』5-2, 2002.

신용민, 「사천 늑도유적 출토 반량전·오수전 소고」, 『경남지역문제연구원 연구총서』8, 2003.

신형식, 「한국고대의 서해교섭사」, 『국사관논총』2, 1989.

_____, 「신라와 서역」, 『신라문화』8, 1991.

심민정, 「한일해양관계사 연구의 현황과 전망」, 『동북아문화연구』21, 2009.

심정보, 「백강에 대한 연구」, 『대전개방대학논문집』5, 1986.

안승국, 「매초성연구」, 『경기향토사학』2, 1997.

윤명철, 「고구려 전기의 해양활동과 고대국가의 성장」, 『한국상고사학보』18, 1995.

_____, 「황해문화권의 형성과 해양활동에 대한 연구」, 『선사와고대』11, 1998.

_____, 「장보고의 해양활동과 국제관계 : 동아지중해론을 중심으로-」, 『해양정책연구』16, 2001.

_____, 「서복의 해상활동에 대한 연구-항로를 중심으로」, 『제주도연구』21, 2002.

_____, 「제주도의 해양교류와 대외항로」, 『동국사학』37, 2002.

_____, 「해양사관으로 본 한국 고대사의 발전과 종언」, 『한국사연구』123, 2003.
윤명철, 「삼척지역의 해양도시적 성격과 김이사부 선단의 출항지 검토」, 『이사부와동해』2, 2010.
_____, 「울산의 해양도시적 성격과 국제항로」, 『한일관계사연구』38, 2011.
_____, 「전근대 동아시아 역사 속의 해양교류와 도시」, 『동국사학』55, 2013.
_____, 「국사교과서에 반영된 해양관련 서술의 검토와 몇 가지 제언」, 『고조선단군학』31, 2014.
윤선태, 「752년 신라의 대일교역과 '바이시라기모쯔게'」, 『역사와 현실』24, 1997.
_____, 「마한의 辰國과 臣濆沽國」, 『백제연구』34, 2001.
_____, 「신라 중대말~하대초의 지방사회와 불교신앙결사」, 『신라문화』26, 2005.
윤재운, 「9세기 전반 신라의 사무역에 관한 일고찰」, 『사총』45, 1996.
_____, 「한국 고대의 무역형태」, 『선사와 고대』12, 1999.
_____, 「신라 하대 무역관련 기구와 정책」, 『선사와 고대』20, 2004.
_____, 「8~10세기 동아시아 무역네트워크」, 『한국고대사탐구』12, 2012.
_____, 「남북국시대 무역 연구의 현황과 과제」, 『한국고대사연구』73, 2014.
이기동, 「나말여초 남중국 여러 나라와의 교섭」, 『역사학보』155, 1997
_____, 「후고대 동아시아 속의 백제문화」, 『장보고와 21세기』, 혜안, 1999.
_____, 「삼국·고려 초기 한·중 해상교역 개황」, 『백제문화』31, 2002.
이도학, 「백제의 교역망과 그 체계의 변천」, 『한국학보』17-2, 1991.
_____, 「삼국의 문화와 문물 교류 과정」, 『신라문화』24, 2004.
_____, 「백제의 동남아시아 교류론은 망상인가?」, 『경주사학』30, 2009.
_____, 「후백제와 오월국 교류에서의 신지견」, 『백제문화』53, 2015.
이병로, 「9세기 초기의 '환지나해무역권'의 고찰 : 장보고와 대일교역을 중심으로」, 『일본학지』15, 1995.
_____, 「8세기 일본의 외교와 교역」, 『일본역사연구』4, 1996.
_____, 「일본열도의 '동아시아세계'에 고나한 일고찰 주로 9세기 큐슈지방을 중심으로-」, 『일본학지』57, 1999.
_____, 「일본측 사료로 본 10세기의 한일관계 : 견훤과 왕건의 견일본사에 대한 대응을 중심으로-」, 『대구사학』15, 1995.

_____, 「5~6세기 신라와 일본 관계」, 『일본어문학』15, 2004.
이병로, 「장보고와 훈야노 미아다마로와의 교역에 관한 연구」, 『대구사학』79, 2005.
_____, 「752년 신라사 김태렴의 방일 목적에 관한 연구」, 『일본어문학』34, 2006.
_____, 「일본에서의 신라신과 장보고 : 적산명신과 신라명신을 중심으로-」, 『동북아문화연구』10, 2006.
_____, 「장보고 사후의 해상세력과 고려 왕건과의 관계」, 『일본어문학』32, 2006.
_____, 「일본에서의 신라신과 장보고 : 적산명신과 신라명신을 중심으로」, 『동북아문화연구』10, 2006.
_____, 「헤이안 초기 동아시아세계의 교섭과 현황 : 장보고와 엔닌을 중심으로」, 『일본어문학』53, 2011.
_____, 「9세기 신라·일본 해적의 연대와 일본정부의 대응」, 『일본어문학』69, 2015.
이상훈, 「나당전쟁기 당의 군사전략 변화」, 『역사교육논집』37, 2006.
_____, 「당의 군사전략을 통해 본 나당전쟁기의 매초성전투」, 『신라문화』29, 2007.
_____, 「나당전쟁기 기벌포전투와 설인귀」, 『대구사학』90, 2007.
_____, 「나당전쟁의 개전과 설오유 부대」, 『역사교육논집』45, 2010.
_____, 「나당전쟁의 군사적 원인과 신라의 전쟁준비」, 『역사와 경계』79, 2011.
이용범, 「처용설화의 일고찰-당대 이슬람 상인과 신라인-」, 『진단학보』32, 1969.
_____, 「삼국사기에 보이는 이슬람상인의 무역품」, 『이홍직박사 회갑기념 한국사학논총』, 1969.
이준곤, 「비금도설화의 의미와 해석」, 『도서문화』19, 2001.
이해준, 「매향신앙과 그 주도집단의 성격」, 『김철준박사화갑기념사학논총』, 지식산업사, 1983.
이현혜, 「4세기 가야지역의 교역체계의 변천」, 『한국고대사연구』1, 1988.
임영진, 「고흥 길두리 안동고분 시굴조사 개보」, 『연구논문집』7, (재)호남문화재연구원, 2006.
_____, 「고흥 길두리 안동고분 출토 금동관의 의의」, 『충청학과 충청문화』2,

2006.

장일규, 「신라 하대 서남해안 일대 선종산문의 정토신앙과 장보고의 법화신앙」, 『신라사학보』18, 2010.

전덕재, 「4세기 국제관계의 재편과 신라의 대응」, 『역사와현실』36, 2000.

_____, 「삼국시대 황산진과 가야진에 대한 고찰」, 『한국고대사연구』47, 2007.

_____, 「신라의 대중·일교통로와 그 변천」, 『역사와담론』65, 2013.

_____, 「상고기 신라의 동해안지역 경영」, 『역사문화연구』45, 2013.

_____, 「이사부의 가계와 정치적 위상」, 『사학연구』115, 2014.

_____, 「8세기 신라의 대일외교와 동아시아 인식」, 『일본학연구』44, 2015.

정병준, 「당대의 호시와 장보고의 대당교역」, 『중국사연구』69, 2010.

정진술, 「장보고시대 항해술과 한·중항로에 대한 연구」, 『장보고와 미래대화』, 해군사관학교 해군해양연구소, 2002.

조범환, 「9세기 적산법화원의 불교의례 : 특히 보살계수계의례를 중심으로-」, 『한국고대사탐구』1, 2003.

_____, 「장보고의 해상세력과 화엄신중신앙」, 『신라문화』32, 2008.

_____, 「『삼국사기』 신라본기 초기기록에 보이는 낙랑」, 『한국고대사탐구』창간호, 2009.

조영록, 「중국 보타산 관음도량과 한국」, 『한중문화교류와 남방해로』, 국학자료원, 1977.

존 씨 재미슨, 「나당동맹의 와해-한중기사 취사의 비교-」, 『역사학보』44, 1969.

주보돈, 「7세기 나당관계의 시말」, 『영남학』20, 2011.

지건길, 「남해안지방 한대화폐」, 『창산김정기박사화갑기념논총』, 1990.

채웅석, 「여말선초 향촌사회의 변화와 매향활동」, 『역사학보』173, 2002.

최몽룡, 「상고사의 서해 교섭사 연구」, 『국사관논총』3, 1989.

최연식, 「월출산의 관음신앙에 대한 고찰」, 『천태학연구』10, 2007.

하세봉, 「한국의 동아시아 해양사 연구 : 민족주의적 성과와 탈근대적 전망」, 『동북아문화연구』23, 2010.

土居邦彦, 「埋香碑文의 基礎檢討」, 『지방사와 지방문화』6-1, 2003.

東潮, 「榮山江流域と慕韓」, 『展望考古學-考古學硏究會40周年記念論集』, 1995.

梅原末治, 「晋率善穢伯長 印章」, 『考古美術』제1호, 1979.

毛昭晰, 「고대 중국의 강남지방과 한반도」, 『지방사와 지방문화』3-1, 2000.

강봉룡

1960년 전북 김제 출생. 서울대학교 사범대학 역사교육과를 졸업하고 같은 대학교 인문대학 국사학과 대학원에서 문학 석사·박사학위를 받았다. 박사학위 논문은 「신라 지방통치체제 연구」(1994). 1995년 국립목포대학교 사학과 교수로 부임한 이후 한국해양사 연구에 매진하여『장보고-한국사의 미아 해상왕 장보고의 진실-』(2004),『바다에 새겨진 한국사』(2005),『해로와 포구』(2010, 공저),『바닷길과 섬』(2011, 공저),『섬과 바다의 문화읽기』(2012, 공저),『섬과 인문학의 만남』(2015, 공저) 등 다수의 논저를 냈다. 문화재청 문화재 전문위원, 역사문화학회 회장, 동아시아도서해양문화포럼 회장 등을 역임하였고, 현재 목포대 도서문화연구원장, 장보고해양경영사연구회 회장을 맡고 있다.

바닷길로 찾아가는 한국고대사

초판 1쇄 발행 2016년 2월 29일
초판 2쇄 발행 2025년 11월 5일

글 쓴 이 강봉룡
발 행 인 한정희
발 행 처 경인문화사
등록번호 제406-1973-000003호(1973년 11월 8일)
주   소 파주시 회동길 445-1 경인빌딩 B동 4층
대표전화 031-955-9300   팩 스 031-955-9310
홈페이지 www.kyunginp.co.kr
이 메 일 kyungin@kyunginp.co.kr

ISBN 978-89-499-1196-0 93910
값 21,000원

※ 이 책은 저작권법에 따라 보호받는 저작물이므로 무단전재와 무단복제를 금지합니다.
※ 파본 및 훼손된 책은 교환해 드립니다.